Soziologie
für soziale Berufe

Jenö Bango

Soziologie für soziale Berufe

Grundbegriffe und Grundzüge

Ferdinand Enke Verlag Stuttgart 1994

Prof. Dr. Jenö Bango
Kath. Fachhochschule NRW
Robert-Schumann-Straße 25
D-52066 Aachen

Die Deutsche Bibliothek - CIP-Einheitsaufnahme

Bango, Jenö:
Soziologie für soziale Berufe:
Grundbegriffe und Grundzüge / Jenö Bango.
- Stuttgart: Enke, 1994
 ISBN 3-432-26341-4

Das Werk, einschließlich aller seiner Teile, ist urheberrechtlich geschützt. Jede Verwertung ist ohne Zustimmung des Verlages außerhalb der engen Grenzen des Urheberrechtsgesetzes unzulässig und strafbar. Das gilt insbesondere für Vervielfältigungen, Übersetzungen, Mikroverfilmungen und die Einspeicherung und Verarbeitung in elektronischen Systemen.

© 1994 Ferdinand Enke Verlag, P.O. Box 30 03 66, D-70443 Stuttgart
Printed in Germany

Satz: Werbekontor Uwe Lärz, P. Russnak, D-71732 Tamm
Schrift: 9/10 Times, Linotronic 330
Druck: Druckhaus Götz, D-71636 Ludwigsburg   5   4   3   2   1

Vorwort

Dieses Buch ist das Ergebnis von zwanzig Jahren Lehre der Soziologie an den Fachhochschulen für Sozialwesen. Es ist aus einem immer wieder neugeschriebenen Vorlesungsskript entstanden und bleibt wohlgemerkt noch immer ergänzungsbedürftig.

Nach meiner Überzeugung sollten die soziologischen Grundbegriffe und die Grundzüge der Soziologie für soziale Berufe in der Form einer Einführung, den Studierenden - meist im ersten oder im zweiten Semester - als Vorlesung übermittelt werden.

Mein Buch gliedert sich in vier große Teile mit jeweils fünf Kapiteln. Der Aufbau der Teile folgt einem bestimmten Schema. In jedem Teil werden in vier Kapiteln Begriffe und ihre oft kontroversen Interpretationen erörtert. In dem anschließenden fünften Kapitel wird dann ein konkretes sozialarbeiterisches Problem in bezug auf die Soziologie als Exkurs oder als Begleitlektüre dargestellt.

Die vier Teile (insgesamt in zwanzig Kapiteln gegliedert) behandeln nacheinander die klassischen, allgemein soziologischen Themen (Definition der Soziologie, Entwicklungsphasen der Soziologie, soziologische Theorien im Überblick und schließlich die soziologische Systemtheorie), dann folgen die sogenannten makrosoziologischen Themen (Gesellschaft, Kultur, Institution und Schichtung) und anschließend werden mikrosoziologische Grundbegriffe erörtert (Gruppe, Rolle, Status, Funktion, Sozialisation und Macht). Zuletzt werden soziologische und sozialarbeiterische Problemfelder und Problembereiche in bezug auf Jugend, Familie, Alter und abweichendes Verhalten als „spezielle Soziologien" kurz dargestellt.

Neben der Darstellung der klassischen Begriffserklärungen, worüber im allgemeinen in der soziologischen Fachliteratur Konsens besteht, werden auch wenig bekannte, zum Teil kontrovers diskutierte Autoren mit ihren Theorien erwähnt (z.B. MENDIETA Y NUNEZ, BALLA, BAECKER, BOURDIEU usw.).

Die Exkurse in den vier Teilen umfassen zuerst die problematische Beziehung der Soziologie zur Sozialarbeit, den Paradigmawechsel von der Klassengesellschaft zur funktional differenzierten, modernen Gesellschaft, die systemische und ökologische Problemstellung in Bezug auf Soziologie und Sozialarbeit und schließlich die vielleicht wichtigste Aufgabe der Sozialarbeit: die Arbeit mit Randgruppen. Entsprechend der zentralen Bedeutung der Randgruppenarbeit ist dieser letzte Teil auch der längste.

Die Grundmerkmale und Theorien von zwanzig ausgewählten Randgruppen werden kurz aufgelistet.

Als roter Faden führt die systemtheoretische Sichtweise nach der Lehre von Niklas LUHMANN durch das Buch. Ich nehme diese Herausforderung bewußt auf mich, dabei bin ich mir über der Schwierigkeit meiner Aufgabe völlig im klaren: es handelt sich um einen Versuch, den LUHMANNschen Abstraktionsgrad mit dem beruflichen Handeln zu vereinbaren.

Ich finde, daß der erste Schritt dazu, die soziologische Systemtheorie allgemein und seine Interpretation nach LUHMANN speziell in einen Text der soziologischen Einführung und in den soziologischen Grundbegriffen einzubauen ist. Ich erhoffe mir davon zweierlei Bereicherungen: 1. Die Abstraktionsfähigkeit der Studierenden zu schärfen und dadurch ein besseres Verhältnis zur Theorie zu ermöglichen und 2. einen kleinen Beitrag zur Sozialarbeitswissenschaft zu liefern. Es geht hier weniger darum neue Inhalte zu verbreiten, sondern eine neue wissenschaftliche Vision mit neuen Ausdrücken vorzustellen, die, wie ich meine, in der modernen Soziologie immer mehr Bedeutung gewinnt.

In den letzten Jahren bin ich immer mehr zu der Überzeugung gekommen, daß das Problem der Integration von Theorie und Praxis auf der Grundlage der soziologischen Systemtheorie gelöst werden kann.

Der lange Zeit vorherrschende mechanisch-kybernetische Ansatz wurde durch den humanistisch-ökologischen Ansatz ersetzt. Systeme werden nicht mehr menschenfeindlich betrachtet und gehören nicht mehr zu den physikalischen Wissenschaften alleine. Wenn sie soziale Systeme sind, dann müssen sie „respektiert werden", besonders wenn es sich z.B. um Resourcen- oder Klientensystemen handelt.

Man braucht vor den Systemen keine Angst zu haben, sondern eher von dem Chaos. System ist der neue Name der Ordnung, wo nicht Autorität, Macht und Zwang ausschlaggebend sind, sondern Solidarität, Austausch und Selektion den Ton angeben.

Die soziologische Systemtheorie hat einen beinahe triumphalen Einzug in die Sozialarbeitswissenschaft begonnen. Es ist keine Modeerscheinung mehr, sondern ein dauerhaftes Bemühen vieler Soziologen und Sozialarbeiter, den Menschen, den Klienten in den Mittelpunkt sozialer, wirtschaftlicher, kultureller und ökologischer Systeme zu stellen. Therapie-, Beratungs- und Hilfesysteme werden beschrieben und analysiert. Einige Methoden der modernen Sozialarbeit optieren ganz eindeutig für die soziologische Systemtheorie.

Es scheint so, vorsichtig formuliert, daß sich die Systemtheorie immer weniger auf den altehrwürdigen PARSONSschen Strukturfunktionalismus bezieht und zurückgreift. Die LUHMANNsche Systemtheorie eignet sich besser für die theoretische Untermauerung der sozialarbeiterischen Handlungsweisen. Der Paradigmawechsel, den LUHMANN vollzogen hat (von offenen Systemen zu geschlossenen, selbstreferentiellen Systemen), eröffnet ungeahnte Möglichkeiten für eine neue Theoriebildung, wobei die Beschreibung der sozialen Arbeit als eigenes (autopoietisches?) System im Vordergrund steht.

Inhalt

1	Grundlegende Betrachtungen zur Soziologie	1
1.1	Zur Definition der Soziologie	1
1.2	Entwicklungsphasen der Soziologie	6
1.3	Soziologische Theorien: Ein Überblick	13
1.4	Die Systemtheorie: Von Kybernetik zur Autopoiesis	18
1.5	Exkurs: Soziologie und Sozialarbeit. Eine problematische Beziehung	30
2	Makrosoziologische Grundbegriffe	36
2.1	Der Gesellschaftsbegriff in der Soziologie	36
2.2	Die Kultur als Produkt der Gesellschaft	40
2.3	Die Institution als Angebot der Gesellschaft	47
2.4	Schichtung und soziale Ungleichheit	50
2.5	Exkurs: Klassengesellschaft oder funktionale Differenzierung?	54
3	Mikrosoziologische Grundbegriffe	60
3.1	Der Gruppenbegriff in der Soziologie	60
3.2	Rolle, Status und Funktion	66
3.3	Sozialisation: Einführung in die Gesellschaft	72
3.4	Soziale Kontrolle und Macht	75
3.5	Exkurs: Systemische und ökologische Sozialarbeit	79
4	Spezielle Soziologien Problemfelder im Sozialwesen	86
4.1	Grundrisse der Jugendsoziologie	86
4.2	Grundrisse der Familiensoziologie	97
4.3	Grundrisse der Alterssoziologie	108
4.4	Theorien abweichenden Verhaltens	120
4.5	Exkurs: Randgruppensoziologie	134
Literatur		159
Sachregister		171

1 Grundlegende Betrachtungen zur Soziologie

1.1 Zur Definition der Soziologie

Das Wort Soziologie setzt sich aus dem lateinischen „socius" (Gefährte, Begleiter; begleiten, zusammen sein) und aus dem griechischen „logos" (das Wort, die Rede, der Gedanke; Ableitung: Wissenschaft von Gesetzen des Denkens) zusammen. Soziologie, dem Wort nach, heißt also die **Lehre vom Zusammensein** der Menschen. Zusammensein heißt zusammen überleben und die Welt nach Maßstab der Gesellschaft zu gestalten. Dies kann nicht ohne gegenseitiges Vertrauen und ohne einen Minimalkonsens an Solidarität vonstatten gehen. Die Soziologie ist in diesem Sinne eine humanistische, d.h. an ethischen Grundwerten orientierte Wissenschaft.

Es gibt keine allgemein verbindliche Definition der Soziologie. Viele Soziologen haben unterschiedliche Erklärungsversuche unternommen. Die jeweilige Ausrichtung hängt u.a. davon ab, welcher Schule der Soziologe angehört und welchen spezifisch geistigen und soziokulturellen Standort bzw. welche Ausbildung er hat. In diesem Sinne gibt es eigentlich keine Soziologie - es gibt nur „**Soziologien**" (ZIMMERMANN, 1978).

Bei aller Verschiedenheit der Auffassungen gibt es dennoch eine gewisse **Übereinstimmung** über das spezifische Untersuchungsobjekt der Soziologie. Wir können die Soziologie bezeichnen als das wissenschaftliche Studium der Gesellschaft in allen ihren Daseinsformen, Strukturen, Orientierungen und Entwicklungen. Da noch keine „Weltgesellschaft" existiert, sollten wir eigentlich von der Gesellschaft immer in der Mehrzahl sprechen. Unsere Aufgabe bei der Definition der Gesellschaft wird dadurch erschwert, daß Volk, Nation, Staat und Region, aber auch Sprache, Religion und Kultur zusammen und separat Merkmale einer bestimmten Gesellschaft sein können. Das Objekt des Gesellschaftsstudiums ist sowohl die „primitive" als auch die hochentwickelte Gesellschaft, die vergangenen (auch schon verschwundenen) Gesellschaften, die Strukturen des Zusammenlebens, die Selbstdefinition und Selbstbeschreibung der Gesellschaft und auch die vorsichtige Voraussage der Gesellschaftsentwicklung.

Das Studium der Gesellschaft setzt eine ethisch-wissenschaftliche **Grundeinstellung** voraus, die man in vier Postulaten zusammenfassen kann:

a) Gleichheitspostulat: Gesellschaften sind überall gleichwertig (Humanismus und Demokratie gegen Rassismus).

b) Wandelspostulat: Gesellschaften verändern sich und entwickeln sich (Neuerung und Fortschritt gegen Traditionalismus).

c) Mehrheitspostulat: Das mehrheitliche Handeln und Verhalten ist maßgebend für die Gesellschaften (Konformität und Ordnung gegen Elitarismus).

d) Wahrscheinlichkeitspostulat: Gesellschaften bestimmen nicht absolut das Handeln der Gesellschaftsmitglieder, es besteht nur eine statistische Wahrscheinlichkeit dafür, daß Gesellschaftsmitglieder in einer bestimmten Art und Weise handeln (Probabilität und Annahme gegen Sozialdeterminismus).

Die Soziologie als junge Wissenschaft ist vornehmlich ein Ergebnis der Aufklärung. Sie ist eine Wissenschaft der Gesellschaft unter anderen wie Recht, Politikwissenschaft, Pädagogik usw. Sie ist eine **kritische Wissenschaft** und untersucht die Gesetze und Regelmäßigkeiten des menschlichen Zusammenlebens in einer gegebenen Gesellschaft. „Die Soziologie ist die Wissenschaft, welche soziales Handeln deutend verstehen und dadurch in seinem Ablauf und in seinen Wirkungen ursächlich erklären will" (M. WEBER, 1956, 1).

In diesem Verstehen und Erklären liegt eine **immanente Kritik**. Indem ein Soziologe die gesellschaftliche Realität beschreibt und analysiert, entdeckt er mit aller Wahrscheinlichkeit Ungleichheiten, Benachteiligungen, Privilegien und Mißstände. Diese zu bekämpfen und zu verändern kann seine Aufgabe sein als engagierter Mensch oder als Mitglied einer Bürgerinitiative. Als Wissenschaftler ist er nicht verpflichtet, auf die Barrikaden zu gehen. Diese Auffassung wird nicht von jeder soziologischen Richtung geteilt. Neben der nach Werturteilsfreiheit und Objektivität strebenden Soziologie gibt es eine streng kritische und politisch engagierte Soziologie. Kritische und dialektische Soziologie steht gegenüber bürgerlicher und positivistischer Soziologie. Diese Etikettierungen sind aber zum Teil ungenau, überholt und verflossen, zum Teil nur ideologische Kampfbegriffe, die mittlerweile zu Schimpfwörtern entartet sind.

Osteuropäische Soziologen plädierten nach der Entstalinisierung der Sozialwissenschaften in den sechziger Jahren für eine Soziologie als „soziale **Planungswissenschaft**". Lange Zeit zuvor war die Soziologie nämlich im Ostblock als „bürgerliche Pseudowissenschaft" gebrandmarkt und durch den Marxismus-Leninismus ersetzt worden. Ebenso wie das Wirtschaftsleben (Planwirtschaft) sollte man auch das soziale Leben in einer sozialistischen Gesellschaft planen können. Der „real-existierende Sozialismus" und die Ereignisse in den späten achtziger Jahren in Ostmitteleuropa haben diese Auffassung Lügen gestraft.

Viele Soziologen im Westen sind der Meinung, daß die Soziologie eigentlich eine „**Ordnungswissenschaft**" ist. Wie das Wirtschaftsleben der liberalen (sozialen) Marktordnung entspricht, so wird das soziale Leben nach liberalen (Chancengleichheit) und sozialen (Diskriminierungsverbot, Toleranz und Pluralismus) Grundwerten geordnet. „Das eigentliche Problem der Soziologie ist nicht das Verbrechen, sondern das Recht, nicht die Scheidung, sondern die Ehe, nicht die Rassendiskriminierung, sondern auf die Rassenzugehörigkeit fußende gesellschaftliche Schichtung, nicht die Revolution, sondern die Regierung" (BERGER, 1969, 8).

Viele Wissenschaften befassen sich mit dem **Menschen**; die Soziologie befaßt sich mit ihm, insoweit er ein handelndes Wesen ist. Auch im Tierreich gibt es „soziale" Kontakte untereinander und das Rudelverhalten bei den höheren Tieren. Im Unterschied zum tierischen Verhalten ist das soziale Miteinander der Menschen durch die folgenden drei Merkmale charakterisiert: a) Es ist durch das Mittel der Sprache und der damit verbundenen Sinngebung bedingt. Der Mensch ist ein sprechendes Wesen. b) Es ist nur in geringem Maß instinktiv festgelegt, somit durch die jeweilige Kultur und Gesellschaft modifizierbar. Der Mensch ist ein lernendes Wesen. c) Es ist durch Ergebnisse der rationalen Reflexion des eigenen Tuns beeinflußt. Der Mensch ist ein reflektierendes Wesen.

Die **soziale Ausstattung** des einzelnen Menschen zu erforschen, ist vorwiegend Aufgabe der Psychologie und Sozialpsychologie. Es kann eine Vielzahl von sozialen Anlagen, Strebungen, Bedürfnissen (basic needs) aufgezählt werden, die jeweils spezifisches soziales Handeln zur Folge haben. Vor einer monokausalen Erklärung muß gewarnt werden, wie z.B. nach den Theorien von DARWIN (Durchsetzung des Tüchtigen = Sozialdarwinismus) oder FREUD (Zurückführung des menschlichen Handelns auf das geschlechtliche Libido = Psychoanalyse). Auch die Reduktion des sozialen Handelns bei MARX auf die Klassenlage ist eine fragwürdige

Vereinfachung. Trotzdem haben solche einseitigen Theorien zur Erforschung des sozialen Handelns beigetragen.

Der Mensch ist einerseits mit vielseitigen sozialen Anlagen und Bedürfnissen ausgestattet, zum anderen ist sein soziales Handeln ebenso stark von den gesellschaftlichen Gegebenheiten abhängig.

Die **soziale Wirklichkeit** kann in vier Kategorien geordnet werden: 1) die räumlich-geographischen Gegebenheiten (z.b. Wohnort, Arbeitskollegen, Nachbarschaft, Einkaufsgelegenheit, Reisebekanntschaft), 2) die zeitlich-biologischen Zusammenhänge (z.b. Familie, Erziehung, Schule, Ausbildung, Jugendgruppen, Generation), 3) die sachlichen und politischen Zusammenhänge (z.b. Beruf, Einkommen, Unternehmung, Verwaltung, Herrschaft, soziale Schichtung, Wirtschaftsprozeß, wissenschaftlicher Fortschritt), 4) die geschichtlich-kulturellen Gegebenheiten (z.b. Religion, Kirche, Nation, Kultur, Sprache, Literatur, Philosophie).

Das Vorhandensein überirdischer Mächte sowie der Glaube an die Einwirkung Gottes oder anderer transzendenter Wesen auf diese Welt werden von der Soziologie als soziale Tatsachen erfaßt, die aber im Bewußtsein der Menschen real vorhanden sind und sein Denken und Leben beeinflussen. Zu den **sozialen Tatsachen** zählen nämlich sowohl die realen Gegebenheiten (Realfaktoren), u.a ökonomische Lage, Beruf, Besitz, als auch die Bewußtseinsinhalte (Idealfaktoren), u.a. sittliche Werte und Normen, politische Ideen und religiöse Wahrheiten (ROSENSTRÄTER,1978,5 ff).

Bei allen Differenzen im Detail kann als gesichert gelten, daß die Soziologie eine empirisch orientierte Sozialwissenschaft ist. Die Soziologie ist eine **Erfahrungswissenschaft**. Sie erarbeitet eigene Methoden, um die soziale Wirklichkeit empirisch zu erfahren. Da diese Wirklichkeit sehr komplex ist, kann ihre Erklärung und Deutung auch nicht einfach sein. Deswegen gibt es einen Methodenpluralismus, d.h. eine Kombination mehrerer Methoden. Die durch die Methoden der empirischen Sozialforschung entdeckten sozialen Wirklichkeiten bilden den Grundstein der soziologischen Theorien. Idealtypisch gibt es eine Zirkulation zwischen Theorie und Empirie. Theorien können durch analysierte, beobachtete und belegte soziale Wirklichkeiten bekräftigt oder entkräftet werden.

In einem so bestimmten Rahmen läßt sich die Notwendigkeit der **Lehre der Soziologie** im Ausbildungsbereich Sozialarbeit/Sozialpädagogik an Fachhochschulen, in Erfüllung des rechtlich fixierten Auftrages, sachlich und methodisch wie folgt begründen: Soziologische Erkenntnisse sind unabdingbar für die Beschreibung und Erklärung der das Aufgabenfeld der

Sozialarbeit/Sozialpädagogik konstituierenden sozialen Problemlagen. Die gesellschaftliche Bedingtheit dieser Problemlagen wird zwar von anderen Humanwissenschaften gesehen, aber die Umsetzung in handlungspraktische Problemlösungen kann nur unter Einbeziehung der Soziologie geschehen.

Die Soziologie ist eng eingebunden in eine Fülle von sowohl weiteren Human- bzw. Sozialwissenschaften als auch der Naturwissenschaften. Die **Gründungswissenschaften** waren ohne Zweifel die Philosophie, die Staatslehre, das Recht und die Wirtschaftswissenschaften. In der späteren Entwicklungsphase haben folgende Wissenschaften die Soziologie bereichert: Anthropologie, Psychologie, Geschichte, Statistik, Ethnologie, Politologie, Geographie und Biologie.

So wie die Soziologie zunächst durch andere Wissenschaften beeinflußt wurde, hat sich im Verlauf der Entwicklung bis heute auch ein umgekehrter Prozeß ergeben. Die Soziologie hat ihrerseits inzwischen auch eine Fülle von Wissenschaften beeinflußt bzw. einige Wissenschaften initiiert. Wichtig ist zu vermerken, daß es sich hier stets um **wechselseitige Beeinflussung**en handelt. Um diese Beeinflussung bzw. Wechselwirkung zu unterstreichen wird das Präfix „Sozial" (Sozio-) vor dem Namen der Wissenschaft gesetzt, oder das Suffix „Soziologie" angehängt. Einige Beispiele: Sozialgeographie, Sozialgeschichte, Sozialanthropologie, Sozialphilosophie, Sozialpädagogik, Sozialpsychologie, Sozialpsychiatrie, Soziolinguistik, Organisationssoziologie, Religionssoziologie, Kriminalsoziologie, Rechtssoziologie, u.a. (BOSKAMP, 1980, 3 ff).

Dies zeigt deutlich, daß die Soziologie praktisch inflationär alle Wissenschaften bereichert und beeinflußt hat. Ebenso hat auch sie selbst von der Bereicherung und Beeinflussung durch andere Wissenschaften profitiert.

Die neueste Entwicklung ist im Bereich der **Ökologie** und der Systemtheorie zu finden. Die Ökosoziologie und die soziologische Systemtheorie haben heute Konjunktur. Auch die Biologie, Genetik, ja sogar die moderne Physik finden einen Niederschlag im modernen soziologischen Gedankengut. Es entsteht auf der theoretisch-abstrakten Ebene eine gemeinsame Sprache für alle Wissenschaften, die die Kommunikation zwischen ihnen erleichtert. Die Gefahr einer „Geheimsprache" und einer Verwissenschaftlichung der Moderne ist allerdings präsent.

Die Systemtheorie liefert keine eigene Definition der Soziologie. Sie gehört aber zu jenem System der Wissenschaft, das insbesondere menschliches Handeln und Erleben auf abstrakter Ebene erfaßt. Die Soziologie ist, nach Auffassung der Systemtheorie, eine Wissenschaft, die die soziale Wirklichkeit als ein Netz der Beziehungen, Handlungen und Kommunikationen betrachtet und die Gesellschaft letztlich als selbstreferentielles (autopoietisches) System sieht.

1.2 Entwicklungsphasen der Soziologie

Die Soziologie gehört zu den Wissenschaften, die sich auch mit ihrer eigenen **Geschichte** befassen. Bei einigen besonders abstrakten Wissenschaften (z.b. Mathematik) ist die Geschichte relativ wenig relevant. Da das Formalobjekt der Soziologie die Gesellschaft ist und weil Menschen wie Gesellschaften „ihre" Geschichte haben - d.h. sie existieren in der Zeit und mit der Zeit -, muß es eine Geschichte der Soziologie geben. Der Mensch ist gleichzeitig Objekt und Subjekt der Soziologie. Jeder Mensch ist Soziologe, indem er am Leben seiner Gesellschaft teilnimmt und sich darüber Gedanken macht.

Jede „Einführung in die Soziologie" beschäftigt sich implizit oder explizit mit der Geschichte der Soziologie. In älteren Schriften wird immer wieder darauf hingewiesen, daß die Soziologie eminente Vorläufer hatte, die als „**Frühsoziologen**" betrachtet werden können. PLATON (Idealstaat) und ARISTOTELES (Regierungsformen), AUGUSTINUS (Gottesstaat) und THOMAS MORUS (Utopie), IBN KHALDUM (Machtzyklen) und ROUSSEAU (Gesellschaftsvertrag) haben in ihrer Zeit zur späteren Entwicklung der Soziologie beigetragen und soziologisches Denken praktiziert.

Es ist plausibel, die Geschichte der Soziologie als Geschichte ihrer **Entwicklungsphasen** zu analysieren. Der folgende Aufriß soll dem ersten Bekanntwerden und der späteren Orientierung dienen; die gewählte Einteilung ist keine verbindliche, jedoch durchaus eine übliche und begründbare (ROSENSTRÄTER, 1978, 10 ff).

I. Die enzyklopädische Phase

Die **Enzyklopädisten** versuchten, das menschliche Wissen systematisch und umfassend darzustellen. Sie glaubten an eine Universalwissenschaft, die im Sinne der Aufklärung rationale Antwort auf alle Fragen der Menschen geben könne. Im Sog des aufklärerischen Elans wurde auch die Soziologie als Universalwissenschaft der Gesellschaft gesehen und war eng mit bestimmten Weltanschauungen verknüpft. Vier große Denkrichtungen charakterisierten diese erste Entwicklungsphase der Soziologie.

1) *Der Positivismus.* Er ist eine Fortsetzung der Aufklärungsphilosophie und wendet sich gegen jegliche transzendente Deutung, er will mit rationalen und wissenschaftlichen Mitteln diese Welt erforschen wie sie ist. Auch im Gesellschaftlichen hoffte man, bestimmte Gesetzmäßigkeiten hinter den Erscheinungen zu entdecken. Der Hauptvertreter des Positivismus, A. COMTE (1798 - 1857; Sekretär von C. H. SAINT-SIMON (1760 - 1825) Philosoph und Enzyklopädist, war von seinen Ideen tief beeindruckt. Als Vertreter des **Positivismus** in den Humanwissenschaften erarbeitete er ein Schema der Entwicklung der menschlichen Gesellschaften, das bekannte „Drei-Stadien-Gesetz" (SALOMON, 1962).

Stadien	*Inhalt*	*Methode*
1.Theologie	Gott	Meditation (fiktiv)
2.Metaphysik	Staat	Vernunft (abstrakt)
3.Soziologie	Gesellschaft	Beobachtung (positiv)

Aus der Beobachtung werden Gesetze abgeleitet, die in der sogenannten Sozialtechnik praktisch verwendet werden. Im Leben der Gesellschaft gibt es eine „natürliche Ordnung" (Familie), gibt es Dynamik und Statik. Die Soziologie sucht nicht die letzten Ursachen, sondern die unmittelbar erfahrbare soziale Wirklichkeit. Der „**Soziologismus**" - als Nebenprodukt des Positivismus - glaubt, Mensch und Gesellschaft restlos „erklären" zu können (DORN, 1923).

2) *Der Evolutionismus.* Er sieht eine **lineare Entwicklung** in der Geschichte der Gesellschaften, von einfachen, ungegliederten Ganzheiten zu immer differenzierteren, arbeitsteiligen Systemen. Diese Einsicht war eng verbunden mit der allgemeinen Fortschrittsgläubigkeit der Europäer des neunzehnten Jahrhunderts. Ihr bedeutendster Interpret war der englische Philosoph H. SPENCER (1820 - 1903). Durch die Anerkennung des Darwinschen Gesetzes in der Gesellschaft ging man davon aus, daß sich die jeweils Überlegenen (Einzelne und Gruppen) im „Kampf ums Überleben" durchsetzen würden. Diese Auslese-Theorie erhielt später die Bezeichnung „**Sozialdarwinismus**" (SPENCER, 1896).

3) *Der Organizismus*. Darunter versteht man jene Ideen und Theorien, welche die Gesellschaft mit einem lebenden **Organismus** gleichsetzen oder zumindest darin eine zutreffende Vergleichsmöglichkeit sehen. Diese schon im Altertum auffindbare Vorstellung wurde besonders von dem österreichischen Soziologen SCHÄFFLE interpretiert. Die Gesellschaft wird (analog) als ein großes Tier betrachtet (SCHÄFFLE, 1896). Sie hat eine gewisse Verwandtschaft mit den politischen Auffassungen, welche die Förderung der Volksgemeinschaft und die Reinerhaltung der Rasse (National-Sozialismus, Apartheid) als oberstes Ziel ansahen.

4) *Der Marxismus*. Der **Marxismus** als Soziologie behauptet, daß das ökonomische Sein das soziale Bewußtsein bestimmt. K. MARX (1818 - 1883) hat bereits seine wesentlichen Theorien formuliert: Der Besitz und die Verfügung über die Produktionsmittel werden als primäre Ursache der Herrschaft und der Ausbeutung der Menschen angesehen. Die Geschichte wird als ein Prozeß von Klassenkämpfen interpretiert. Das Bewußtsein der Menschen ist durch ihre ökonomische Situation determiniert; zunächst wandeln sich die Produktionsverhältnisse (Unterbau), dann erst der darüber liegende Überbau (Staat, Kultur, Religion). Die Proletarier errichten durch eine siegreiche Weltrevolution kurzzeitig eine Diktatur des Proletariats, die später im Kommunismus aufgeht, wo weder Staat noch Ausbeutung von Menschen existieren werden (MARX, 1961).

II. Die systematische Phase

Die Phase der **systematischen oder formalen Soziologie** ist gekennzeichnet durch eine Reihe bedeutender Wissenschaftler (die „Klassiker" der Soziologie) deren Bemühen es war, die Soziologie abzulösen von der weltanschaulichen Einbindung und zu einer eigenständigen wissenschaftlichen Disziplin mit spezifischen Methoden und einem spezifischen Gegenstand zu führen. Als die hervorragendsten Vertreter können genannt werden:

1) Emile DURKHEIM (1858 - 1917). Als erster Lehrstuhlinhaber für Soziologie in Frankreich (Bordeaux) übte DURKHEIM einen wesentlichen Einfluß auf die Soziologie aus. Ausgehend von einer Untersuchung über die Selbstmordziffern erkennt DURKHEIM, daß das Handeln der Menschen weit mehr gesellschaftlichen Zwängen unterliegt, als der Individualismus seiner Zeit es wahrhaben wollte. DURKHEIM sieht sowohl in der bloß ökonomischen Erklärung (Marxismus) als auch in der Erklärung individueller Bedürfnisse (Liberalismus) einen jeweils falschen Ansatz der Soziologie. Das Denken und Handeln der Menschen ist nur als

soziales („fait social") zu erklären. Das Religiöse, Moralische, Geistige sowie das Überlieferte, worin sich das Soziale ausdrückt, ist dem individuellen Denken und Streben vorrangig.

Vier seiner Grundideen sind vor allem hervorzuheben: a) Soziales Handeln sollte man als „Tatsache" (Ding, Sache) betrachten. Nur mit dieser Annahme ist die Eigenständigkeit des Sozialen zu erfassen. b) Die Gesellschaft (Gruppe) ist mehr als die Summe ihrer Teile. Dieses „mehr" bei ihm ist das „kollektive Bewußtsein" - ein Produkt der Teile, das dann unabhängig von den Teilen existiert. c) Gesellschaften weisen entweder mechanische oder organische Solidarität auf. Gesellschaften mit geringer Arbeitsteilung haben eine mechanische Solidarität - hier sind natürliche Merkmale (Geschlecht, Alter) ausschlaggebend. d) Anomie ist ein Zustand der plötzlich in der Gesellschaft auftretenden Regellosigkeit. Der Anomiebegriff von DURKHEIM hat auch für die heutige Sozialarbeit eine besondere Bedeutung. Alte Regeln (Normen) gelten nicht mehr, neue sind noch nicht von den Gesellschaftsmitglieder internalisiert. Anomie tritt besonders in den Zeiten der Prosperität oder Verarmung (z.B. Krieg, Naturkatastrophe) auf und führt zu Abweichungen. Der anomische Selbstmord (neben dem egoistischen und altruistischen) ist der Beweis dafür, daß individuelle Entscheidungen soziale Hintergründe haben (DURKHEIM, 1960).

2) Vilfredo PARETO (1848 - 1923). PARETO war italienischer Ingenieur und Wirtschaftswissenschaftler; er verurteilte die Vermischung der Soziologie mit bestimmten Wertsystemen (Liberalismus, Sozialismus). Das Handeln der Menschen enthält rationale und irrationale Momente. Die „Residuen" sind die rationalen Verhaltens- und Handelnskonstanten - die „Derivationen" bilden die irrationalen Ideologien und Erklärungen. Er hat die Theorie des Kreislaufes der Eliten entwickelt, wobei die Unterscheidung von Herrschenden und Beherrschten eine selbstverständliche Voraussetzung ist. Nach PARETO ist die Elite die Summe der in den verschiedensten Tätigkeitsbereichen Erfolgreichsten und Mächtigsten. Macht, Geld und Ansehen sind die drei Merkmale der Elite, die sich in persistente und in kombinatorische Teile gliedert (PARETO, 1923).

3) Max WEBER (1864 - 1920). Als bedeutendster deutscher Soziologe gilt Max WEBER. Soziales Handeln kann nach ihm zweckrational, wertrational, traditional oder emotional sein. Mit Leidenschaft hat er das Postulat der Werturteilsfreiheit für die Soziologie vertreten. Er untersuchte die Rollen der Ideen in der Geschichte - am Beispiel der Religion - im Gegensatz zu MARX, der die Rolle der Wirtschaft betonte. Nicht das Sein allein bestimmt das Bewußtsein (Wirtschaft bestimmt das Soziale), son-

dern umgekehrt gab es in der Geschichte Beispiele, in denen Ethik das Wirtschaftsgeschehen steuerte. So hat die protestantische Ethik den Kapitalismuś begünstigt und quasi hervorgerufen. Zwischen Religion und Wirtschaft besteht eine Wechselwirkung. Der Protestantismus calvinistischer Prägung gab dadurch den Anstoß zum Kapitalismus, daß er das weltliche Leben auch organisierte (innerweltliche Askese). Die protestantische Ethik und Prädestinationslehre schufen geistig-ideelle Voraussetzungen für die kapitalistische Produktion: Arbeit als Weiterführung der Schöpfung, Disziplin und Sparsamkeit. WEBERs Verdienst war die Schaffung der noch heute gültigen Grundbegriffe der Soziologie. Für ihn ist „sozial" sinnhaft ein am Verhalten des anderen orientiertes Verhalten (WEBER, 1972).

4) Talcott PARSONS (1902 - 1970). Der größte amerikanische Soziologe lehnt sich in seinen Vorstellungen zur Theorie sozialen Handelns an DURKHEIM und WEBER an. Er ist der Begründer der strukturfunktionalistischen Schule. Seine soziale Systemtheorie wurde von vielen Humanwissenschaften (Psychologie, Sozialarbeitslehre usw.) aufgegriffen und weiterentwickelt. Die „systemische Denk- und Handlungsweise" ist heute fester Bestandteil der Gesellschaftsanalyse, der Politologie und der Sozialtherapie (z.B. systemische Familientherapie). Für ihn bedeutet System eine Vielzahl von Elementen, die eine zielgerichtete Organisation (Struktur) aufweisen und miteinander in Wechselwirkung (Funktion) stehen. Der Mensch im allgemeinen Gesellschaftssystem befindet sich zuerst in einem personellen System, das sein bio-psychisches Verhalten bestimmt. Weiterhin ist er Teil eines sozialen Systems, aus dem er seine Normen und Rollen und auch seinen Status ableiten kann. Schließlich steht er noch mitten in einem kulturellen System, wo er die Werte durch soziale Vermittlung (Sozialisation, Enkulturation) erlernt (BERGMANN, 1974).

Jedes soziale Handlungssystem erfüllt mindestens vier Funktionen. Dies ist das berühmte AGIL-Schema.

A) Anpassung an Umwelt, an andere Systeme, z.B. Wirtschaft (Adaptation);

G) Zielerreichung durch Verwirklichung von Werten und Normen, z.B. Politik (goal attainement);

I) Integration, sich einbinden in einer sozialen Einheit, z.B. Bildung (integration);

L) Strukturerhaltung durch Abgrenzung und Eigenständigkeit, z.B. Familie (latency) (PARSONS, 1964).

PARSONS versuchte, eine umfassende Theorie der „conditio humana" auszuarbeiten, eng verknüpft mit seiner Auffassung über Systemtheorie, was als ein Höhepunkt der Sozialwissenschaft betrachtet wurde. Die Systembildung bei Menschen ist eine anthropologische Prämisse, d.h. menschliches Erleben und Handeln sind immer systembildend.

Durch die Einführung der AGIL-Funktionen ergänzte PARSONS seine Vision vom systemischen Aufbau der Weltrealität in vier Systemebenen: 1) Als Grundlage aller Systeme gilt der physikalisch-technische Bereich, was für die Menschen das „behavioral system", d.h. das Verhaltenssystem bedeutet. 2) Die zweite Ebene für lebende Systeme ist die Biosphäre, hier hat der Mensch als psychisches System auch seinen Platz. 3) Auf der dritten Ebene erscheinen die menschlichen Systeme des Erlebens und Handelns - kurz Handlungssysteme. Hier zeigt sich der Mensch als soziales Wesen in voller Entfaltung. 4) Schließlich auf der vierten Ebene liegen die „telischen Systeme" oder Sinn-Systeme - kurz Kultursysteme.

Die Menschen als Verhaltenssysteme werden also durch Erleben und Handeln zu Handlungssystemen. Hier spielen Interaktionen und Komunikationen eine wesentliche Rolle. In den vierten „telischen" Systemen erkennen die Menschen den Sinnzusammenhang ihrer Aktionen.

Soziale Handlungen haben externe, interne, instrumentale und expressive Mechanismen - die man als Charaktermerkmale in dem AGIL-Schema wiederfindet. Die Anpassung als externer Mechanismus z.B. besagt, daß zwischen Umwelt und System Energiezufuhr und Interdependenz abläuft. Integration als instrumentaler Mechanismus kann z.B. die menschliche Arbeit sein (JENSEN, 1983).

III. Die empirisch-analytische Phase

Die Phase der empirisch-analytischen Soziologie ist zunächst gekennzeichnet durch die Herausbildung und Anwendung empirischer Forschungsmethoden, dann aber auch durch einen neuen Ansatz der Theoriebildung. In beiden Fällen ist die amerikanische Soziologie führend gewesen.

Im Zuge der empirischen Forschung wurden nicht nur Forschungsmethoden und -techniken (Beobachtung, Interview, Experiment, Umfragen, Befragung, statistische Auswertung) verfeinert, sondern es entstanden neue Begriffe und Theorien gewissermaßen als Instrumente für die Sozialforschung. Dazu zählen: soziale Schichtung, soziale Rolle, soziale Kontrolle, sozialer Konflikt, sozialer Wandel, Interaktionen, gruppendynamische Prozesse.

Es entstehen die sogenannten „Theorien mittlerer Reichweite" (R. MERTON), die ein definiertes, beobachtetes Sozialverhalten bei bestimmten Gruppen und Schichten der Gesellschaft erklären sollen. Besonders fruchtbringend ist die Theoriebildung in diesem Sinne im Bereich der Jugendkriminalität, in der Gemeindeforschung (community development) und in der Kleingruppenforschung.

In der Bundesrepublik entstehen soziologische Schulen nach universitären Forschungsstandorten, wie die „Kölner Schule" (Forschungsschwerpunkt Familie, Sozialisation), dann die „Frankfurter Schule" (Vorurteilsforschung, Marxismusforschung) und die „Bielefelder Schule" (Empirieforschung, Systemtheorie).

Nach dem zweiten Weltkrieg beginnt die Zeit der Entstehung der sogenannten „Bindestrich-Soziologien" (Familiensoziologie, Jugendsoziologie, Alterssoziologie). Die neueste Entwicklung geht in Richtung der „Soziologien der Begriffe". Hier werden Macht, Liebe, Herrschaft, Konflikt, Risiko, Ökologie, Realsozialismus (bzw. Postsozialismus) unter anderem theoretisch wie empirisch unter soziologischem Gesichtspunkt analysiert.

Als für die Sozialarbeit/Sozialpädagogik interessantes Beispiel einer „Begriffssoziologie", soll die „Soziologie der Knappheit" von Bálint BALLA dargestellt werden.

Der **Knappheitsbegriff** taucht zuerst in den Wirtschaftswissenschaften auf und bedeutet eine Knappheit der materiellen Güter, die wir zur Befriedigung unserer Bedürfnisse benötigen. Knappheit umfaßt die menschliche Existenz und ist aus unserem Leben nicht wegzudenken. Generell gesagt, der Begriff Knappheit bedeutet Defizite, Unzulänglichkeiten und Mißverhältnisse zwischen Bedürfnissen und Verfügbarkeiten. Es gibt a) anthropologisch-biologische Knappheit, b) chronologische Kappheit, c) kognitive Knappheit, d) soziale Knappheit und e) existentielle Knappheit. Bei der sozialen Knappheit handelt es sich um die Befriedigung solcher Bedürfnisse, die im Zusammenleben und Zusammenagieren mit anderen entstehen und die ebenso durch die Zusammenarbeit und Interaktion mit anderen befriedigt werden müssen. Durch die Überwindung der hier auffindbaren Knappheiten gewinnt der Mensch seinen Status in der Gesellschaft; dies ermöglicht es ihm, soziale Rollen zu spielen, sich an Gruppen anzuschließen, von institutionellen Verfügbarkeiten zu profitieren. Außerdem gibt es noch ein Prestigebedürfnis, das auch befriedigt werden muß. Diese Anerkennung wird den meisten Klienten der Sozialarbeit vorenthalten.

Je niedriger der soziale Status (Anerkennung von der Gesellschaft) und je minderwertiger die soziale Rolle, desto schwieriger ist die Bekämpfung der Beziehungsknappheiten. Jeder versucht, diese Knappheiten zu kompensieren. Wenn individuelle Kompensationsmechanismen versagen, wird der Sozialarbeit die Lösung dieses Problems zugewiesen. (BALLA, 1978)

1.3 Soziologische Theorien: Ein Überblick

Wenn unter Theorie in der Umgangssprache etwas Gedankliches, nicht unmittelbar auf Erfahrungen übertragbares verstanden wird, dann treffen wir diese Vorstellung auch in der **Alltags-Soziologie**. Hier sind vage und wertbesetzte Vorstellungen, eigene oder fremde, stellvertretende Erfahrungen vorhanden und die Kenntnisse sind übernommen. Dies wird in ungenauen Begriffen der Alltagssprache artikuliert. In der „wissenschaftlichen" Soziologie sind die Ordnungsvorstellungen präzise und wertneutral, die Erfahrungen basieren auf eigenen Erhebungen und auf Statistiken, die Erkenntnisse werden überprüft und die Artikulation erfolgt in genauen Begriffen der Fachsprache (REIMANN, 1979).

Es gibt keine „richtige", sondern nur „**brauchbare**" **Theorie** in der Soziologie. Die Brauchbarkeit der Theorie wird an ihrer Leistung gemessen. Der Informationsgehalt einer Theorie wird größer, je universeller und abstrakter sie ist. Soziologische Theorien bearbeiten fast immer eine zentrale Problematik. Beim Marxismus war es der Gegensatz Arbeit und Kapital, bei der phänomenologischen Theorie ist es die Erscheinung der Alltagswelt, bei den kritischen Theorien die Emanzipation, bei der reduktionistischen Theorie die Interaktion, bei verstehenden Theorien ist der Sinn, bei Handlungstheorien das soziale Handeln und schließlich bei Systemtheorie die Komplexität, d.h. das Problem der Bearbeitung (Reduzierung) organisierter Komplexität. Eine Theorie ist ein Instrumentarium zur wissenschaftlichen Bearbeitung der Welt.

Theorie ohne Praxis hat keinen Sinn, Praxis ohne Theorie keinen Wert. Die noch vorfindbare Theoriefeindlichkeit in der Sozialarbeit wird verstärkt durch eine unterschwellige Ungeduld, da eine unmittelbare Umsetzung der Theorien in die **Praxis** in der Soziologie nicht gegeben ist.

1 Grundlegende Betrachtungen zur Soziologie

Theorie heißt ein System von Begriffen und Definitionen, die Erkenntnisse über einen Bereich von Sachverhalten vermitteln, diese ordnen, erklären und evtl. vorhersagen. Der soziologische Untersuchungsgegenstand Gesellschaft ist viel zu komplex, um mit einem bestimmten theoretischen Ansatz klar und umfassend dargestellt werden zu können (FUCHS, 1978).

Die Geschichte der Soziologie ist gekennzeichnet durch eine Bewegung zwischen zwei Polen: der Gesellschaft und dem Individuum. Die soziologischen Theorien sind immer mit dieser Polarität konfrontiert. Als extreme **Polarisierung** steht der radikale Reduktionismus auf der einen und der Soziologismus auf der anderen Seite. Im ersten Fall wird soziales Handeln auf das Individuum reduziert, im anderen wird individuelles Handeln negiert. Sozialpolitisch stehen sich Individualismus und Kollektivismus im Leben der Gesellschaft streng gegenüber. Das Problem ist, daß der Mensch gleichzeitig ein soziales und ein individuelles Wesen ist. Einerseits wollen wir von anderen geehrt, anerkannt und akzeptiert werden (die anderen sollten uns sagen, wer wir sind), andererseits wollen wir uns gleichzeitig von anderen distanzieren, in uns zurückkehren, unsere Privatsphäre bewahren. Die Lösung des Dilemmas zwischen Alleinsein (auch Alleinsein in der Masse) und Zusammensein (auch intimes Zusammensein nur zu zweit) ist eine Lebensaufgabe des menschlichen Daseins. Wir können einerseits ohne die Gesellschaft (Gruppe, Familie) nicht überleben - andererseits leiden wir unter den Zwängen der Gesellschaft.

Es gibt eine Möglichkeit, soziologische Theorien, aus der Perspektive des sozialen Handelns, in **vier Richtungen** einzuteilen, die zugleich als verschiedene Methodologien anzusehen sind.

1) Die verstehenden Sozialtheorien. Ausgehend von der Definition der Soziologie von Max WEBERs „Handeln" ist ein menschliches Verhalten (einerlei ob äußeres oder innerliches Tun, Unterlassen oder Dulden), wenn und insofern der oder die Handelnden mit diesem einen subjektiven Sinn verbinden. Sinn ist die Ordnungsform des menschlichen Erlebens und für das Individuum eine nachvollziehbare Strategie der Erlebnisverarbeitung. Gesellschaften sind auf der Basis von Sinn organisiert. „Soziales" Handeln soll aber ein solches Handeln heißen, welches einem von dem oder den Handelnden gemeinten **Sinn** nach auf das Verhalten anderer bezogen wird und daran in seinem Ablauf orientiert ist. Soziales Handeln wird als „sinnhaftes" gesehen, wobei dies „subjektiv" (Liebe) oder „gesellschaftlich-normativ" (Begrüßung) gesehen werden kann. WEBER hat bei seinen analytischen Beschreibungen solch sinnhaftes Handeln als theoretische Abstraktion sogenannter Idealtypen herausgearbeitet. Danach unterscheidet er vier Formen des **Handelns**: das zweckrationale (Unternehmer), das wertrationale (Ideologe), das traditionale (Patriarch) und das affektuelle (Fan) (WINCKELMANN, 1957).

2) Die reduktionistischen Sozialtheorien. Die Theoretiker dieser Richtung analysieren soziales Handeln nicht von dem Sinngehalt her, von dem handelnde Individuen bei Interaktionen geleitet sind, sondern sie versuchen, menschliches Handeln auf der Grundlage zu beobachtender **Interaktionen** zu abstrahieren. Dabei wird der Versuch gemacht, ein relativ großes und unüberschaubares Variablengefüge auf ein relativ kleines Variablengefüge zu reduzieren. Die Annahme besteht hierbei darin, daß sich auf diese Weise allgemeingültige Gesetze finden ließen. Zentraler Gegenstand der Analyse ist hier die soziale Interaktion. Interaktion meint dabei eine Beziehung zwischen zwei handelnden Individuen. Der symbolische Interaktionismus von Georg Herbert MEAD (1863 - 1931) betrachtet die Sprache als wichtigstes Symbolsystem der Gesellschaft (MEAD, 1973).

3) Die funktionalistische Sozialtheorie. Wichtigster Vertreter: Talcott PARSONS (1902 - 1970). Hier wird weniger der Versuch gemacht, soziales Handeln ursächlich zu erklären, als vielmehr die **Funktion** bestimmten Handelns in Zusammenhang mit einem gesamten Handlungssystem aufzuzeigen. PARSONS sieht soziales Handeln als abhängig von vorgegebenen Bedürfnissen und von kulturell und sozial bedingten Normen und Werten. Menschliches Handeln ist also in erster Linie normativ reguliert (Orientierungshandeln). Bei der sozialen Interaktion wird hervorgehoben, daß sich Ego (der Handelnde) nicht nur von dem aktuellen Verhalten und der Reaktionen eines Alters (Interaktionspartners) leiten läßt, sondern auch von dessen Erwartungen. Diese wechselseitige Erwartungsorientierung setzt ein gemeinsames Normensystem voraus, d.h. Ego und Alter orientieren sich an den gleichen Normen, wobei die Aneignung dieser Normen durch die Individuen (Sozialisation) und die Mechanismen der Aufrechterhaltung (soziale Kontrolle) Gegenstand der Analyse sind. Die Normen haben die Funktion, das Handeln zu steuern - daher der Name Funktionalismus (PARSONS, 1963).

4) Die konfliktorientierte Sozialtheorie. Wichtigster Vertreter: Karl MARX. (1818 - 1883). Danach ist soziales Handeln nicht Orientierungshandeln, sondern „praktisches Handeln", d.h. die Grundlage menschlichen Handelns wird nicht in erster Linie durch Normen, Werte und Sinngebungen begründet, sondern durch die **materiellen Gesellschaftsbedingungen**. Soziales Handeln kann nur analysiert werden als Konsequenz der in einer bestimmten historischen und gesellschaftlichen Situation vorfindbaren materiellen Bedingungen der Produktion. Soziales Handeln ist ein Austragen von Widersprüchen infolge von Herrschaftsungleichheit (MARX-ENGELS, 1953). Die kritische Theorie von Max HORKHEIMER (1895 - 1973) und Theodor ADORNO (1903 - 1969) unterstreicht die Verknüpfung von politischem und sozialem Handeln, wobei Konflikt und Streit notwendige Voraussetzungen des Handelns sind (ADORNO, 1970; HORKHEIMER, 1970).

Die zwei größten Gestalten der gegenwärtigen deutschen Soziologie sind zweifelsohne die Theoretiker Jürgen HABERMAS und Niklas LUHMANN. HABERMAS kommt von der Philosophie, LUHMANN war Jurist. Beide haben 1980 bzw. 1981 ihren sogenannten „**Paradigmawechsel**" vollzogen, d.h. sie haben ihre früheren Theorieauffassungen revidiert, korrigiert, teilweise völlig neue Theorien ausgearbeitet. HABERMAS schaltete von der Analyse der Krisen und der Legitimität des Spätkapitalismus - als ehemaliger Anhänger der kapitalismuskritischen Frankfurter Schule - zur Ausarbeitung seiner monumentalen „Theorie des kommunikativen Handelns" um. LUHMANN wechselte von der funktional-strukturellen Systemtheorie zu der Theorie selbstreferentieller Systeme, zur Autopoiesis (LUHMANNS Theorie wird unter 1.5 ausführlicher behandelt).

Beide Soziologen schöpfen aus der Tradition der Klassiker: HABERMAS lernte von ADORNO und HORKHEIMER von MEAD (symbolischer Interaktionismus); beim LUHMANNschen Theoriegebäude standen SIMMEL, WEBER und PARSONS Pate. Eine wohl oberflächliche Etikettierung würde HABERMAS als einen kritischen und LUHMANN als einen liberalen Gesellschaftstheoretiker bezeichnen.

Eine faszinierende und für die soziale Arbeit wichtige Theorie der Gegenwart ist durch den Namen von Jürgen HABERMAS gekennzeichnet. Seine „**Theorie des kommunikativen Handels**" - auch als Lebensweltheorie bekannt - fand lange Zeit eine gute Rezeption bei den Theoretikern des Sozialwesens, besonders wegen der gelungenen Gegenüberstellung der „einfachen, erlebten, durch das „böse" System kolonialisierten Lebenswelt" und des „antihumanen, kalten Systems" - was immer diese beiden Äußerungen auch heißen mögen.

Seine Theorie faßt sozusagen die vier oben erwähnten Theorierichtungen zusammen, bzw. nimmt konstituierende Elemente von diesen in sich auf. Sie hat Gemeinsamkeiten mit den verstehenden Sozialtheorien, indem sie die WEBERschen Handlungsformen weiter verfeinert; sie schöpft aus der reduktionistischen Sozialtheorie, besonders was die Rolle der Sprache und der Interaktion betrifft; sie ist ebenfalls bereichert durch die funktionalistische Sozialtheorie mit der Idee der Rationalisierung und schließlich nährt sich seine Theorie aus der konfliktorientierten Theorierichtung mit der berühmten These der Kolonialisierung der Lebenswelt.

Für HABERMAS ist Sprache eine Handlung: ein Medium der Verständigung und der Vergesellschaftung von Individuen. Die Sprechhandlungen beziehen sich auf „drei Welten" a) auf die objektive Welt - was die Gesamtheit der Tatsachen bedeutet, b) auf die „soziale Welt" - wo wir die Normen und die Interaktionen finden und c) auf die „subjektive Welt" - auch Innenwelt genannt im Gegensatz zu den zwei vorangegangenen Welten die als Außenwelt gelten -, wo die inneren Erlebnisse verarbeitet werden.

Diese drei Welten sind charakterisiert durch die Wahrheit, durch die Richtigkeit und durch die Wahrhaftigkeit; sie sollen die Verständlichkeit in der Kommunikation garantieren. Die Kommunikation besitzt eine doppelte Struktur: wenn die Regeln des sprachlichen Handelns angewandt werden haben wir Kommunikation, wenn weiter darüber kommuniziert wird (Metakommunikation) entsteht der „Diskurs". Durch diskursive Sprechhandlungen erreicht man Konsens.

HABERMAS unterscheidet vier Handlungstypen: 1) teleologisches Handeln - Zweck und Erfolg stehen im Vordergrund; 2) normatives Handeln - es orientiert sich an den Normen der Richtigkeit; 3) dramaturgisches Handeln - das ist das Handeln der inneren Welt und wird durch die Aufrichtigkeit gekennzeichnet; 4) kommunikatives Handeln - es bedeutet Verständigungsorientierung und Intersubjektivität. Sein Ziel ist rationale Verständigung.

Die Lebenswelt ist der Hintergrund für kommunikatives Handeln. Lebenswelt ist die vorwissenschaftliche Alltäglichkeit, auch eine Selbstverständlichkeit der Handelnden, die weder thematisiert noch problematisiert sein muß. „Sie ist der Ort, an dem die Selbstreproduktion und Selbstinterpretation einer sozialen Gruppe stattfindet" (HABERMAS, 1981, 483). Lebenswelt ist für Habermas in Verständigungsprozessen „zentriert". Er knüpft seine kommunikative Handlungstheorie an eine allgemeine Gesellschaftstheorie.

Demgegenüber steht der Systembegriff. Er gehört zum „zweckrationalen" Handeln - das sind die ersten drei Handlungstypen. Für das System ist typisch die Organisation, die durch systemische Imperative in die Handlungsbereiche der Individuen eindringt. Wirtschaft und Verwaltung, aber auch die Administration und die mächtigen Institutionen (Sozialamt?) greifen in die Lebenswelt ein und kolonialisieren sie. Die Kolonialisierung verursacht Sinnverlust, Anomie und Persönlichkeitsstörungen und gefährdet die Verständigungsprozesse. Subsysteme dringen von außen ein und erzwingen Assimilation (Beispiel: die totale Identifikation der japanischen Arbeiter mit ihrer Firma).

Für die Modernisierung ist eine rationalisierte Lebenswelt notwendig (kommunikative Rationalität). Hier können die Abwehrreaktionen ausgearbeitet werden. Dazu gehören unter anderem die Ausdifferenzierung der kapitalistischen Wirtschaft und des modernen Staates, die Autonomisierung der Kunst und, individuell betrachtet, die Verwirklichung der methodischen Lebensführung (TREIBEL, 1993).

1.4 Die Systemtheorie: Von Kybernetik zu Autopoiesis

System (von griechischen „systema" = Zusammenhang, Zusammengehöriges, einheitlich geordnetes Ganzes) bedeutet eine Vielzahl von Elementen, die eine zielgerichtete Organisation (Struktur) aufweisen und miteinander in Wechselwirkung (Kommunikation) stehen. Sie sind einerseits begrenzt; sie grenzen sich durch eine eigene Struktur von anderen Systemen und von der Umwelt ab, sind aber andererseits durchlässig. Eine andere Definition besagt, daß ein **System** aus einer Gruppe untereinander in Beziehung stehender Elemente besteht, von denen jedes direkt oder indirekt zu jedem anderen Element in Beziehung steht und bei welcher keine Untergruppe zu einer anderen Untergruppe ohne Beziehung ist. Ein soziales System kommt immer dann zustande, wenn zwischen den Elementen ein Kommunikationszusammenhang besteht und es sich durch Einschränkung der geeigneten Kommunikationen gegen eine Umwelt abgrenzt (LUHMANN, 1984).

Es gibt unzählige Definitionen von Systemen. Als erste Unterscheidung bei den Definitionen wäre zu bestimmen, ob Systeme nur theoretische Konstrukte oder real existierend sind.

Der **Konstruktivismus** stellt sich die Frage, inwieweit eine objektive, äußere Welt durch die Menschen erkannt werden kann und wie verläßlich eine solche Erkenntnis ist. Die Welt, wie wir sie sehen, ist Erlebniswelt und Erfahrungswelt - letztlich ein Mentalkonstrukt unserer Vernunft und auch unserer Fantasie. Systeme sind Netze, die wir über die Welt werfen!

Wenn wir aber annehmen, daß Systeme nicht nur nicht nachweisbare Mentalprodukte, sondern Realitäten sind, dann können wir uns die Welt, das Universum als eine systemische Realität vorstellen (OBRECHT, 1980). Wir können also die Wirklichkeit der Welt als unterschiedliche, aufeinander aufbauende **Systemebenen** darstellen:

1) Auf der ersten Ebene sind Systeme ohne technische Hilfsmittel unmittelbar wahrnehmbar. Sie sind natürliche, technische oder „lebendige" Objekte.

2) Auf der zweiten Ebene sind die Systeme nur mit technischen Hilfsmitteln wahrnehmbar. Das sind die Welten des Makro- und Mikrokosmos - von subatomaren Teilchen bis zu Galaxien.

3) Auf der dritten Ebene befinden sich die „Sinnsysteme"; das sind die interindividuellen und sozietalen Systeme.

Eine zweite Unterscheidung von selbstregulierenden (allopoietischen) und selbsterschaffenden (autopoietischen) Systemen führt uns zu den Anfängen und zu der heutigen Entwicklung der Systemtheorie.

Der **Systembegriff** ist antikes, menschliches Gedankengut, eine anthropologische Voraussetzung: neben „logisch" und „analytisch" denkt man eben auch „systemisch", d.h. sieht die Vielfalt der Dinge in einer irgendwie zusammengehörigen Einheit und macht eine Unterscheidung zwischen Dingen, die zu dieser realen, gedachten und vorgestellten Einheit dazugehören, und Dingen, die nicht dazugehören.

Das **systemische Denken** war unterschwellig auch in der Frühsoziologie präsent. Die Relationen zwischen dem Ganzen und seinen Teilen, die Beziehung des Ganzen als Einheit zu anderen Ganzheiten und mit der berühmten These, das Ganze sei mehr als die Summe seiner Teile, erfaßte man indirekt die Struktur und die Funktionen eines sozialen Systems. Es fehlte nur eine theoretische Ausarbeitung. Eine grundlegende Umstellung von Substanz-Objekt-Denken zu Relation-Funktion-Denken mußte noch vollzogen werden.

ferenzierung, und als „Sinnsystem" erstellt sie „symbolisch generalisierte Kommunikationsmedien" mit Hilfe der binären Kodierung. Referierend auf den PARSONSschen AGIL sind es die Wahrheit, die Liebe, das Geld und die Macht bei LUHMANN. Bei PARSONS ist die Funktion der Medien die Integration bereits ausdifferenzierter Systeme - bei LUHMANN dagegen ist deren Funktion die Differenzierung und Spezialisierung der Subsysteme. Das Subsystem Wirtschaft z.b. benützt das Medium Geld und regelt alle seine Aktivitäten um das Wertdual zahlen/nicht zahlen. Dies heißt auch, daß andere Wertduale (binäre Codes) wie häßlich/schön, gut/böse für die Wirtschaft keinen Sinn haben.

Aus dem Gesagten folgt, daß LUHMANN sein besonderes Augenmerk auf „Sinnsysteme" richtet. Folglich muß zuerst dieser Begriff präzisiert werden.

Für die Periode vor dem autopoietischen Paradigmenwechsel ist sein Hauptwerk „Soziale Systeme - Grundriß einer allgemeinen Theorie" (1984) relevant. Seine systemtheoretischen Schlüsselbegriffe sind hier am deutlichsten erklärt. Wir folgen im weiteren dem Aufbau des Werkes - bereichert durch die Interpretationen hauptsächlich von KISS und WILLKE - und versuchen, kurz einige Begriffe zu erörtern.

1. Sinn. Ein sehr schwieriger Begriff. Sinn ist eine intendierte Strategie des Verhaltens und der Erlebnisverarbeitung. Er ist konstitutiver Bestandteil des Handelns, aber auch der Kommunikation (KISS, 1990). Um das Handeln anderer zu verstehen, muß ich ihm einen Sinn geben. Psychische und soziale Systeme stellen Sinn-Fragen, indem sie Möglichkeiten aktualisieren, virtualisieren und potentialisieren. Sinnerfahrung ist immer die Differenz von aktual Gegebenem und Möglichem. Sinn ist nicht mit Zweck gleichzusetzen.

Das Erleben hat drei Dimensionen: a) Eine sachliche Dimension. Sachlich erscheint Sinn im Anderssein, in Differenz und in Identität. b) Eine soziale Dimension. Hier wird der andere als Miterlebender betrachtet - ein Nicht-Ich als ein anderes Ich erkannt. c) Eine zeitliche Dimension. Es gibt eine intersubjektiv synchronisierte Zeit (soziale Zeit?). Die Zeit ist Grund für Selektionszwang (HABERMAS/LUHMANN, 1971).

Sinn als Selektionsmechanismus reduziert, produziert aber auch Komplexitäten durch das Denken, durch Kreativität und Phantasie. Es gibt eine „symbolische Sinnwelt", die Alltagsrollen, Prioritäten und Prozeduren ordnet, regelt und rechtfertigt zugleich.

2. Komplexität. Sie ist nicht zu verwechseln mit Kompliziertheit. Diese verweist auf die Zahl der Elemente - dagegen bedeutet Komplexität die vielfältigen Relationen zwischen den Elementen. Sie variiert je nach der Vielseitigkeit der Komponenten und der Interdependenz der Komponenten und schließlich auch nach der Dauer (Zeit).

Zentrales Merkmal moderner Gesellschaften ist die Komplexität - Aufgabe ist die Reduktion der Komplexität. Das zentrale Problem der Systemtheorie ist also die Reduzierung der Komplexität. Dies gilt besonders in der Soziologie für die äußerst komplizierten Beziehungen und für die Netze der Beziehungen. Da nicht jedes Element jederzeit mit jedem anderen verknüpft sein kann, gibt es Selektionszwang. „Nur durch Selektion einer Ordnung kann ein System komplex sein" (LUHMANN, 1984, 48). Eine große Zahl der Möglichkeiten des Erlebens und Handelns - mehr als aktualisiert werden können - zwingt gerade zur Selektion. Man kann unterscheiden zwischen erfaßter und operativ beherrschter Komplexität.

Man kann fünf Arten von Komplexität in der sozialen Systemtheorie unterscheiden: (WILLKE, 1991, 61 ff) 1) Sachliche Komplexität bedeutet, daß eine Vielzahl von Einheiten aufeinander wirkt. Sie nimmt zu, wenn die Zahl, die Dichte in Raum und Zeit steigt. 2) Soziale Komplexität bedeutet Komplexität der Beziehungen und Rollen. Soziale Systeme lösen dieses Problem mit funktionaler Binnendifferenzierung (in der älteren Soziologie sprach man von sozialer Arbeitsteilung). 3) Die zeitliche Komplexität entsteht dadurch, daß soziale Systeme selbstbeschreibende und selbstbeobachtende Systeme sind und als solche mit der Diskontinuität und mit der Synchronisierungsproblematik konfrontiert sind. Im Laufe ihrer Entwicklung lösen soziale Systeme das Problem der zeitlichen Komplexität durch die Differenzierung von Struktur und Prozeß. 4) Die operative Komplexität ist die Fähigkeit, Zwecke und Ziele eigenständig zu sehen und zu variieren, also im Rahmen einer relativen Unabhängigkeit von der Umwelt Komplexität zu produzieren und zu verarbeiten. Sozialsysteme versuchen, das Problem der operativen Komplexität durch Selbstthematisierung und Organisierung zu lösen. 5) Die kognitive Komplexität manifestiert sich auf individueller Ebene in der intellektuellen Arbeit der Information bzw. Reizverarbeitung aus der Umwelt durch Selektion. Auf der sozialen Ebene gipfelt sie in der Kommunikation zwischen Alter und Ego, die drei verschiedene Selektionen (Information, Mitteilung und Verstehen) zu einer Einheit verknüpft.

Für LUHMANN bedeutet Komplexität Selektionszwang - allerdings kann die Reduktion der Komplexität zu Steigerung von Komplexität führen.

3. Kontingenz. **Kontingenz** besagt, daß etwas auch anders geht. Sie bezeichnet alles, was weder notwendig noch unmöglich ist (TREIBEL, 1993). Die wechselseitige Abhängigkeit der Handlungen der psychischen Systeme schließt den selbstreferentiellen Kreis: Ich tue, was du willst, wenn du tust, was ich will! Mit anderen Worten heißt das: wechselseitige Abhängigkeit in Interaktionsbeziehungen.

Doppelkontingenz heißt, daß jeder andere auch anders als erwartet reagieren kann und daß dies beide voneinander auch wissen. Kontingenz bedeutet Enttäuschungsgefahr, da Reagieren nicht nur von mir, sondern auch von anderen Menschen abhängt. „Kontingenz bezieht sich auf die einem System in einer bestimmten Situation zur Verfügung stehenden Verhaltensalternativen" (WILLKE, 1982, 25). Bei doppelter Kontingenz stellt man einfach fest, daß sich ein System so, aber auch anders verhalten kann. Systeme können auch andere Zustände annehmen und auch andere Systeme können kontingent sein (LUHMANN, 1970).

4. Beobachtung. **Beobachtung** heißt eine Operation, bei der die Unterscheidungen bezeichnet werden. Beobachten kann man nämlich nur etwas, was in der Form irgendeiner Differenz vorliegt - und wenn diese Form für das beobachtende System einen Sinn hat. Die Beobachtung zweiten Grades bedeutet eine Beobachtung der Beobachtung.

5. Umwelt. Die LUHMANNsche Systemtheorie beschäftigt sich auch mit dem Problem von **Umwelt-System-Differenz**. Die Grenzziehung in den sozialen Systemen verleiht dem System eine Identität, die in der Differenz erlebt wird. Es wurde lange theoretisch darüber diskutiert, ob die Grenzen eines sozialen Systems geschlossen oder eher durchlässig sind. Es wurde eine Rangordnung zwischen sozialer (humaner), technischer und natürlicher Umwelt festgestellt. Da die Umwelt immer komplexer ist als das System, ist eine Kommunikation zwischen ähnlichen Systemen (z.B. Gruppen), die gegenseitig ihre Umwelt bilden, unproblematischer als eine Beziehung zur natürlichen und technischen Umwelt.

6. Kommunikation. Handlung und Kommunikation sind eigentlich untrennbar. Die **Kommunikation** ist eine Einheit aus Information, Mitteilung und Verstehen. Die Information, die die Systemzustände ändert, ist eine selektive Behandlung von Differenzen (dies und nicht das). Sie ist ereignishaft. Die Mitteilung ist eigentlich eine Selbstfestlegung auf den selegierten

Sachverhalt. Das Verstehen ist die Differenz von Information und Mitteilung (Was ist es, was er mitteilen will?). Die Kommunikation prozessiert die Differenz von Information und Mitteilung (KISS, 1990).

Kommunikation kann auch als Synthese von drei Selektionen (Information, Mitteilung und Verstehen) interpretiert werden. Kommunikation ist koordinierte Selektivität und ein durch Themen gesteuerter Prozeß. Soziale Systeme bestehen aus Kommunikationen und aus deren Zurechnung zur Handlung. „Kommunikation ist die elementare Einheit der Selbstkonstitution; Handlung ist die elementare Einheit der Selbstbeobachtung und Selbstbeschreibung sozialer Systeme"(LUHMANN, 1984, 241).

Mit diesem LUHMANN-Zitat versuchen wir den Sprung in die kontrovers diskutierte Autopoiesis-Wende LUHMANNs.

7. Autopoiesis. Dieser mystisch klingende Begriff ist furchterregend wissenschaftlich. Er hat weder mit dem Automobil noch mit dem Poeten zu tun, sondern ist eine Zusammensetzung der griechischen Wörter „auton" (Selbst) und „poiein" (machen, erzeugen). **Autopoiesis** ist also Selbsterzeugung. Man unterscheidet zwischen allopoietischen und autopoietischen Systemen. Das Automobil wäre dann ein allopoietisches System, eine Maschine, die nur für Steuerung und Energiezufuhr offen ist; sonst ist sie geschlossen. Der Poet als Mensch wäre zwar als „lebendige Maschine" auch ein allopoietisches System, aber sein zirkular geschlossenes, zentrales Nervensystem ist autopoietisch. Der Mensch ist mit seiner Kommunikationsfähigkeit ein offenes Wesen und Mitglied der selbstorganisierenden Gesellschaft (MATURANA, 1982).

Lebende Systeme wie Einzelmensch und Gesellschaft bzw. Gruppe, Institution, Nation, Volk usw., sind also alle autopoietisch, d.h. stufenweise selbstorganisierend, selbstreferierend, selbstschaffend, selbstbeschreibend und schließlich selbstbeobachtend.

Der Begriff „Autopoiesis" stammt aus der Biologie und wurde von zwei chilenischen Neurobiologen MATURANA und VARELA in wissenschaftlichen Umlauf gebracht. „Das gegenwärtige biochemische Wissen erlaubt es uns, lebende Systeme als sich selbst erzeugende Systeme zu bezeichnen, die ihre eigene Grenzen bestimmen und aufbauen. Solche Systeme nenne ich autopoietische Systeme und die Organisation eines autopoietischen Systems nenne ich die autopoietische Organisation" (MATURANA/VARELA, 1987, 68). Lebende Systeme haben Autonomie, sind buchstäblich sich selbst erzeugende Einheiten; sie erzeugen ihre „Grenze", sie produzieren die spezifischen Bestandteile, aus denen sie bestehen, sie haben Eigendynamik; im Zellinnern gibt es Interaktionen der Elemente. „Umwelteinwirkungen stören die Zelle lediglich und führen zu Ausgleichsreaktionen. Aus der Umwelt nehmen sie Nahrung bzw. Energie auf, aber sie passen sich nicht an sie an" (RIEGAS/VETTER 1990, 329).

LUHMANN definiert selbst Autopoiesis folgendermaßen: „Der Begriff bezieht sich auf Systeme, die alle elementaren Einheiten, aus denen sie bestehen, durch ein Netzwerk eben dieser Elemente reproduzieren und sich dadurch von einer Umwelt abgrenzen - sei es in der Form von Leben, in der Form von Bewußtsein (Interaktionssysteme) oder in der Form von Kommunikation (soziale Systeme). Autopoiesis ist die Reproduktionsweise dieser Systeme" (LUHMANN, 1990, 266).

Dies führt zu einem **Überdenken der Sinnsysteme**: a) im psychischen System funktioniert das Bewußtsein geschlossen und rekursiv. b) In sozialen Systemen gibt es selbstreferentielle Kommunikationszusammenhänge. c) Die Gesellschaft ist schließlich ein sich autopoietisch produzierendes und kreislaufförmig reproduzierendes Kommunikationssystem.

Die Umwelt und damit auch die Reduzierung der Umweltkomplexität verliert ihre Bedeutung. Dagegen wird die **Systemgrenze** vorrangig und dadurch die Geschlossenheit der Systeme. Alles Wichtige passiert im Innern des Systems - die Außenwelt stört nur. Wie kommt es trotzdem zur Kommunikation? Kommunikation setzt Offenheit voraus - Offenheit für Information, Mitteilung und Bereitschaft zum Verstehen -, und als Paradox stellt LUHMANN fest, daß die autopoietische Geschlossenheit eine Bedingung für Offenheit ist. Je geschlossener ein System ist, desto mehr kann es mit der Umwelt kommunizieren.

Die Offenheit muß als Resonanzfähigkeit definiert werden. Das System erneuert sich durch Zirkularität selbst und stellt Umweltkontakte durch Beobachtung her. Wenn es **Resonanz** mit den beobachteten Informationen gibt, dann wird die Zirkularität modifiziert - dann entsteht Kommunikation zwischen Systemen. Man kann nicht direkt mit der Umwelt kommunizieren - nur Systeme können miteinander „über" die Umwelt kommunizieren.

Umweltkontakte sind nur durch gefilterte Informationen möglich. Die „**strukturelle Koppelung**" der autopoietischen Systeme erleichtert die intersystemische Kommunikation. Statt Interpenetration aber gibt es nur Interferenz (Überlagerung, Wechselbeeinflussung) - ein Transfer der verarbeiteten Komplexitäten.

Eine Unterscheidung in **vier Ordnungen** wäre angebracht. 1) Auto-poiesis erster Ordnung ist die lebendige **Zelle** - oder das kleinste Lebewesen -, die als wichtigste systemische Funktion ihr Überleben sichern muß. Dies passiert durch ständige Selbstanpassung und Restrukturierung. 2) Auf einem höheren Niveau stünde die Autopoiesis zweiter Ordnung. Hierzu gehören kompliziertere lebendige **Organismen**, die sich selbst konstruieren und organisieren und dabei sich selbst referieren. Beim Menschen schließt dies die Selbstbeobachtung und Selbstbeschreibung ein. 3) Als Autopoiesis dritter Ordnung gilt für viele Autoren die **Familie**, die durch Liebe entsteht und sich durch Liebe vermehrt und verwirklicht. Systemisch betrachtet kann der Prozeß der Liebe (im klassischen Sinne vom Sichkennenlernen bis zur Geburt des Kindes) als selektierter Prozeß der Reduktion der fünf oben erwähnten Komplexitäten aufgefaßt werden. Das so entstandene Paar schafft sich durch die erfolgreiche Reduktion der Komplexitäten eine neue: die Komplexität des „Systems Familie". Als System erlebt die Familie intime Kommunikationen - wobei besonders die Interpenetration (Sexualität) und die Hilfe (Bedürfnisbefriedigung anderer) im Vordergrund stehen. 4) Als vierte Ordnung der Autopoiesis benennen wir die **Gesellschaft**, die durch funktionale Differenzierung und Organisierung mit ihrer Umwelt korrespondiert.

Es fehlt noch ein kurzer Hinweis auf die **sozialarbeiterische Relevanz** der Systemtheorie. Die klassische Systemtheorie bereitet eigentlich keine Schwierigkeiten für die Sozialarbeit. Der systemische Ansatz hat schon seinen festen Platz in der theoretischen Fachliteratur des Sozialwesens. Die systemische Familienarbeit ist eine bewährte Methode.

Die praktische Umsetzung von LUHMANNs Theorie der Autopoiesis ist schon schwieriger. Außer einigen Versuchen gibt es noch wenig Veröffentlichungen auf diesem Gebiet. Die autopoietische Wende wird erst jetzt in der Sozialarbeit rezipiert. HOLLSTEIN-BRINKMANN vermerkt, daß sich die Übernahme systemtheoretischer Konzepte und Orientierungen in den Handlungsvollzügen sozialer Arbeit entlastend auswirkt und als Erweiterung der Handlungskonzepte bewertet wird. „Eine neue Perspektive der Selbstbeschreibung und Funktionsbestimmung der sozialen Arbeit wird von der Systemtheorie erwartet" (HOLLSTEIN-BRINKMANN, 1993, 19). „Ein Gewinn der Autopoiese-Theorie für Soziale Arbeit mag darin liegen, stärker den einzelnen in seiner Individualität zu respektieren, seine Lösungsmöglichkeiten zu suchen und darauf zu vertrauen. Allgemein gesprochen: Programme an Personen und nicht Personen an Programme anzupassen" (HOLLSTEIN-BRINKMANN, 1993,159).

1.5 Exkurs: Soziologie und Sozialarbeit. Eine problematische Beziehung

Die **Entwicklungsphasen** der Soziologie können auch als monistische, dichotomische und pluralistische bezeichnet werden. Dies entspricht grosso modo unserer Einteilung (enzyklopädisch, systematisch, empirisch-analytisch) unter 1.2. aus einer anderen Perspektive.

1) In der ersten, **monistischen und enzyklopädischen Entwicklungsphase** herrschte die Idee vom Menschen als soziales Wesen vor, das mittels der **Vernunft** alle seine Probleme im gesellschaftlichen Kontext zu lösen wußte. Das dritte, „positive Stadium" (A. COMTE) betrachtete alle überrationalen, psychischen Erklärungen der Gesellschaft und der Geschichte der Menschheit als überflüssig und überholt. Die Frühsoziologie etablierte ihr eigenes Glaubensbekenntnis, geprägt durch Fortschrittsglauben, Evolution, Linearität und „physikalische" Kausalität.

Die **ganzheitliche Betrachtung** des Menschen gelang den Gründervätern nicht, weil die eigentliche Entwicklung an ihren soziologischen Prognosen vorbeiging: Das „Sozialwesen Mensch" besaß nicht nur soziale, z.B. „mechanische und organische Solidarität" nach DURKHEIM, sondern auch solche anthropologischen Dimensionen, die erst durch die Tiefenpsychologie und Psychoanalyse entdeckt wurden. Entsprechend konnte die Soziologie das vorherrschende Subjekt- und Substanzdenken in Richtung des funktionalen und relationalen Denkens nicht durchbrechen.

2) Das Dilemma Individuum und Gesellschaft - eigentlich durch die kantianische Philosophie vorgedacht und dargelegt -, das durch die monistisch-enzyklopädische Phase nicht aufgearbeitet werden konnte, veranlaßte die Soziologen, Theorien zu erarbeiten, in denen der Mensch als Mitglied und Gestalter der Gesellschaft vorgestellt wurde. So kam es dann um die Jahrhundertwende zur Blütezeit der **theoretischen Entwicklungsphase**, die man auch als dichotomisch-makrosoziologische Phase bezeichnen kann. Das marxistische Gedankengut war in dieser Phase offen oder unterschwellig allgegenwärtig. MARX kontra Max WEBER war die Parole. Bei dem einen bestand die **Dichotomie** aus Proletariern und Kapitalisten, bei dem anderen aus Kultur und Wirtschaft. Auf jeden Fall hatten die monistischen Erklärungsversuche ausgedient und die dichotomischen hatten eine fragwürdige dialektische und eine folgelastige ideologische Komponente.

1.5 Exkurs: Soziologie und Sozialarbeit. Eine problematische Beziehung 31

Man war in der Soziologie, durch diese theoretisch fruchtbare Phase, der ganzheitlichen Menschen- und Gesellschaftsauffassung näher gekommen. Die DURKHEIMschen Regeln hatten aber noch immer ihre Gültigkeit und das „Soziale" wurde noch immer als „Ding", „Sache" (chose) betrachtet. Bei der Dichotomie Mensch - Natur war letztere noch als feindliche, gegnerische Umgebung betrachtet worden, die es durch die Technik zu erobern galt.

3) In unserem Jahrhundert beginnt dann die Soziologie ihre dritte Entwicklungsphase, die als **empirische, kritische und pluralistische** bezeichnet werden kann. Eigene Methoden, Praxistheorien „mittlerer Reichweite" (R. MERTON) entstehen, das pure Kausalitätsdenken wird durch Interaktion und Interdependenzen, kurzum durch Handlungstheorien ersetzt.

In dieser letzten Entwicklungsphase der Soziologie findet die historische **Begegnung mit der Sozialarbeit** statt. Viele dachten zu Beginn, daß die Soziologie eine Steuerungswissenschaft der Sozialarbeit, überhaupt der sozialen und helfenden Berufe würde, etwa wie Physik und Chemie für die Ingenieurwissenschaften. Der unterschwellige Gedanke war vorhanden: Es gibt den Sozialingenieur, den Soziologen, der forscht, rationalisiert, kategorisiert, Theorien für die Praxis erstellt, und dann gibt es den Sozialarbeiter, der die konkreten sozialen Probleme löst, Hilfe zur Selbsthilfe leistet und die soziologischen Theorien für seine Praxis nutzt. Die Entwicklung ist anders verlaufen. Die Sozialarbeit wurde nicht die Ingenieurwissenschaft der Soziologie (BANGO in JERS, 1991).

Die Sozialarbeit war zu sehr auf die Hilfe und auf die Problemlösungen konzentriert. Ihre psychologisierenden und therapiesierenden Bemühungen beengten ihr Blickfeld. Die Konzentrierung auf die Praxis und auf die Techniken des sozialarbeiterischen Handelns drängten die Praktiker in einen Aktivismus, wo Nöte, Probleme und Leiden erkannt und geheilt wurden, aber die gesamtgesellschaftlichen und ökologischen Zusammenhänge nicht entdeckt werden konnten. Es schien, als ob die Altmeisterin der Sozialarbeit, Ruth BANG, mit ihrer pessimistischen Äußerung Recht behalten hätte: „Den ganzen Menschen werden wir nie richtig erfassen können" (BANG, 1964, 15).

Aber überall dort, wo versucht wurde, Theorie und Methodenentwicklung zur sozialen Arbeit zu betreiben, wurden implizit oder explizit **systemtheoretische Vorstellungen** eingeführt. So war die real-psychische und gesellschaftlich-soziale Verknüpfung bei der Betrachtung von Individuen und Familien selbstverständlicher Ausgangspunkt der ersten methodischen Überlegungen im Rahmen der sozialen Arbeit. Gesellschaft war eine eigenständige Realität und Mitdeterminante persönlicher Ausstattung und Entwicklung, wie persönliches Versagen, und nicht, wie später und zum Teil auch heute noch, nur Medium individueller Entfaltung.

Gesellschaft wurde zudem nicht als monolithische, sondern als systemisch differenzierte soziale Wirklichkeit wahrgenommen: Zwischen Individuum und Gesellschaft schalteten sich Vorstellungen über intermediäre Ebenen, soziale Interaktionsfelder und Systeme, nämlich Familien, Kleingruppen, Nachbarschaften, territoriale Gemeinwesen, soziale Organisationen und größere gesellschaftliche Gruppen, die es unter anderem im Hinblick auf ihre Abhängigkeiten und damit soziale Verknüpfungen zu untersuchen galt (STAUB-BERNASCONI, 1986).

Nach den Pionierarbeiten von T. PARSONS schaltete auch die Soziologie, zumindest ein Teil der theoretischen Soziologie, auf die systemtheoretische Wellenlänge um. Nach dem zweiten Weltkrieg hat die Systemtheorie ihren triumphalen Einzug in die biologischen und physikalischen Wissenschaften begonnen. In der Informatik, in den Kommunikationswissenschaften und in der Kybernetik wird deutlich, daß heute unsere wissenschaftliche Vision durch die Systemtheorie beherrscht wird, die eine ganzheitliche Sichtweise der menschlichen, natürlichen und technischen Welt beinhaltet.

Sozialarbeit und Soziologie optierten also unabhängig voneinander für den **systemischen Weg**, für die ganzheitliche Betrachtung des Menschen und der Gesellschaft, die eine mehr, um die Probleme und Nöte der Gesellschaft helfend zu erfassen, die andere mehr, um die Erscheinungen in der Gesellschaft deutend zu verstehen. Es findet jetzt also eine wirkliche Begegnung zwischen Soziologie und Sozialarbeit statt - beide jetzt unabhängige Wissenschaften - und zwar auf der systemischen Plattform.

Die soziale Arbeit etabliert sich langsam als Wissenschaft. ENGELKE betrachtet Sozialarbeit zuerst als **Praxis**. Die Sozialarbeit als Praxis besteht aus einer Reihe von Aktionen, die helfen oder zur Selbsthilfe motivieren. Die Hilfe zur Selbsthilfe, die Befriedigung sozialer Bedürfnisse anderer wurde in dem letzten Jahrhundert ein **Beruf**. Durch die systematisch methodische Ausübung dieses Berufes entsteht die Profession. Über den Prozeß der Professionalisierung der Sozialarbeit ist die Diskussion schon abgeschlossen: es ist nicht mehr die Frage, „ob" eine Professionalisierung möglich (bzw. gewünscht oder erforderlich) ist, sondern „wie" diese sich verwirklichen soll. **Merkmale der Profession** sind: a) die Ausbildung wird

1.5 Exkurs: Soziologie und Sozialarbeit. Eine problematische Beziehung

immer mehr spezialisiert, akademisiert und auf die Universitäten lokalisiert, b) es werden Berufsverbände gegründet, die die ganze Profession umfassen, c) es wird ein einheitlicher, ethischer Kodex ausgearbeitet.

Zweitens ist Sozialarbeit **Ausbildung**. Die Berufsanfänger müssen gründlich vorbereitet werden. Helfen kann jeder, aber nicht jedermann kann professionelle Hilfe leisten. Die nichtprofessionelle Hilfe hat zwar ihren Ehrenplatz in der Sozialarbeit, aber die punktuelle, laune- oder fallgebundene Hilfe, zu der sich oft noch verwandtschaftliche Verbindung gesellt, ersetzt in modernen Gesellschaften die professionelle Hilfe nicht. Sie begleitet sie nur.

Drittens ist nun die soziale Arbeit **Wissenschaft**. Die Theorie ist eine Reflexion über die Praxis. Handeln und Reflektieren sind die Grundgebote der Sozialarbeit als Wissenschaft. In einer ersten Hinsicht kann die Sozialarbeitswissenschaft folgendermaßen definiert werden: „Die soziale Arbeit als Wissenschaft reflektiert und erforscht mit wissenschaftlichen Methoden soziale Probleme und ihre Lösungen" (ENGELKE, 1992, 11).

Die Soziologie bietet eine Möglichkeit für die Reflexion und Forschung in der Sozialarbeit an. Es gibt schon - wohlgemerkt - eine Soziologie der Sozialarbeit. Sie beschäftigt sich mit dem Begriff und Arbeitsbereich der Sozialarbeit, mit der dortigen Bearbeitung sozialer Probleme, mit der Organisation (Bürokratie), mit der Professionalisierung, mit den Wiedersprüchen usw. (KORTE/SCHÄFERS, 1993).

Es gibt auch zahlreiche Soziologien für Sozialarbeiter. Diese nützlichen Lehrbücher sind aber nur teilweise auf das Theoriebedürfnis der Sozialarbeitswissenschaft zugeschnitten. Soziologie als Fach - trotz aller internen Versuche der Interdisziplinarität - führt ein eigenes „akademisches" Dasein an den Fachhochschulen.

Es wird eine **Sozialarbeitssoziologie** gefordert. Eine allgemeine Sozialarbeitswissenschaft setzt notwendigerweise voraus, daß es auch Spezialisierungen gibt, zum Beispiel Sozialarbeitssoziologie. Durch ein solches kooperativ-integratives Arbeitsbündnis hätte auch die Sozialarbeitssoziologie die Möglichkeit, mit universitären Forschungsinstituten zusammenzuarbeiten, um gemeinsame Fragen nicht isoliert beantworten zu müssen.

Aus der Warte der soziologischen Systemtheorie gibt es schon wertvolle Signale. Erwähnenswert ist eine Arbeit von BAECKER in der er versucht, die Sozialarbeit als ein bestimmtes **Funktionssystem** zu beschreiben (BAECKER, 1994). Die Zweifel an der Sozialarbeit machen sie theoriefähig, d.h. wenn man die Zweifel systematisiert, entdeckt man, daß die Sozialarbeit ein Funktionssystem ist. Er sieht eine dreifache Funktionierung: a) Sie kontrolliert die Abweichung, b) sie stabilisiert die Abweichung durch Intervention und c) sie organisiert (mit Mühe und Not) die Hilfe. Sie besteht in diesem Sinne aus professionellen Subsystemen und die grundlegende Paradoxie besteht darin, daß sie versucht, die Differenz zwischen Konformität und Devianz (Abweichung) zu minimieren. Die „perfekte Sozialarbeit" ist eine „selbstmörderische" Tätigkeit - je weniger man sie braucht, desto besser für uns alle!

Die Paradoxie dieses Berufes manifestiert sich in der ständigen Bemühung, sich selbst überflüssig zu machen. Denselben Paradoxien begegnen wir in anderen helfenden Berufen, z.B. beim Arzt oder Anwalt. Aber dadurch, daß die Sozialarbeit das Problem identifiziert, schafft sie es oft auch! Denken wir nur an die Stigmatisierung und an Etikettierungen. Als Gegenbeispiel sei die Familientherapie genannt: hier gelingt die Intervention nur, wenn sie in dem System stattfindet, in das interveniert werden soll. Der Familientherapeut wird zeitweise „Teil" des Systems Familie. Im allgemeinen kann man wohl sagen, daß die sozialarbeiterische Intervention mißlingt, wenn sie zu lange dauert und gelingt bei rechtzeitiger Trennung.

Die Frage ist: in welchem System sollte man am besten intervenieren? Im personalen System, im psychischen oder im funktionalen (Organisations-) System? Soll die Sozialarbeit etwa, um erfolgreich zu sein. auf die Veränderung der Personen, auf die Beeinflussung der Programme von Organisationen Einfluß nehmen, oder sollten wir Hilfe leisten in situativen Kontexten der Interaktion?

Auf jeden Fall will sich die moderne Sozialarbeit - mit Hilfe des systemtheoretischen Instrumentariums - vom Kontrollgedanken distanzieren. Sie will nicht Handlager versteinerter Machtstrukturen oder Vollzugsorgan der von der Parteipolitik diktierten Sozialpolitik werden. Schon allein ihre „Wissenschaftlichkeit" fordert eine Autonomie und Unabhängigkeit. Die Sozialarbeit als professionales Subsystem organisiert sich um das Wertdual (binärer Code) von helfen/nicht-helfen. Das Nichthelfen kann manchmal als eine Sinnform der Hilfe betrachtet werden.

Laut BAECKER sollten wir statt vom System der Sozialarbeit (bzw. Klientensystem) vom Hilfesystem sprechen. Hilfesystem als autopoietisches System ist selbstverständlich „Hilfe zur Selbsthilfe" und sieht die Funktion des Helfens in einem zeitlichen Ausgleich von Bedürfnissen und

Kapazitäten. „Die 'Daseinsnachsorge' - als Hauptfunktion des Sozialarbeit - besteht in der gegenwärtigen Kompensation der aus der Vergangenheit übernommenen Defizite an Teilnahmechancen an der gesellschaftlichen Kommunikation" (BAECKER, 1994, 13).

2 Makrosoziologische Grundbegriffe

2.1 Der Gesellschaftsbegriff in der Soziologie

Der eigentliche Gegenstand der Soziologie ist die Gesellschaft. Die **Makrosoziologie** untersucht den Menschen in der Gesellschaft. Ihre Begriffe, wie Kultur, Schichtung, Institution usw., zielen letztlich auf die Position des Menschen in der Gesellschaft. Letztendlich stellt sich hier die Frage, ob eine Gesellschaft für ihre Mitglieder das Glück durch ihre Institutionen und durch die Kultur garantieren kann. Die **Mikrosoziologie** entdeckt die Gesellschaft im Menschen. Mikrosoziologische Themen wie Status, Rolle, Funktion, Macht usw. betrachten das individuelle Handeln in bezug auf die Gesellschaft. Es geht hier um den Beitrag des Einzelnen für das Glück Mehrerer - möglichst Aller - durch seine den Zielen der Gesellschaft entsprechenden Handlungen.

Ganz allgemein betrachtet ist die Gesellschaft eine Bezeichnung für die Tatsache der **Verbundenheit von Lebewesen** (Menschen, Tieren, Pflanzen) überhaupt. Die Biosoziologie untersucht die Analogien zwischen der menschlichen Gesellschaft und der Insektenwelt (Ameisen, Bienen, Termiten), der Primaten (Affen) oder eines Ökosystems, z. B dem Wald. Das Phänomen der Insularität eines geschlossenen Biosystems (z.B. ein Atoll) kann analog auf bestimmte Gesellschaften angewendet werden. Verhaltensforscher versuchen, Parallelen zwischen tierischem und menschlichem Verhalten zu finden. Die ökologische Soziologie geht einen Schritt weiter und untersucht das Zusammenleben der menschlichen Gesellschaft mit der Natur.

Die Gesellschaft ist die größte Anzahl von Menschen, die zur Befriedigung der sozialen Bedürfnisse und zur Erreichung bestimmter Ziele zusammenwirken und eine gemeinsame Kultur haben. **Merkmale einer Gesellschaft** sind: a) Einheit von Gebiet und Bevölkerung. Es kann aber Gesellschaften geben, die kein eigenes Territorium besitzen. b) Existenz von Hauptgruppen, die die Gesellschaftsentwicklung entscheidend mitgestalten, d.h. die aus Arbeits- und Funktionsteilung entstandene Gruppenstruktur. c) Gemeinsame Kultur. Dazu gehört vor allem die gemeinsame Sprache, oft aber auch die Religion und andere kultursoziologische Merkmale. d) Eine eigenständige soziale Einheit. Sie wird meist in der Staats-

2.1 Der Gesellschaftsbegriff in der Soziologie

form verwirklicht. Es gab und gibt aber Gesellschaften, die nie einen Staat formen konnten oder wollten.

Es gibt eine - zum Teil auch verständliche - **Vermischung der Begriffe** Gesellschaft, Staat, Volk und Nation. Diese Begriffe sind oft deckungsgleich. Die Gesellschaft stellt das typisch soziale Gebilde, der Staat die rechtlich-administrativen, das Volk die rassisch-abstammungsmäßigen und schließlich die Nation die historisch-gefühlsmäßigen Merkmale in den Vordergrund.

Der Mensch als „zoon politicon" wurde schon im **Altertum**, bei den Philosophen der griechischen Polis (PLATON, ARISTOTELES) entdeckt. Im **Mittelalter** wurde die Begründung der gesellschaftlichen Ordnung auf-rund des Naturrechtes und der göttlichen Ordnung (civitas dei) gesehen. Aber schon im 14. Jahrhundert hat IBN KHALDUM darauf hingewiesen, daß eine Gesellschaft keine religiöse Legitimation braucht, um funktionieren zu können. Vor der Aufklärung versuchten europäische Denker (THOMAS MORUS, CAMPANELLA), die ideale Gesellschaft in einer „Utopie" oder in einem „Urkommunismus" zu entdecken. Die **Aufklärung** brachte die Idee des Gesellschaftsvertrages (J. J. ROUSSEAU) hervor. Der Mensch allein ist schutzlos der Willkür anderer ausgeliefert. In einer Gesellschaft soll er Schutz finden, indem er vertraglich einen Teil seiner Freiheit an die Gesellschaft (den aufgeklärten Staat) abgibt. Als Gegenleistung erwartet er von der Gesellschaft Schutz seiner Person und seines Eigentumes. Seine persönliche Freiheit hört dort auf, wo er die Freiheiten anderer gefährden kann. Das ist heute noch die Grundidee einer demokratischen und liberalen Gesellschaft. H. MONTESQUIEU wollte durch die Teilung der Macht (exekutive, judikative und legislative) den Gesellschaftsvertrag perfektionieren. Geteilte und vom Volke kontrollierte Macht ist eine Garantie der Freiheit.

Der **Strukturfunktionalismus** von T. PARSONS sieht in der Gesellschaft ein Handlungssystem. Danach ist die Gesellschaft ein Typus des sozialen Systems, der durch den höchsten Stand der Selbstgenügsamkeit im Verhältnis zu seiner Umwelt, eingeschlossen andere Sozialsysteme (partielle Sozialsysteme), charakterisiert wird. Projiziert auf dem AGIL-Schema sind die vier Grundsteine der Gesellschaft das Wirtschaftsleben, das politische Leben, das gemeinschaftliche Leben und die sozio-kulturellen Aktivitäten.

Die Gesellschaft muß eine „kulturelle Antwort" auf die Grundbedürfnisse der Menschen geben. Der Kulturanthropologe B. MALINOWSKI stellt aufgrund seiner ethnographischen Untersuchungen der „primitiven Gesellschaften" ein Schema von **Grundbedürfnissen** auf. Das Grundbedürfnis Ernährung wird von der Gesellschaft durch die Organisierung der Nahrungsmittelproduktion und deren Verteilung befriedigt. Das Reproduktionsbedürfnis ist gesellschaftlich durch Ehe, Familie und Verwandtschaft geregelt. Die körperliche Bequemlichkeit ist durch gesellschaftseigene Wohnformen (z.B. das „long house"), das Sicherheitsbedürfnis durch gesellschaftliche Verteidigungs- und Schutzmechanismen, das Bedürfnis nach Bewegung durch Tanz und Spiele, die Entwicklung der Gesellschaftsmitglieder durch Initiation und schließlich die Gesundheit durch eine primitive Form von Hygiene und Medizin (Medizinmann) befriedigt (MALINOWSKI, 1944).

Für die moderne Gesellschaft sollten wir noch weitere Grundbedürfnisse erwähnen. Dazu zählen unter anderem das religiöse Bedürfnis (Kirche, Frömmigkeit), das Erholungsbedürfnis (Freizeitorganisation) und schließlich die ästhetisch-kulturellen Bedürfnisse (Kunst). Je entwickelter eine Gesellschaft ist, desto umfassender sind ihre Bedürfnisse.

Nach der Lehre der Systemtheorie ist Gesellschaft nicht etwas Vorgegebenes, sondern eine Errungenschaft. Die abstrakte Definition der Gesellschaft (nach WILLKE) lautet: Sie ist ein soziales System, das sich auf der Basis von **Sinn** als Zusammenhang der grundlegenden Operationen sozialer Kommunikation bilden und in Gang halten kann. Etwas weniger abstrakt ist die folgende Definition: Die Gesellschaft ist der umfassendste Zusammenhang des aufeinander bezogenen und füreinander relevanten sozialen **Handeln** (WILLKE,1987, 25).

Die **modernen Gesellschaften** sind durch vier Merkmale zu charakterisieren: Differenzierung, Positivierung, Selbstreferenz und Steuerung (WILLKE, 1987, 40 ff).

a) Die Differenzierung bedeutet die Steigerung der Optionen im Sinne der Zweckrationalität und der funktionalen **Differenzierung**. Immer mehr Mittel werden eingesetzt, die Folgen der Aktionen kalkuliert und die Selektion (Option) wird dadurch erleichtert.

b) Positivierung bedeutet die Machbarkeit der Welt und die Machbarkeit einer von vielen Möglichkeiten. Sie ersetzt Tradition und Religion, Glauben und Unsicherheiten. Der Mensch schafft sich sozusagen seine Gesellschaft frei von Zwängen einer Autorität und einer Ideologie. **Positivierung** ist gleichzeitig Voraussetzung für Pluralismus.

c) **Selbstreferenz** bedeutet zuerst eine Entzauberung von Hierarchie als Ordnungsprinzip. Hierarchie ist eine von „oben" nach unten fließende, einseitige Information. Moderne soziale Systeme bilden sich aber auf der Grundlage der Kommunikation. Die Steigerung der Kommunikationsdichte in den modernen Gesellschaften hat einen Abbau der hierarchischen Abhängigkeit und Steuerungsbeziehung zur Folge. **Selbstreferenz** ist aber auch die Fähigkeit eines sozialen Systems, sich selbst mit den Augen seiner Umwelt und hineinversetzt in die Situation seiner eigenen Umwelt zu beobachten. Gemeint ist also hier eine Operation, die sich selbst auf anderes und dadurch auf sich selbst bezieht.

d) Steuerung bedeutet Zivilisierung der Evolution. In den modernen Gesellschaften gewinnt die reflexive, dezentrale **Steuerung** des Gesamtsystems und die selbstreferentielle Selbststeuerung jedes einzelnen Teilsystems Oberhand. Die Ordnung der Gesellschaft entsteht durch Selbstbindung, d.h. durch eine autonome Entscheidung, am Gesellschaftsleben nach eigenen Prinzipien teilzunehmen.

Die moderne Gesellschaft ist nicht bereit, eine zentral verordnete Identität zu akzeptieren. Die Identität einer modernen Gesellschaft ist nur als sich prozedural herstellende Identität zu begreifen, Ergebnis eines komplexen diskursiven Abstimmungsprozesses zwischen autonomen und interdependenten Teilen.

Es gibt eine beachtliche Reihe von Etikettierungen im Zusammenhang mit dem Begriff Gesellschaft. Diese Etikette bezeichnen jeweils einen bedeutenden Aspekt der gesellschaftlichen Realität - aber generell sind sie für eine grundlegende Gesellschaftsanalyse ungeeignet. So spricht man z.B. von der postmodernen oder postindustriellen Gesellschaft, von der kapitalistischen, sozialistischen, postsozialistischen Gesellschaft, von der Wohlstandsgesellschaft oder der Wegwerfgesellschaft. Nach Tschernobyl wurde ein neues Etikett gefunden: die Risikogesellschaft.

2.2 Die Kultur als Produkt der Gesellschaft

Die Kultur im soziologischen Sinne ist die Gesamtheit der abstrakten Vorstellungen und konkreten Verwirklichungen der typischen Lebensformen und Lebensentwürfe, der Wert- und Normensysteme und schließlich der gesellschaftlichen Anpassung, die der Mensch als Mitglied einer Gesellschaft erwirbt und mit anderen Mitgliedern teilt. **Kultur** ist jenes komplexe Ganze, das Kenntnisse, Glaubensvorstellungen, Künste, Sitte, Recht, Gewohnheiten und jede andere Art der Fähigkeiten und Dauerbetätigungen umfaßt, die der Mensch als Mitglied der Gesellschaft erlangt.

Kultur ist die Gesamtheit von Plänen und Maßstäben (Standards), die von Menschen im sozialen Miteinander zum Zweck der anpassungsorientierten Daseinsgestaltung entwickelt werden. Die Funktion der Kultur liegt in der Ermöglichung der spezifisch menschlichen Bewältigung und Gestaltung des Daseins. Kultur ist eine komplizierte, kollektive mentale Vorstellung und zugleich konkrete Verwirklichung der gesellschaftlichen Anpassung an die technisch-natürliche Umwelt. Die Kultur beinhaltet materielle wie geistige Elemente. Wenn die materiellen Elemente in einer Kultur vor den entsprechenden geistigen Elementen auftreten, sprechen wir von „kultureller Verspätung" (cultural lag) (OGBURN, 1970). Beispiel: Die ersten Piloten waren Autofahrer im Himmel!

Die **Kultursoziologie** beschäftigt sich mit den Phänomenen der Kultur im Hinblick auf die sie tragenden Kollektive. Eine Kultur ist ein historisch überliefertes System expliziter Lebensentwürfe, die dazu tendieren, von allen oder von besonders herausgehobenen Mitgliedern einer Gruppe geteilt zu werden (KLUCKHOHN, 1963).

Kultur ist die Gesamtheit der typischen Lebensformen einer Gesellschaft, einschließlich der sie tragenden Geistesverfassung, insbesondere der Werteinstellung. Die Gesamtkultur einer Gesellschaft stellt eine Einheit in der Sprache, Siedlungsform, Lebensgewohnheiten, moralischen Anschauung und der sozialen Organisation dar. Im strikten soziologischen Sinne hat Kultur mit Kunst, Lernen und Intelligenz nichts zu tun - nur insofern, als alles, was die Gesellschaft produziert, als **Kulturprodukt** betrachtet werden kann. Das Wort stammt übrigens aus dem lateinischen „agricultura" oder von „cultivere". Das „Gärtnergleichnis" (cultura animi) bedeutet die „Kultivierung" der individuellen Persönlichkeit im Hinblick auf die überlieferten Ideen und Werte. Der Same ist die Philosophie, der Gärtner ist der Erzieher, der Garten ist der Mensch. Die Früchte des Gartens dienen anderen Menschen, so daß der Mensch gleichsam das Produkt seiner eigenen Produkte ist.

Der Mensch ist von Natur aus ein Kulturwesen (A. GEHLEN, 1964). Die Kultur ist die der Natur abgerungene, umgearbeitete Welt des Menschen. Die Kultur ist die „**zweite Natur**" des Menschen - durch soziokulturelle Geburt gewonnen.

Nach der marxistischen Auffassung ist Kultur ein **Überbau** der Klasseninteressen. Die in Klassen differenzierten Gesellschaften besitzen eine Klassenkultur. Die herrschende Klasse versucht, ihre kulturellen Interessen durchzusetzen und der Masse aufzuzwingen. Die Kulturrevolution ist die Bezeichnung für die Anstrengungen und Bewegungen in der Übergangsgesellschaft zum Kommunismus, durch die der Einfluß der bürgerlichen Kultur beseitigt, das Proletariat zur Aneignung fortschrittlicher Kulturinhalte der Geschichte und zur Produktion neuer Kulturinhalte, Lebensformen, Gefühle und Gewohnheiten befähigt werden soll. Die **Kulturrevolution** versucht, das Bewußtsein der Gesellschaftsmitglieder mit Gewalt zu ändern oder die Änderung zu beschleunigen. In einem übertragenen Sinne bezeichnet Kulturrevolution auch radikale Protestbewegungen gegen die bürgerliche Kultur innerhalb kapitalistischer Verhältnisse.

Die **Funktion der Kultur** besteht in der Ermöglichung der spezifischen, menschlichen Bewältigung und Gestaltung des Daseins. Deswegen ist die Kultur:

a) universell - die Menschen sind überall gleich,

b) spezifisch - die Umwelt der Menschen ist unterschiedlich und

c) strukturiert - Teile der Kultur einer bestimmten Gesellschaft stehen in einer bestimmten Wechselbeziehung zueinander.

Die Kultur als soziologischer Begriff ist eine Wirklichkeit, die sich in ständiger Bewegung befindet. Sie scheint ein „Leben" zu besitzen (Geburt, Krankheit, Tod - Dekadenz oder Untergang einer Kultur), aber ihre Entwicklung darf nicht linear vorgestellt werden.

Die **drei Hauptfaktoren** jeder Kultur sind: 1) Die natürliche Beschaffenheit. Es gibt See-, Fluß-, Berg-, und Wüstenkulturen, Stadt und Landkulturen, süd- und nordländische Kulturen usw. 2) Die technischen Voraussetzungen. Es gibt technisch entwickelte bzw. unterentwickelte Kulturen, Schriftkulturen, Medien, Kommunikationstechniken usw. 3) Das von Generation zu Generation weitervermittelte kulturelle Erbe. Dies wird durch die Sozialisation (Familie, Schule) und durch die spezifischen Kulturinstitutionen (z.B. Museen) verwirklicht. Die Religion und die Politik, d.h. Glaubenssysteme und Gesellschaftssysteme, sind gleichzeitig Substrat und Produkt einer Kultur.

Die **Zivilisation** ist ein Entwicklungsstadium einer Kultur. Sie ist die Summe der von zahlreichen Generationen angesammelten, bewahrten und lebenspraktisch eingesetzten Kenntnisse und Fertigkeiten. Zivilisation ist der technisch-mechanische Lebensbereich der von materiellen Motiven geprägten Lebensinteressen. Die im deutschen Sprachraum übliche, bewußte Unterscheidung zwischen Zivilisation und Kultur geht auf die Beschreibung von W. VON HUMBOLDT zurück, der mit diesem Begriff die Vermenschlichung der Völker in ihren äußeren Einrichtungen und Gebräuchen und der damit zusammenhängenden inneren Gesinnung meinte. Zivilisation ist also in diesem Sinne die materielle Kultur.

Der **Zivilisationsprozeß** ist die Darbietung veränderter Mittel für den Sozialaufbau, im wesentlichen als eine fortschreitende Intellektualisierung der Daseinsbewältigung gedacht, der von der naiven zur reflektierten Stellungnahme zur Welt führt. Im Unterschied zum Kulturprozeß, der wesensmäßig mit dem Geist eines bestimmten Volkes verbunden ist, ist die Zivilisation ein universeller Vorgang, der durch seine „Formungstendenzen" auf das „kulturelle Wollen und Verhalten" einwirkt; er bezieht sich auf die technischen Grundlagen der Daseinsrationalisierung und muß von allen Völkern erarbeitet werden (A. WEBER, 1951).

Da die Kultursoziologie Zusammenhänge ausdrücklich festhält - sie untersucht die **Wechselbeziehungen** von Kultur und Gesellschaft -, ist sie für eine systemtheoretische Analyse geeignet. In diesem Sinne kann unter Kultur in einem sozialen System das erworbene Wissens- und Erkenntnissystem zur Interpretation der Erfahrungen und zur Generierung von Handlungen verstanden werden. Es ist ein Netz von Werten, Glaubensvorstellungen, kognitiven und normativen Orientierungsmustern, die das System auf geistiger und materieller Ebene zusammenhalten. Die Kultur ist ein Beitrag (geistig und materiell) zur Sinngestaltung der Gesellschaft; sie besitzt als System Komplexität und Eigendynamik und manifestiert sich gleichzeitig auf mehreren Ebenen. Sie ist weder ein Organismus noch ein Mechanismus, sondern ein lose gekoppeltes, dynamisches und zum Teil fluktuierendes **Mehrebenensystem**. Dies schließt nicht aus, daß es spezielle kulturell-soziale Systeme gibt, die auf die Erstellung und Verbreitung von Werten, Normen und Ideen abzielen.

2.2 Die Kultur als Produkt der Gesellschaft

„Kultur ist eine Menge von Symbolsystemen und Deutungsmustern, die dazu dienen, die Situationen der Lebenswelt zu definieren, Sinn und Orientierung für Erleben und Handeln zu bieten. Sie ist das **Symbolsystem**, in dem ‚Welt' und ‚Wirklichkeit' überhaupt erst faßbar, darstellbar und für das Erleben/Handeln bewältigbar werden" (JENSEN, 1983, 56).

Entscheidend für uns ist das Verständnis von Kultur als ein in sich selbst komplexes Element, das in die Steuerung des menschlichen Verhaltens eingreift. Kultur, so definiert PARSONS, besteht aus einem kodifizierten System von Sinnsymbolen und aus den Handlungsaspekten, die sich direkt auf Probleme der Sinnbedeutung solcher Symbole beziehen. Kultur umfaßt also Glaubenssysteme, Aussagesysteme mit kognitiver Bedeutung und expressive Symbole sowie schließlich den Code, auf dem ihre Sinnbedeutung beruht (PARSONS, 1963).

„In einer sehr vereinfachten Fassung könnten wir auch sagen, Kultur sei ein **System von Regeln** - und zwar von Regeln darüber, welcher Sinn, welche Bedeutung den Ereignissen der Lebenswelt zukommt, im Kleinen wie im Größten. Danach muß sich unser Erleben und Handeln richten" (JENSEN, 1983, 110).

Die komplexe Einheit der Kultur ergibt sich aus den übereinandergelagerten Ebenen: kognitiv, praktisch, künstlerisch, interaktiv, affektiv usw. Da menschliche Systeme Handlungssysteme sind und die Voraussetzung für soziales Handeln die Beziehung ist, sind Kultursysteme **Bezugssysteme**, d.h. nie losgelöst von dem gesellschaftlichen Kontext, in dem sie entwickelt wurden. Dem widerspricht nicht die Aussage, wonach die Kultur ein in Bewegung befindliches, funktionsfähiges bzw. adaptionsfähiges System ist. Dies ermöglicht sowohl die friedliche Begegnung der Kulturen als auch den Kulturimperialismus.

Die drei aufeinander aufbauenden **Varianten der Kultur** sind: 1) Trivialkultur (Körperhygiene, Massenunterhaltung, Arbeitsalltag, aber auch Verkehrswesen). Diese Kulturtechniken dienen dem Überleben in einer gegebenen Gesellschaft, daher können wir sie als **Überlebenskultur** bezeichnen. Sie wird zum Teil durch Sozialisation übermittelt. 2) Lebenskultur (Eßkultur, Geschmack, Umgangsformen, aber auch Lebensgestaltung). Sie ist geprägt durch Sitten, Gebräuche, Gewohnheiten und durch Moral oder Religion gesteuert. Diese Kulturgegebenheiten dienen dem Wohlbefinden einer bestimmten Gesellschaft, daher können wir sie als **Wohlstandskultur** bezeichnen. Sie wird zum Teil durch schulische Bildung und Erziehung vermittelt. 3) Hochkultur (Produktion und Konsum der literarischen, philosophischen, bildnerischen und musikalischen Werke, aber auch Reflexion und Stilbildung). Die Bezeichnung ist „Feier-Kultur" oder qualitative Kultur; sie wird von höheren Kulturinstituten (Theatern, Museen, usw.) vermittelt und individuell verarbeitet.

Ein interessantes und für die sozialarbeiterische Praxis relevantes Theoriegerüst ist die Kultursoziologie von Pierre BOURDIEU. Der französische Soziologe erarbeitete eine moderne Theorie der Kultur, basierend einerseits auf der MARXschen Klassentheorie, andererseits auf der Kulturtheorie von Max WEBER. Er nennt sie „soziokulturelle Klassentheorie", denn in der modernen Gesellschaft werden nach seiner Meinung Herrschaft und soziale Ungleichheit durch drei Faktoren bestimmt: durch die Wirtschaftslage, durch die soziale Lage und durch die kulturelle Lage. Er spricht von ökonomischem, sozialem und kulturellem Kapital. Erwerb und Benutzung dieser drei Sorten von Kapital spielen sich in einem sozialen Rahmen (Milieu) ab. Hierbei unterscheidet er zwischen Struktur, Habitus und Praxis. Struktur bedeutet den Aufbau der Elemente, aus denen ein System aufgebaut ist und die Art und Weise, in der sie zusammenhängen. Der Habitus meint die Gesamtheit der relativ festliegenden Einstellungen und Gewohnheiten einer Person. Schließlich ist die Praxis die konkrete Handlung, diktiert vom Habitus und begrenzt durch die Struktur. Bei BOURDIEU folgt der Habitus in den drei Kapitalsorten vier Annahmen: a) Inkorporationsannahme (Verinnerlichung und Erlernen), b) Unbewußtheitsannahme (Routine, nicht reflektiert), c) Strategieannahme (der Handelnde verfolgt die eigenen Interessen), d) Stabilitätsannahme (die Verwendung des erworbenen Kapitals ist gesichert).

Seine Auffassung vom Kapital beinhaltet auch die Akkumulation und die Transformation von ökonomischen, sozialen und kulturellen Ressourcen. Er erwähnt nicht direkt die Knappheit dieser Ressourcen. Das ökonomische Kapital ist das Geld und das Eigentum. Das soziale Kapital besteht aus den vorhandenen Beziehungen. Das kulturelle Kapital gliedert sich in drei Teile: 1) Inkorporiertes Kulturkapital. Dieses ist z.B. die durch Sozialisation erworbene kognitive Kompetenz und der ästhetische Geschmack. 2) Objektiviertes Kulturkapital. Es besteht aus Wissen, Bildungserwerb und aus symbolischer Genußfähigkeit. 3) Institutionalisiertes Kulturkapital. Es wird durch große Kulturinstitutionen repräsentiert (BOURDIEU, 1983).

Kulturen sind durch die Gesellschaftsstruktur und durch die Umwelt bedingte Bezugssysteme, charakterisiert durch eine dynamische Offenheit besonders in der modernen Zeit. Eine Isolierung einzelner Kulturen ist

2.2 Die Kultur als Produkt der Gesellschaft

nicht möglich, und jegliche Isolierungsversuche führen zu einer Erstarrung und zum Immobilismus (Tibet in früheren Zeiten, Eiserner Vorhang im kalten Krieg). Es gab immer Begegnungen und Kontakte zwischen unterschiedlichen Kulturen, die zu einer gegenseitigen Bereicherung führten. Die ersten Begegnungen in den Frühzeiten der Menschheitsgeschichte waren wahrscheinlich sehr oft kriegerischer Natur. Eroberung und Vernichtung des Gegners, Raubzüge in umliegenden Ländern, Völkerwanderung - später koloniale Eroberung, ideologische Machtausdehnung (Interessensphären).

Fast gleichzeitig aber entstanden friedliche Techniken der Kulturbegegnungen durch Handel, Schiffahrt, Entdeckungsreisen, sowohl von individuellen Reisenden als auch von Handelsgesellschaften. Die Missionierung (christliche und islamische vor allem) ist auch eine Art Begegnung der Kulturen mit dem Vorsatz, die eigenen, höher geschätzten Kulturwerte friedlich, aber auch gewaltsam den „heidnischen Völkern" aufzuoktroyieren. Das Gesetz der Übernahme der Kultur der Eroberten galt in den früheren Entwicklungsstadien (Römer, Griechen, Germanen), später konnten die Eroberer eher ihre Kultur und besonders ihre Zivilisation (Sprache, Schrifttum, Rechtssystem - aber auch Sitten, Administration usw.) den Einheimischen aufzwingen. Paradebeispiel dafür ist das englische Kolonialimperium in Asien und in Afrika.

Wenn man heute von der Begegnung von Kulturen spricht, denkt man eher an einen Austausch und nicht an Unterdrückung.

Der latente Kulturimperialismus manifestiert sich besonders auf dem Gebiet der Verbreitung der materiellen, zivilisatorischen Kulturgüter (amerikanische und japanische Multis auf dem Gebiet von Ernährung, Verkehr, Elektronik, Computerindustrie usw.).

Der Handel ist weiterhin ein wichtiges Mittel der Kulturkontakte, aber nicht minder wichtig scheint das weltweite Kommunikationsnetz mit Telefon, Telex, Radio und Fernsehen zu sein.

Sehr bedeutend ist der internationale Tourismus - aber die Kontakte sind oft einseitig, d.h. die beweglicheren „reisefähigen", weil materiell reicheren Kulturen sind in der Lage, ihre Güter und Ideen in unbeweglichere, weil ärmere Kulturen abzusetzen und damit Profite zu machen. Beispiel: touristische Infrastrukturen in einem Entwicklungsland, Touristenghettos.

Eine qualifizierte Begegnung ist der Austausch von „höheren Kulturwerten" wie Tanz, Theater, Wissenschaft usw. Der „Rucksacktourismus" der heutigen Jugend trägt wesentlich zu Begegnungen und Kontakten mit fernen, fremden Kulturen bei.

Kulturkontakt bedeutet Berührung zweier oder mehrerer Kulturen durch Interaktion zwischen ihren Trägern. Der Kulturkontakt hat in der Regel erhebliche Umgestaltungen zur Folge, zumindest in der Empfängerkultur und bietet deshalb das verbreitetste Erklärungsmodell für das Entstehen der Vielfalt der Kulturen überhaupt.

Der Fachausdruck „Kulturschock" bedeutet ein plötzlich entstandenes, bedrohliches Erlebnis bei der Begegnung mit einer völlig fremden Kultur.

Einwanderer aus sehr fernen Kulturen, Flüchtlinge, aber auch Heimkehrer (Spätaussiedler) können individuell und kollektiv dieses Erlebnis haben. Der Kulturschock wird heute besonders in der Fachliteratur für die türkischen Arbeitnehmer und ihre Familien in der Bundesrepublik angewendet. Dabei sind Frauen und Kinder exponierter als Männer, die durch ihre Arbeitstätigkeit diesen Schock wahrscheinlich schneller überwinden können.

Der Kulturschock ist durch unmittelbaren Kontakt mit einer fremden, d.h. nicht internalisierten Kultur ein mehr oder weniger plötzlich auftretendes, mitunter erschreckendes Gewahrwerden der fundamentalen Andersartigkeit der in der fremden Kultur erlebten Realität (SLIM/FREUND, 1980). Er wird generell durch innere Distanzierung (Ghettobildung) abgewehrt. Die Idealisierung und Aufwertung der eigenen Kultur dient als Schutzwall gegen die alltägliche Bedrohung durch fremde Kulturen. Die Fremdkultur wird durchweg negativ bewertet, als Aggressor betrachtet. Durch die Abwehrreaktion entstehen bei einigen Gruppen von Ausländern radikale Gruppen und Bewegungen; die Überbewertung nationaler, religiöser, sprachlicher Werte führt oft zu einem Extremismus, der selbst im Heimatland nicht geduldet würde (Graue Wölfe, kurdische Separatistengruppen, Koranschulen).

Der Kulturschock wird im Laufe der Zeit (bei Kindern in der Schule, bei Erwachsenen in der Nachbarschaft) mehr oder weniger überwunden; er wird von Gefühlsebenen auf Verstandesebenen verlagert und so entsteht der Kulturkonflikt, bei dem Kompromißlösungen durchaus möglich sind. Kulturkonflikt ist Widerstreit von Wertungen (im weitesten Sinne) zweier in Kontakt getretener Kulturen.

2.3 Die Institution als Angebot der Gesellschaft

Institutionen sind anerkannte **soziale Einrichtungen**, die das Handeln der Menschen nach Normen, Werten und Traditionen bestimmen. Sie vereinheitlichen soziale Rollen und organisieren Verfahrensweisen, die zur Befriedigung sozialer Bedürfnisse führen. Allerdings sind Institutionen nur eine Art „**Angebot**", da Rollen auch ohne institutionellen Rahmen erlernt werden können. Die Institutionen erleichtern aber unser Streben nach Überleben und Wohlbefinden in der Gesellschaft. Alle Institutionen sind prinzipiell auf Dauer angelegt und dadurch manchmal Hindernisse des Fortschrittes. Die Institution ist ein statischer Begriff, obwohl in ihrem Rahmen Prozesse ablaufen, die durch Interaktionen auf Änderungen hinauslaufen.

Oft wird dieser Begriff synonym mit dem Organisationsbegriff verwendet. Man sagt Institution und denkt **Organisation.** In der systemtheoretischen Soziologie wird eher von Organisation als von Institution gesprochen. Bei näherer Analyse zeigt sich, daß die Institution Aspekte eines gesellschaftlichen Subsystems annehmen kann.

Die individuelle Handlung ist ein ununterbrochener Entscheidungsprozeß (Selektion) von möglichen und vorstellbaren Handlungen. „Institutionen sind sowohl Resultanten als auch Steuerungsfunktionen des **Handelns**; sie sind auf die Bedürfnisse der Handelnden als auch auf die Erfordernisse der von ihnen gebildeten sozialen Systeme der Gesellschaft bezogen" (SCHÄFERS, 1986, 136).

Organisation ist eigentlich und letztlich ein soziales Entscheidungssystem und besteht aus Mitgliedschaft und aus Entscheidungsprozessen. **Organisationen** sind zweckgerichtete soziale Gebilde und bedeuten eine Ordnung von zielgerichtet miteinander arbeitenden Personen und Gruppen in einem Prozeß der Arbeitsteilung. Sie stellen Programme auf, verfügen über disponible Mitglieder und können Kommunikationsmöglichkeiten strukturieren. Jede Organisation ist gleichzeitig eine Institution, da sie auch soziale Bedürfnisse befriedigt. Was hier mehr ist als bei der Institution, das ist der hohe Grad von Organisiertheit, der bürokratisch-rechtliche Charakter, der weit über den „Angebotscharakter" der Institution reicht.

Soziale Institutionen können eine **Entwicklung** durchlaufen, an deren Ende eine straffe Organisation steht (das Sicherheitsbedürfnis einer Gesellschaft mündet in einer Armee).

A. GEHLEN meint, daß die Institutionen dem einzelnen mit Forderungen und Ansprüchen entgegentreten, sie nützen ihm aber auch, und sie dienen der **Stabilisierung** der Gesellschaft insgesamt. Der Mensch als „instinktarmes Wesen" braucht die Institution, um zu überleben. Anders ausgedrückt; was für die Tiere Instinkte sind, sind für Menschen, für die Gesellschaft die Institutionen (JONAS, 1966).

Wie bei dem Begriff Kultur können wir auch bei der Institution eine **Zweiteilung** in materiell-verkörperte und in ideell-geistige Elemente vornehmen. So sind Familie, Kirche, Schule und Staat Institutionen - aber auch das Eigentum, das Geld, die Ehe usw. J. KARDINER sagt, daß Institutionen Mittel für die spezifische Beeinflussung des einzelnen von Seiten der Gesellschaft sind. M. MEAD spricht von einer organisierten Aktivität der Gesellschaft vor und nach dem Individuum. Mit unserem Eintritt (Geburt) in die Gesellschaft finden wir Institutionen vor und nach unserem Austritt (Tod) leben sie weiter. R. McIVER behauptet, daß Institutionen die Art und Weise sind, wie bestimmte Dinge getan werden müssen. Die Institution als organisierte Verfahrensweise verfügt über eigene Normen (Ritual, Einweihungszeremonien, Initiationsriten), hat einen Träger (die Gruppe) und übt durch den Träger Sanktionen (Bestrafung, Belohnung) aus (R. KÖNIG, 1964).

Institutionen haben a) einen **relationalen** Aspekt. Dies bedeutet, daß sie untereinander in Austauschbeziehungen stehen. b) Sie haben einen **regulativen** Aspekt. Dies bedeutet, daß die institutionellen Angebote (z.B. das Angebot Wissen durch die Institution Schule) Machtpositionen festschreiben (Lehrer) und Sanktionsvorgänge bestimmen (Notengebung). So wird das Verhalten derjenigen, die die institutionellen Angebote annehmen, durch die Institution reguliert, gesteuert und reglementiert. Schließlich hat die Institution c) einen **kulturellen** Aspekt. Sie repräsentiert den Sinnzusammenhang des gesamten sozialen Systems. Für das System Wirtschaft hat z.B. die Unterscheidung „heilig/profan" in der praktischen, konkreten Ausübung seiner elementaren Funktionen (Tausch, Kauf, Verkauf, Produktion usw.) keinen Sinn - wohl aber für die Religion. Trotzdem konnte Max WEBER in seiner klassischen Studie über den Kapitalismus und Protestantismus treffend feststellen, daß eine neue religiöse Ethik, das Wirtschaftsgeschehen, wie den entstandenen Kapitalismus, beeinflussen kann (M. WEBER, 1965).

Die Institution Kapitalismus kann also (theoretisch) **Sinnzusammenhänge** wie Wohlstand/Freiheit darstellen. Der Zusammenbruch des real existierenden Sozialismus als politisches System vollzog sich in unserer

2.3 Die Institution als Angebot der Gesellschaft

Zeit unter anderem auch deswegen, weil es Sinnzusammenhänge wie Kollektivismus/Freiheit oder Planwirtschaft/Marktwirtschaft nicht herstellen konnte.

Die **Grundmerkmale** einer Institution - dargestellt am Beispiel der Sprache, sind nach P. BERGER: 1) Äußerlichkeit. Die Sprache ist die äußere Kommunikationsform der Gedanken. 2) Zwangscharakter. Der Sprechende muß bestimmte zwingende, grammatikalische und stilistische Regeln beachten. 3) Moralische Autorität. Eine Instanz, die über die Reinheit der Sprache wacht (Schriftsteller, Duden). 4) Geschichtlichkeit. Die Geschichte einer Sprache, die Entwicklung der Begriffe und Ausdrücke in der vergangenen Zeit spiegelt gesellschaftliche Verhältnisse wider (BERGER, 1969).

Die Institutionalisierung ist ein Prozeß der Generalisierung und Typisierung der sozialen Handlungen. Diese Prozesse entstehen in wiederholten und akzeptierten Interaktionen der Beteiligten an der Institution. Die institutionellen Werte werden durch die Prozesse der **Institutionalisierung** entweder 1) beibehalten: in diesem Falle reden wir von Konservatismus oder 2) verbessert: Reformismus oder sogar 3) radikal verändert: Revolution.

Nach T. PARSONS ist die Institutionalisierung ein Prozeß der Verfestigung von bestimmten Mustern regelmäßig wiederkehrenden Verhaltens. Durch Institutionalisierung entsteht letztlich die gesellschaftliche Ordnung (PARSONS, 1968).

Die Funktion der Institution ist die Entlastung des Menschen von Entscheidungsdruck einerseits, andererseits kann sie eine Quelle der Fremdbestimmung und sogar der Unterdrückung sein. Man kann vom **Zwangscharakter** und vom **Befreiungscharakter** einer Institution sprechen. So revoltiert der junge Mensch gegen seine Familie, die er als Zwang empfindet. Nachdem er sich von diesem Zwang befreit hat, gerät er eventuell unter dem Zwang einer Paarbeziehung in die Institution Familie. Die Ehe z.B. befreit uns von der lästigen Partnersuche, zwängt uns aber gleichzeitig in eine exklusive Intimbeziehung.

Es wird oft behauptet, daß die **Spontaneität** im gesellschaftlichen Leben wertvoller sei als die Institutionalisierung. Beide haben aber sowohl negative als auch positive Aspekte. Gegen Spontaneität spricht ihre Unwiederholbarkeit, Unübertragbarkeit und die Zeitverschwendung. Für sie spricht die Kreativität, die Einmaligkeit und die persönliche Freiheit. Gegen Institutionalisierung spricht der Uniformismus, die Nachahmung, der Zwang - dafür spricht aber die gesicherte Wiederholung und Übertragung erprobter Werte, Normen und Rollen sowie eine Zeitökonomie. Die **Institutionalisierung** verfestigt soziale Regelmäßigkeiten. Diesem Prozeß sind früher oder später auch spontan gebildete Initiativen und Gruppen unterworfen.

A. GOFFMANN führt den für die Sozialarbeit wichtigen Begriff der „totalen Institution" in die Soziologie ein. Hier geht es wohlgemerkt weniger um einen „befreienden Aspekt" und noch weniger um ein Angebot, das man akzeptieren kann oder auch nicht. Totale Institutionen aber können - in bestimmten Fällen - auch selbst gewählt oder gewollt werden. Nach seiner Definition nehmen totale Institutionen die ganze Person für sich in Anspruch, abgekapselt von der Umwelt und unter einer Autorität. Der Charakter einer totalen Institution wird durch die Beschränkung des sozialen Verkehrs angezeigt. Alle Angelegenheiten des Lebens finden an ein und derselben Stelle statt. Den Mitgliedern wird die gleiche Behandlung und die gleiche Tätigkeit zugewiesen. Alle Phasen des Tages sind exakt geplant. Diese Institutionen sind auch alle sich in Form einer Anstalt darstellenden Organisationen. Wir können von Fürsorgeanstalten (Blindenheime, Altenheime, Waisenhäuser), von Schutzanstalten (Psychiatrie, Gefängnis), von Organisationsanstalten (Kasernen, Internate) und von Zufluchtsanstalten (Klöster, Konvente) sprechen (GOFFMANN, 1969).

2.4 Schichtung und soziale Ungleichheit

Schichten sind gesellschaftliche Großgruppen, die aus Personen bestehen, die dieselbe soziale Position (Prestige, Macht, Einkommensart, Kultur, Bewußtsein) besitzen. Die Zugehörigkeit einer Person zu einer **Gesellschaftsschicht** beeinflußt ihr soziales Verhalten gegenüber anderen Schichten und gegenüber der Gesamtgesellschaft.

Schichtung war ein **wesentliches Merkmal** jeder bisherigen Gesellschaft. Wir stellen fest: alle menschlichen Gesellschaften sind irgendwie geschichtet. Nur die Benennung änderte sich in der Geschichte (Kaste, Stand, Klasse). Der Begriff der sozialen Schichtung besitzt keinen übereinstimmenden, anerkannten Bedeutungsgehalt. Da dasselbe für den Begriff

2.4 Schichtung und soziale Ungleichheit

der Klasse gilt, kommt es vor, daß Schicht manchmal als Oberbegriff der Klasse, manchmal als Synonym dafür und manchmal als etwas von einer Klasse deutlich Verschiedenes verstanden wird (MAYNTZ, 1958).

Die soziale oder gesellschaftliche Schichtung stand lange Zeit im **Mittelpunkt** der soziologischen Fachliteratur. Viele Soziologen behaupteten, die Schichtung sei die Hauptfrage der Soziologie. Sie meinten, daß letztlich alle theoretischen Arbeiten und praktischen Untersuchungen direkt oder indirekt mit dieser Thematik befaßt seien. Solange die sozialen Unterschiede sehr stark im Vordergrund der Gesellschaftsanalyse standen, war dieser Standpunkt verständlich. Durch die Moderne und durch das enorme Wirtschaftswachstum, die Technik, die Medien usw. entstand in der westlichen Welt nach dem zweiten Weltkrieg aber allmählich ein neues Bild. Es ist widersprüchlich. Einerseits wächst die Kluft zwischen Reichen und Armen immer mehr - andererseits tauchen bei den „Reichen" andere Probleme auf, die eine ganz neue Form von Ungleichheit hervorrufen (Konsumismus, Umwelt usw.). Die westliche Gesellschaft produziert eine widersprüchliche Vielfalt der Lebenswelten und Stile, in der wir mit den relativ simplen Begriffen wie Schichtung und Klasse nicht weiterkommen.

Die Frage der **Schichtzugehörigkeit** wird immer problematischer. Ist der arbeitslose Jungakademiker Mitglied der oberen Mittelschicht und gehört der gutverdienende Handlanger zur Unterschicht? Bestimmte moderne soziale Probleme (Scheidung, Drogenproblem) ziehen sich quer durch alle Schichten.

In der Sozialarbeit spielte und spielt die Schichtung noch immer eine beachtliche Rolle. Begriffe wie **Unterschicht**, schichtenspezifische Sprache und Verhaltensweise usw. dienen oft zur Identifikation der Klienten und vereinfachen oft sehr komplexe Lebensweisen, wo Hilfe nötig ist.

Schichten sind im soziologischen Sinne ungleich, hierarchisiert, übereinandergelegt und differenziert.

1) Ungleichheit. „Ungleichheit ist die Quelle so vieles Bösen, aber auch alles Guten" (I. KANT). Da es in jeder menschlichen Gesellschaft **Ungleichheiten** gibt, die nicht auf den Individuen beruhen (natürliche Ungleichheiten), reden wir von gesellschaftsbedingten Ungleichheiten (soziale Ungleichheiten). Es kann aber ein Wechselspiel zwischen natürlichen und sozialen Ungleichheiten geben, z.B. Kleinwüchsige, Schwarze.

Der Ursprung der Ungleichheit unter den Menschen ist ein ewiges Thema der Denker. Soziologisch gesehen könnten wir behaupten, daß der

Ursprung der Ungleichheit unter den Menschen in der Existenz von mit Sanktionen versehenen Normen des Verhaltens liegt. Weil es Normen gibt und Sanktionen nötig sind, um ihre Erhaltung zu erzwingen, muß es Ungleichheit des Ranges unter den Menschen geben. Diese Rangordnung entsteht nach dem Maße der Erfüllung und Nichterfüllung der Normen. Der Durchschnittsmensch steht in der Mitte der Skalierung; rechts von ihm sind dann die „Normerfüller" bzw. auch Übererfüller (Heilige!), die für ihr Verhalten positiv sanktioniert sind. Links von ihm sind die Abweichler, die die Normen nicht erfüllen können (weil dazu Prestige, Macht, Einkommen, Kultur oder Bewußtsein fehlt) oder die sie nicht erfüllen wollen (Kriminelle). Sie werden letztlich für ihr Verhalten negativ sanktioniert. Nach DAHRENDORF ist die soziale Schichtung ein unmittelbares Resultat der Kontrolle des sozialen Verhaltens durch positive und negative Sanktionen (DAHRENDORF, 1957).

2) Hierarchie. Sie bedeutet eine Rangordnung innerhalb der Schichtung. Sie ist eine bestimmte Struktur der vertikalen Gliederung der Positionen in der Gesellschaft. Diese Positionen werden nach dem Maßstab des Erfüllens oder Nichterfüllens der Normen „verteilt". In diesem Sinne ist die **Hierarchie** eine Art Herrschaftsinstrument oder zumindest ein auf Wertekonsens basierender Mechanismus der Verteilung der sozialen Güter.

Diese Verteilung wird von politischen oder religiösen, aber auch von kulturellen und wirtschaftlichen Machtpositionen aus oft manipuliert. Gesellschaftliche Positionen können z.B. in einer totalitären Gesellschaft kontraselektiv verteilt werden, die Korruption der Machthaber kann die Positionsverteilung beeinflussen. In einem demokratisch aufgebauten Gesellschaftssystem sollte die Hierarchie nur im Bereich der Reputation, des Wissens oder des künstlerischen Könnens eine Rolle spielen - ohne daß dadurch eine **Diskriminierung** geschaffen wird. Diese Idealforderung steht aber noch fern von der sozialen Realität.

3) Übereinanderliegen. Die Schichten werden als „Stratum" aufgefaßt. Stratifikation, Stratum ist ursprünglich ein geologischer Begriff. Dort bedeutet es nicht eine Hierarchie oder Vorrang der Schichten der Gesteine, sondern eher ihre durch die Zeit bestimmte Konfiguration. Ähnlich ist es in der Archäologie (Kulturschichten) oder in der Sprachwissenschaft (Sprachschichten). In der Soziologie wird die Benennung des **Übereinanderliegens** der Schichten vom Amerikanischen übernommenen: Ober- Mittel- und Unterschicht (upper, middle, lower). Das Übereinanderliegen ist implizit eine Wertung: die „da oben" sind reicher, gebildeter, mächtiger usw.

2.4 Schichtung und soziale Ungleichheit

4) Differenzierung. **Differenzierung** bezeichnet allgemein den Prozeß der Scheidung, Trennung, Absonderung von ursprünglich gleichartigen Gruppen. Zentrale Dimension einer Schichtung ist die soziale Differenzierung. Dimensionen der Differenzierung sind: Gleichheit-Ungleichheit, Macht-Ohnmacht, Abhängigkeit-Unabhängigkeit, Reichtum-Armut. Dabei werden verschiedene **Differenzierungstypen** unterschieden: a) segmentäre (gegliederte) Differenzierung: Die Grundzelle der Gesellschaft wird in ihrer Form immer wiederholt, die Einheiten (z.B. Familien, Siedlungsgebiete) sind ähnlich; b) funktionale Differenzierung: Die verschiedenen Gruppen sind aufgrund von Arbeitsteilung getrennt, jedoch dadurch aufeinander bezogen und voneinander abhängig; (mehr darüber s. im nächsten Kapitel) c) institutionelle Differenzierung: Es besteht nicht nur Arbeitsteiligkeit zwischen Personen, sondern es bilden sich dadurch Institutionen bzw. Organisationen.

Die **soziale Differenzierung** entsteht a) durch die Tatsache, daß der Mensch ein soziales und zugleich ein individuelles Wesen ist, b) durch die gesellschaftliche Arbeitsteilung (E. DURKHEIM, T. PARSONS), c) durch das Privateigentum (P. J. PROUDHON, K. MARX) d) durch die ungleiche Verteilung von Einkommen, Prestige und Macht (R. DAHRENDORF). Der soziologische Funktionalismus betrachtet die Differenzierung als eine Notwendigkeit für das Funktionieren aller menschlichen Gesellschaften.

Die Zahl der Schichten ist unterschiedlich. **Schichtenzahltheorien** können dichotomisch (nur zwei Schichten), trichotomisch (nur drei Schichten) und multitomisch (mehrere Schichten) sein. Allen diesen Theorien ist gemeinsam, der Glaube an ein Verschmelzen der Schichten, d.h es kommt schließlich die Beseitigung der sozialen Ungleichheit. Die Entwicklung wird etwa so vorgestellt, daß aus zwei, drei oder mehreren Schichten eine „große Schicht" wird, d.h. eine schichtenlose Gesellschaft entsteht. Nach anderen Auffassungen werden die Schichten immer zahlreicher und es entsteht dann eine so reiche Schichtenvielfalt, daß die soziale Ungleichheit dabei nicht mehr zu erkennen ist.

Die **Zugehörigkeit** des Individuums zu einer Schicht richtet sich nach bestimmten Kriterien. Vier Gruppen von **Kriterien** sind für eine Schichtung wesentlich: a) psychologische Kriterien (Bewußtsein, Zugehörigkeitsgefühl), b) ökonomische Kriterien (Einkommen, Eigentum, Besitz), c) kulturelle Kriterien (Bildungsgrad, Kulturkonsum) und d) soziale Kriterien (Beziehungen, Kontrolle, Sanktionen) (TUMIN, 1970).

Eine **didaktische Darstellung** der Schichtung als Pyramide war üblich. Sie ist natürlich nur eine plastische Veranschaulichung sehr komplexer und fließender Realitäten. Je breiter die Basis der Pyramide ist bzw. je spitzer sie ist, desto mehr handelt es sich um stark hierarchisierte, traditionelle Gesellschaften. Die modernen Gesellschaften tendieren zu einer „Zwiebelform" (NEIDHARDT, 1966), d.h. kleine Oberschicht und Unterschicht, sehr breite Mittelschichten.

Die **soziale Mobilität** ist ein wesentliches Merkmal der Schichtung, da die Grenzen zwischen Schichten durchlässig sind. Es gibt horizontale und vertikale Mobilität, intra- und intergenerationelle Mobilität, saisonale, nationale und internationale Mobilität. Der Sohn eines türkischen Arbeitsemigranten in der Bundesrepublik kann alle hier erwähnten Mobilitätsarten durchlaufen. Er wandert aus einem Dorf in Anatolien in eine Stadt im Ruhrgebiet, sein Vater war zuerst Stahlkocher, dann eröffnete er seinen Gemüseladen. Er selbst entschloß sich nach einer Mechanikerlehre, an einer Universität in Süddeutschland Jura zu studieren.

2.5 Exkurs: Klassengesellschaft oder funktionale Differenzierung?

Es ist in der Soziologie nicht möglich, eine einheitliche Definition der Klasse zu geben. **Klassen** sind gewiß Elemente der Schichtung, sie sind Gruppen, sind für viele konkret erlebte Realität. Alle Personen in der sozialen Schichtung bilden eine Klasse, wenn sie spezifische gemeinsame Merkmale besitzen und sich der jeweiligen Klasse zugehörig fühlen. Solche Merkmale sind: gleiches ökonomisches Niveau, gleiche Ausbildung, Erziehung, Moral, politische Auffassung.

Die klassische Soziologie lehrt, daß die Klassen Gruppen sind, deren Mitglieder durch gleiche wirtschaftliche und soziale Lage und gemeinsame Interessen verbunden sind. Die meisten Frühsoziologen des 19. Jahrhunderts wandten den Klassenbegriff gewohnheitsmäßig so an, wie er heute noch für viele gilt, indem sie ihn für das Bürgertum und die Arbeiter-

2.5 Klassengesellschaft oder funktionale Differenzierung?

schaft reservierten. Seltener sprach man von Bauernklasse. Adel, Handwerker und Mittelklassen wurden in Deutschland häufig als Stand bezeichnet.

Es wäre sinnlos, über Klasse zu sprechen und dabei K. MARX nicht zu erwähnen - obwohl er selbst die Klasse nicht definiert hat.

Die Definition der Klasse im **marxistischen Sinne** stammt von W. I. LENIN: Als Klasse bezeichnet man große Menschengruppen, die sich voneinander unterscheiden nach ihrem Platz in einem geschichtlich bestimmten System der gesellschaftlichen Produktion, nach ihrem Verhältnis zu den Produktionsmitteln, nach ihrer Rolle in der gesellschaftlichen Organisation der Arbeit, nach der Art der Erlangung und der Größe des Anteils am gesellschaftlichen Reichtum. Klassen sind Gruppen von Menschen, von denen die eine Gruppe sich die Arbeit einer anderen Gruppe, infolge der Verschiedenheit der Position in einem bestimmten System der gesellschaftlichen Wirtschaft, aneignen kann (OSSOWSKI, 1962).

Zur Gegenüberstellung und zur Diskussion sollte hier noch die Auffassung der **katholischen Sozialethik** (J. MESSNER) zur Klasse erwähnt werden: Klassen sind gesellschaftliche Gruppen, verbunden durch die Gleichartigkeit von Interessen und durch das Bestreben, diesen durch eine Neuverwirklichung des Gemeinwohls mittels Änderung des Sozialsystems Geltung zu verschaffen oder eine solche Änderung zu verhindern. Für den Begriff der Klasse ist somit die Gemeinsamkeit der Interessen das Primäre, die Leistung im Prozeß der gesellschaftlichen Kooperation das Sekundäre (MESSNER, 1960)

In der Person von K. MARX unterscheidet man üblicherweise den Revolutionär, den Theoretiker und den Philosophen. **MARX als Soziologe** wurde erst später entdeckt. Trotz verschiedener Interpretationen seiner Gedanken steht fest: Er hat die soziale Wirklichkeit der frühindustriellen Gesellschaft (England) seiner Zeit entdeckt und über die Arbeiterklasse und über den Kapitalismus eine richtige Analyse geliefert. In seinem sehr umfangreichen Werk faßt MARX verschiedene Strömungen in einem einheitlichen System zusammen. Eine innere Logik (trotz Vereinfachungen) ist bei ihm nicht zu leugnen. Die faszinierende Einheit der Theorie und der Praxis in seinem Werk wirkt sowohl bei den ausgebeuteten Proletariern (heute eher in der dritten Welt) als auch bei den nonkonformistischen linken Intellektuellen (von Eurokommunisten bis hin zu den Öko-Marxisten!). Da er die Geschichte als Geschichte des Klassenkampfes dargestellt hat, wurden all seine Analysen auf dieser Basis fortgeführt. MARX wurde aber auch sehr oft überinterpretiert, und seine Gedanken wurden oft verfälscht - mehr durch seine Verehrer als durch seine Gegner (MAUKE, 1977).

Für die Soziologie sind seine Äußerungen über die Mehrwerttheorie, über Entfremdung, **Klassenkampf** und über das Klassenbewußtsein wichtig. Der Wert einer Ware ist die zur Herstellung erforderliche Arbeitszeit. Die Ware Arbeitskraft entsteht im Kapitalismus; ihr Preis ist der Lohn. Der Arbeiter produziert mehr, als für die Reproduktion seiner Arbeitskraft notwendig ist. Dieses Mehrprodukt wird vom Kapitalisten verwertet: eine Klasse (Industrieproletarier) verkauft ihre Arbeitskraft an eine andere Klasse (Kapitalisten). Die Arbeiter sind von ihren Produkten entfremdet. Das Kapital entsteht unter bestimmten Produktionsverhältnissen. Soziale Klassen sind bei MARX Gruppen von Menschen, die durch ein historisch spezifisches Verhältnis zu den Produktionsmitteln gekennzeichnet sind.

Das **Klassenbewußtsein** ist nicht nur das Erkennen der gemeinsamen Lage der Proletarier in bezug auf Produktionsmittel, nicht nur das Erkennen eines gemeinsamen Ausbeutungsgefühls, sondern das Erkennen der Rolle, die der Proletarier im Produktionsprozeß spielt. Nur die Arbeiterklasse besitzt ein aktives Bewußtsein. Durch Proletardiktatur soll die Arbeiterklasse dieses Bewußtsein vernichten, um die ganze Klassengesellschaft verändern zu können (LUKACS, 1968).

Die Unhaltbarkeit der Thesen über die zwei Grundklassen, die Verelendung der Arbeiter, die **Proletardiktatur** usw. ist spätestens durch den Zusammenbruch des real existierenden Sozialismus für alle deutlich geworden. Der Staatskapitalismus, die ideologische Diktatur, das Scheitern des Produktionismus und der Planwirtschaft machten eine Reformierbarkeit des Sozialismus unmöglich. Wirtschaftliche Liberalisierung (Marktwirtschaft) kann nicht ohne politische Liberalisierung (Mehrparteiensystem) verwirklicht werden. Das neue chinesische Experiment des Marktsozialismus kann auf Dauer keinen Erfolg versprechen.

Die Systemtheorie bietet eine andere Vision der gesellschaftlichen Evolution. Es handelt sich nicht um Prognosen - wie etwa im Marxismus: unaufhaltbare Entwicklung vom Kapitalismus bis zum Kommunismus -, sondern um real nachvollziehbare **Entwicklungsstufen**. Das Gesellschaftssystem wächst in dem Maße, als seine Komplexität von segmentärer auf funktional-spezifizierte Teilsystembildung umstrukturiert wird. Bei dieser Evolution müssen **drei Mechanismen** zusammenwirken: a) Mechanismen der Variation, d.h. eine Überproduktion von Möglichkeiten des Erlebens und Handelns. b) Mechanismen der Selektion, d.h. die sinnhafte Auswahl

2.5 Klassengesellschaft oder funktionale Differenzierung?

einer brauchbaren Alternative und c) Mechanismen der Stabilisierung, d.h. die erreichten Problemlösungen sorgen für die Reproduzierbarkeit von Problemlösungsmustern oder für deren Einsatz durch Äquivalenzen. Diese drei Mechanismen (in umgekehrter Reihenfolge) charakterisieren die segmentäre, die geschichtete und die funktional-differenzierte Gesellschaft (WILLKE, 1991).

Stichwort ist hier die **funktionale Differenzierung** der Gesellschaft.

„Funktionale Differenzierung heißt, daß das Ganze nicht mehr aus einer Vielzahl gleicher oder ähnlicher Einheiten wie Familien, Clans oder Gruppen besteht, sondern aus einer Vielzahl unterschiedlicher, spezialisierter Teile, die voneinander abhängen (biologisches Beispiel: der menschliche Organismus)" (WILLKE, 1991, 12).

In archaischen Gesellschaften ist die Differenzierung segmentär und stabilisierend (aus einer Einheit entstehen mehrere gleichartige Einheiten, z.B. Familie, Dorf).

In Hochkulturen (z.B. Feudalismus und teilweise auch Kapitalismus) ist die Differenzierung primär an der Schichtung orientiert und selegierend (die Einheit der Gesellschaft wird durch Hierarchie und später Bürokratie verstärkt und zentralisiert).

In modernen Gesellschaften ist die Differenzierung funktional und richtet sich nach Variationen (die Einheit der Gesellschaft ist dezentral, pluralistisch und durch Kommunikation garantiert) (KISS, 1990).

Moderne Gesellschaften sind also nicht mehr Schichten- oder Klassengesellschaften, sondern - nach der Systemtheorie - funktional differenzierte Gesellschaften. Dies bedeutet nicht die Dekomposition des Gesamtsystems in Teile, sondern die Entstehung von System-Umwelt-Differenz innerhalb von Systemen. Die Differenzierung ist funktional in dem Maße, als das Subsystem seine Identität durch die Erfüllung einer Funktion für das Gesamtsystem gewinnt. Es entstehen wichtige autonome Subsysteme, z.B. Wirtschaft.

Die **Wirtschaft** wurde zuerst, was die Produktion der Güter betrifft, durch die Trennung von Wohnort und Arbeitsplatz aus der Gesellschaft ausdifferenziert, dann folgte die Trennung von Produktion und Konsum; jetzt wird das Wirtschaftsgeschehen durch das Problem der Verteilung und Dienstleistung beherrscht. Die Wirtschaft ist autonom, ausdifferenziert und internationalisiert. Sie, als funktionales Subsystem der Gesellschaft, ist -

wohlgemerkt - mit der Gesellschaft strukturell gekoppelt. In ihr findet die Befriedigung der materiellen Bedürfnisse eine sinngemäße Resonanz.

Die **moderne Weltgesellschaft** ist vor allem durch den Primat funktionaler Differenzierung bzw. durch die Ausdifferenzierung wichtiger Gesellschaftsbereiche in verschiedene Funktionssysteme gekennzeichnet. An die Stelle der Einteilung nach Schichten ist die Einteilung nach Funktionsbereichen getreten.

Die **Sozialstruktur** einer Gesellschaft (teils noch nach altem Schichtungsmuster, teils nach dem Prinzip der funktionalen Differenzierung) wird durch die empirische Sozialforschung untersucht. Die Präsentation der prozentualen Angaben erfolgt meist in Pyramiden- oder in Zwiebelform. Die amerikanische Schichtungsbeschreibung folgend, bestand z.B. bei MOORE/KLEINING (1960) oder bei BOLTE (1967) damals die bundesdeutsche Gesellschaft aus 1% (2%) Oberschicht, 5% obere Mittelschicht, 15% mittlere Mittelschicht, 30% untere Mittelschicht, 28% obere Unterschicht, 17% untere Unterschicht und 4% „sozial Verachtete". Nach DAHRENDORF (1957) - er kombiniert Klassen und Schichten - gibt es 1% Elite, 12% Dienstklasse, 20% Mittelstand, 12% „falscher Mittelstand", 5% Arbeiterelite, 45% Arbeiterschicht und 5% Unterschicht.

Eine der neuesten Darstellungen der Sozialstruktur ist die SINUS-Milieustudie (nach St. HRADIL, 1987). Hier wird statt Klasse und Schicht von „**Milieu**" gesprochen.

1. Das **konservativ-gehobene** Milieu, dem etwa 9% der Erwachsenen Bevölkerung angehört. Es ist gleichsam die traditionelle, gebildete Oberschicht und besteht aus Angestellten, Beamten, Freiberuflern und Selbständigen mit hohen und höchsten Rängen der Bildung und des Einkommens.

2. Das **kleinbürgerliche** Milieu. 25% der Bevölkerung besteht aus sicherheits- und ordnungsorientierten kleinen Angestellten, Beamten und Selbständigen, meist mit Hauptschulabschluß und mit kleinem bis mittlerem Einkommen.

3. Das **technokratisch-liberale** Milieu (10%). Dies sind die Spitzengruppen der Angestellten und Beamten sowie mittlere bis größere Selbständige und Freiberufler, gleichsam der fortschrittliche und leistungsorientierte Teil der Oberschicht.

4. Das **traditionelle** Arbeitermilieu (8%). Hier gelten noch die proletarischen Werte der Solidarität, der Hochschätzung der Familie, des Arbeitsfleißes, der Ordnung.

2.5 Klassengesellschaft oder funktionale Differenzierung?

5. Das traditionslose Arbeitermilieu (10%). Hier ist nur wenig zu spüren von Solidarität und Zusammenhalt; wichtig sind „Knete machen" und Konsum-Ziele, die allerdings nur bedingt erreicht werden.

6. Das größte, inzwischen auf 24% angewachsene Arbeitnehmermilieu ist das aufstiegsorientierte Milieu, in dem persönliches Vorankommen, Sicherheit, Leistung, soziale Anpassung, aber auch Selbstverwirklichung wesentlich sind.

7. Das hedonistische Milieu (11%). Es schätzt sowohl Konsum als auch die alternative Selbstverwirklichung hoch.

8. Das alternativ-linke Milieu (3%). In ihm sind die politisch engagierten, kritischen Intellektuellen zu Hause (VESTER, 1989).

3 Mikrosoziologische Grundbegriffe

3.1 Der Gruppenbegriff in der Soziologie

Bei der Definition der Gruppe sollte man zuerst Klarheit über die angrenzenden Begriffe schaffen. Die hierunter genannten Begriffe können als eine Vorstufe der Gruppenbildung betrachtet werden.

1) Menge. Die **Menge** ist eine unorganisierte und zufällige, große Anzahl von Menschen, die höchstens einen äußeren Wahrnehmungsgegenstand gemeinsam haben. Es ist ein Nebeneinander von Individuen, die miteinander weder gefühlsmäßige noch intellektuelle Beziehungen pflegen (Schaulustige bei einem Hausbrand). Variante der Menge sind der Mob - die aufgebrachte Menge, das Publikum - die kulturell motivierte Menge, die Prozession - die religiös motivierte Menge.

2) Masse. Die **Masse** ist ein niedrig organisiertes Gebilde mit einer großen Anzahl von Individuen, die affektiv - schon vor dem Eintreten des Ereignisses - gleichgeschaltet sind (Friedensdemonstration).

3) Kategorie. Grundlage für die **Kategorie** ist das Vorhandensein einer Ähnlichkeit, der gleichen Eigenschaften. Zahlreiche Menschen, die ein gemeinsames Merkmal haben, bilden eine Kategorie. Kategorien dienen also dazu, Personen zusammenzufassen und von anderen Personen zu unterscheiden, z.B. Autofahrer - Nicht-Autofahrer. Statistische Kategorien sind Merkmale, die keine unmittelbare soziologische Relevanz besitzen, z.B. Fußgröße, Haarfarbe. Haben diese Merkmale jedoch Aussagekraft hinsichtlich Erklärung und Prognose sozialen Handelns, so handelt es sich um Sozialkategorien, z.B. Alter, Geschlecht, Einkommen. Dieser Unterschied zwischen statistischer und sozialer Kategorie ist fließend zu sehen. Kategorien können zur Gruppenbildung führen, z.B. Klub der Kleinwüchsigen.

4) Aggregat. Ist eine räumliche Nähe bei der Kategorie gegeben, so spricht man von **Aggregat**. Für ein soziales Aggregat sind folgende Kriterien von Bedeutung: Die relative Anonymität der Mitglieder, die Nichtorganisiertheit und Nichtstrukturiertheit, die beschränkten sozialen Kontakte, der territoriale Charakter mit klar umschriebener örtlicher Grenzlinie und der vorübergehende Charakter.

3.1 Der Gruppenbegriff in der Soziologie

Die Gruppe ist eine erkennbare, strukturierte, auf Dauer angelegte soziale Einheit von Personen, die in Übereinstimmung mit Normen, Interessen und sozialen Wertvorstellungen eine Rolle spielt, um gemeinsame Ziele zu erreichen. Die Zahl der Mitglieder einer **Gruppe** ist unbestimmt. Mindestens drei miteinander agierende Personen bilden schon eine Gruppe. Einige Autoren sprechen von der Zweiergruppe (Dyade). Bei E. DURKHEIM bedeutet z.b. „la dyade familiale" Vater und Mutter, wenn die Kinder das Haus schon verlassen haben.

Für die Gruppe sind die folgenden **Elemente** von wesentlicher Bedeutung: a) die soziale Umwelt (Gesamtgesellschaft, Schicht, Milieu, andere Gruppen), b) die Aktivität (das gemeinsame Tun gegenüber nur individuellen Aktionen), c) die Interaktion (die Art der Beziehungen, die zwischen Mitgliedern entstehen), d) das Gruppenzusammengehörigkeitsgefühl (die Anziehungskraft, die zwischen dem einen und dem anderen Glied der Gruppe oder auch zwischen der Gesamtgruppe und dem einzelnen Glied wirksam ist), e) die Verhaltensnormen (übereinstimmende Formen des Denkens und Handelns, die sich die Gruppenmitglieder zueigen machen und die ihnen die Gruppe bewußt oder unbewußt einprägt).(LALOUX, 1969).

Die **Gruppenmerkmale** sind im allgemeinen a) Wir-Gefühl, b) Neigung zur Erhaltung der Gruppe, c) Dauer, d) ausreichende Kommunikation, e) System von Führung und Unterordnung, f) Gruppentraditionen und g) Gruppenziele.

MENDIETA y Nunez, mexikanischer Soziologe, stellte eine Art „Checkliste" zusammen, die sich bei der Beobachtung und Analyse einer Gruppe als nützlich erwies und die als **Instrument** der empirischen Gruppenforschung geeignet ist für Sozialarbeiter, die mit Gruppen in besonderer Lebenslage (Jugendliche, Alte) zu tun haben:

1. Form der Gruppe (Geschichte, Organisation)

2. Ziel und Funktion der Gruppe (Was und wie wollen es die Mitglieder?)

3. Organisationsgrad (Ist er hoch oder niedrig, mit Sub-Gruppen, Arbeitsteilung, Führung usw.)

4. Hierarchie (Welche Rangordnung nach welchem Wertesystem herrscht in der Gruppe?)

5. Dauer (meist durch äußere Bedingungen bestimmt, z.B. Wohnort, Arbeitsplatz, Alter, Sex usw.)

6. Mitgliederzahl (wachsend, sinkend; ist eine Soziometrie durchführbar?)

7. Homogenität („peer-group", gleiches soziales Milieu)

8. Gruppenritual (Eintritts- oder Austrittsrituale, Kleidung, Tätowierung usw.)

9. Intensität der Aktivitäten (Wieviel und welche Zeit verbringen Gruppenmitglieder miteinander?)

10. Vereinigungsform (Wo und bei welcher Gelegenheit entfalten Gruppen ihre Aktivitäten?)

11. Intragruppale Beziehungen (z.B. Kameradschaft zwischen Mitgliedern, Clique)

12. Beziehung Gruppe - Mitglied (Gruppenkodex, Gruppenmoral, Wir-Gefühl)

13. Zusammenhaltende Kräfte (starke Persönlichkeit, Romantik usw.)

14. Zeremonien (Sprache, Gewohnheiten, das Feiern usw.)

15. Sanktionen (Wie wird in der Gruppe belohnt bzw. bestraft? Tadel und Lob.)

16. Einfluß der Gruppe auf die Mitglieder (meist nach Auflösung oder nach Ausscheiden aus der Gruppe)

17. Soziale Bedeutung der Gruppe (Ruhm, Angst, Bewunderung, Nachahmung)

18. Aktionsradius der Gruppe (Park, Wohnviertel, Stadt)
(MENDIETA, 1959)

Die **Arten** und **Formen** der sozialen Gruppe: Wir begegnen in der Fachliteratur meist sogenannten Dichotomien (Zweiteilungen), was die Arten und Formen der sozialen Gruppe anbelangt. Dies scheint auf den ersten Blick eine Vereinfachung der komplexen sozialen Realität zu sein. In Wirklichkeit ist es aber ein Versuch, eine weitgehende Typologie aufzubauen und die Gruppe in ihren theoretischen und praktischen Bedeutungen zu erfassen:

3.1 Der Gruppenbegriff in der Soziologie

1) Eigengruppe - Fremdgruppe. **Eigengruppe** (in-group) ist diejenige Gruppe, der man selbst angehört. Der Fremdgruppe (out-group) gehört man nicht an; das sind die anderen. Volks- und Stammesbezeichnungen belegen, wie ausgeprägt Mitglieder die Fremdgruppen als die anderen empfinden. So gibt es viele Volksstämme (Bantus, Inuits, auch Roma), die sich schlicht als Mensch bezeichnen - die anderen sind also die „Nichtmenschen". Eine allzu starke Fixierung auf die Eigengruppe führt zu Ethnozentrismus und zu Vorurteilen. **Fremdgruppen** können aber auch als Bezugsgruppen oder Referenzgruppen eine bestimmte Attraktivität für andere Gruppen haben .

2) **Geschlossene - offene Gruppe.** Hier ist die Bereitschaft, neue Mitglieder aufzunehmen, entscheidend. Im weiteren ist es wichtig, wie die Gruppe ihrer Umwelt begegnet, ob es Assimilation oder Abwehr gegen äußere Einflüsse gibt.

3) Primärgruppe - Sekundärgruppe. Glied einer **primären Gruppe** wird man gewöhnlich durch Umstände, über die man keine Macht hat: Familie, Verwandtschaft, Nachbarschaft. Die Zugehörigkeit zu einer **sekundären Gruppe** ist viel mehr abhängig von einer freien Entscheidung oder Selektion.

4) Kleingruppe - Großgruppe. **Kleingruppen** sind zahlenmäßig kleine und überschaubare Einheiten. Zu den Kleingruppen zählen vor allem die Familie - eine Gruppe besonderer Art -, die Vereine mit geringer Mitgliederzahl, kleine Arbeitskollektive, Nachbarschaft, Spielgruppen, lokale Initiativen. Sie wird oft „Gruppe im eigentlichen Sinne" genannt und ist dadurch gekennzeichnet, daß sich alle Mitglieder gegenseitig kennen und sich immer wieder in wechselseitigen Beziehungen gegenüberstehen (face to face contacts). Diese von **Angesicht-zu-Angesicht-Beziehung** soll die Möglichkeit garantieren, daß jedes Gruppenmitglied mit jedem anderen direkt kommunizieren kann. Kleine Gruppen sind diejenigen sozialen Gebilde, in denen die Interaktionen zwischen den Mitgliedern, wie auch die Bildung von Subgruppen sowie das gesamte Interaktionsgefüge für jedes einzelne Mitglied wahrnehmbar bleiben.

Die Transparenz ist also ein wichtiges Merkmal der Gruppe. Kleingruppen sind Einheiten von mehreren Personen, die sich zu einem bestimmten Zweck treffen und denen bereits dieser Kontakt selbst sinnvoll erscheint. Hierzu gehören Therapie-, Trainings- und auch Patientengruppen. Als Großgruppen verstehen sich zumeist solche Gebilde wie Verbände, Religionsgemeinschaften und Nationen.

5) Formelle - informelle Gruppe. Diese Begriffe stammen aus der Industriesoziologie. Formelle bzw. organisierte Gruppen werden konstituiert, um zuvor genau fixierte Ziele zu erreichen. Die Handlungsabläufe sind eindeutig geregelt. Informelle Gruppen sind Gebilde, die als Reaktion auf formelle Gruppen entstanden sind, sie können Folge von Spannungen und Problemen sein. Informelle Beziehungen haben oft persönlichen und emotionalen Charakter.

Unter dem Oberbegriff „Gruppendynamik" wird sowohl die Beschreibung und wissenschaftliche Analyse von Gruppenprozessen verstanden als auch die Zusammenführung von einzelnen zu Gruppen und deren Einwirken zur Erreichung bestimmter Zwecke. J. L. MORENO entwickelte die Technik der Soziometrie, um in Gruppen die emotionalen Beziehungen der Beteiligten auf das Gruppenverhalten zu untersuchen.

Bei der Theorie der sozialen Gruppe von G. C. HOMANS handelt es sich um den Versuch, generelle Merkmale und allgemeine Gesetzmäßigkeiten im Gruppenleben festzustellen. Dabei wurden bekannte empirische Gruppenstudien der USA zugrundegelegt. Fünf von HOMANS instrumental verwandte Begriffe werden als Elemente jedes Gruppenlebens gesehen: 1) Aktivität, 2) Interaktionen, 3) Gefühl, Mentalität, 4) soziale Normen und 5) soziale Kontrolle. Die Rolle des Führers (Leader) in der Gruppe wurde von ihm mit besonderer Sorgfalt analysiert (HOMANS, 1960).

T. M. MILLS entwickelte eine Theorie von Gruppenmodellen. Hierzu sollte man vermerken, daß diese Modelle nicht so sauber voneinander getrennt zu finden sind; ein Modell kann sich im Laufe der Zeit ändern und die Gruppe nimmt in einem anderen Modell Gestalt an.

1) Das mechanische Modell. Die Interaktionen innerhalb der Gruppe laufen wie bei einer Maschine nach einem bestimmten Schema ab. Ihre Mitglieder haben bestimmte Handlungstypen, um persönliche Bedürfnisse, allgemeine Kommunikationsbedürfnisse und allgemeine Erfordernisse der Problemlösung auszuführen. In einer solchen Gruppe werden Handlungen zur Funktion. Hier sind die Mitglieder beliebig austauschbar. Da mechanische Modelle gewöhnlich Normen, Vorstellungen, Werthaltungen und Emotionen ausschließen, können sie Entwicklung und Wachstum der Gruppe nicht gut erklären.

2) Das Organismusmodell. Dieses Modell versteht sich, wie der Name schon sagt, als biologischer Organismus, der wächst und reift. Wie in einem menschlichen Körper die Organe, so übernehmen in dieser Gruppe bestimmte Personen eine Funktion, die die Selbsterhaltung der Gruppe

garantiert. Aufgrund der vorgegebenen natürlichen Elemente entwickelt sich diese Gruppe und entfaltet sich nach ihren Möglichkeiten. Kommt eine neue Person in die Gruppe, so ändert sich der gesamte Organismus und sie kann eine andere Entwicklung durchlaufen.

3) Das Konfliktmodell. Nach diesem Modell versteht sich die Gruppenerfahrung als eine Erfahrung von Konflikten, die sich daraus ergeben, daß die Gruppe nicht das geben kann, was der Einzelne sich wünscht. Die von außen an die Gruppe gestellten Anforderungen können nicht mit den internen Bedürfnissen in Einklang gebracht werden. In einer solchen Gruppe herrscht insbesondere Knappheit an Spielraum, begehrten Positionen und materiellen Hilfsmitteln. Veränderungen werden auf die Arten der Konfliktlösung zurückgeführt. Während bei anderen Gruppenmodellen Konflikte, Unbehagen und Unzufriedenheit zum Teil verleugnet und nicht wahrgenommen werden, sind in diesem Modell Veränderungen das Ergebnis eines Streites von Interessen und Wünschen.

4) Das Gleichgewichtsmodell. Das Gleichgewichtssystem dieser Gruppe wird dadurch erreicht, daß Störungen von innen oder außen durch entgegengesetzte Kräfte ausgeglichen werden. Wenn eine Schwächung der Solidarität auftritt, (durch verstärkte Anstrengungen das gesetzte Gruppenziel zu erreichen) wird das Gewicht zur Stärkung des Zusammenhaltes verlagert und durch die freigesetzten Energien kann somit eine Neuausrichtung auf das Ziel erfolgen. Ein bewegliches Gleichgewicht wird angestrebt, wobei sich während des Prozesses Zieldistanzierungen ändern können. Störungen erzeugen Druck oder Spannung, die es auszugleichen gilt.

5) Das strukturfunktionale Modell. Die Gruppen müssen sich der Situation anpassen, das gesteckte Ziel erreichen, den Zusammenhalt bewahren und die Gruppenbedürfnisse befriedigen. Das sind genau die vier Funktionen einer Gesellschaftsstruktur nach T. PARSONS (AGIL). Die Gruppe als kleinste Struktur der Gesellschaft übt selbstverständlich auch diese Funktionen aus. Diese klassische struktur-funktionalistische Auffassung der Gruppe bedeutet auch eine Idealisierung, und wenn man es übertreibt, landet man in einem Feld des Soziologismus, wo nicht die Gesellschaft (Gruppe) den Menschen dient, sondern der Mensch für die Gesellschaft (Gruppe) lebt. Eine Verherrlichung der Gruppe führt zu „Gruppolatrie"! (MILLS, 1971)

Die Systemtheorie hat gewisse Schwierigkeiten in bezug auf die Einordnung der Gruppe in die sozialen Systeme. Sie befindet sich irgendwo zwischen Interaktionssystem und Organisation bzw. Institution.

Gruppe kann als Interaktionssystem aufgefaßt werden, denn unmittelbare und diffuse Mitgliederbeziehungen, gebunden an personenbezogene Erwartungen und nicht-formalisierbare Gefühle, bestimmen ihren Charakter.

„Aber die Gruppe kann auch als eine besondere Art von Organisationssystem betrachtet werden, weil ihre Strukturen eine Austauschbarkeit der Personen, die relative Dauerhaftigkeit, Anwesenheitszwang, Handlungsdruck und Hierarchisierung ermöglichen" (KISS, 1990, 39)

Die Familie ist eine Gruppe besonderer Art, sie ist gleichzeitig eine Institution und wohl ein autopoietisches System. Sie gründet sich auf Liebe und Sexualität, erfüllt bestimmte Funktionen usw. Die Familie - nach der Aussage der radikalen autopoietischen Theorie - besteht weder aus Personen noch aus Beziehungen sondern nur aus besonderen, intimen Kommunikationen (siehe weiter 4.2 „Grundrisse der Familiensoziologie").

Nach LUHMANN ist es möglich, die Gruppe 1) durch Anwesenheit (notwendig für die Interaktion), 2) durch Mitgliedschaft (unentbehrlich für Organisation), und 3) durch kommunikative Erreichbarkeit zu charakterisieren.

Die Gruppe - nach der Lehre der klassischen Gruppensoziologie - ist eine komplexe und dynamische Einheit und könnte als solche ein halboffenes System sein.

3.2 Rolle, Status und Funktion

Der Rollenbegriff entstand aus der Analyse von Statuslagen oder sozialen Positionen. Beide Begriffe werden in der Fachliteratur deckungsgleich verwendet. Einige Autoren aber verbinden den Begriff Position mit dem ausgeübten Beruf, und meinen: Status ist als Bezugsrahmen für elementare Handlungen, Verhaltenserwartungen und auch Rechte und Pflichte aufzufassen.

Status ist die Position einer Person im Vergleich zu anderen Personen im gesellschaftlichen System. Die soziale Position ist ein Platz in einer Gesellschaft oder einer Gruppe, ein sozialer Ort, dem sich einzelne Personen oder eine Kategorie von Personen im Gegensatz zu anderen solchen

Orten in einem sozialen System zuordnen lassen. **Position** wird oft als der statische Aspekt einer Rolle bezeichnet; die gesellschaftliche Definition einer sozialen Position impliziert, daß ihre Träger bestimmten Verhaltenserwartungen ausgesetzt sind. Die Position ist das Unbewegliche, ein Rahmen, der das Rollenhandeln stützt. Status (oder Position) entspricht dem, was ein Individuum von der Gesellschaft erhofft - Rolle beinhaltet, was die Gesellschaft vom Rollenträger erwartet.

Das Wort **Rolle**, das es in den meisten europäischen Sprachen gibt, kommt von dem lateinischen „rotula" (Holzrolle, Schriftrolle). In Analogie zur Rolle des Schauspielers wird das soziale Handeln des Menschen als rollenhaftes verstanden. Die Menschen treten auf die Bühne der Gesellschaft und „spielen ihre Rollen", sogar nacheinander mehrere Rollen. Die Zuschauer kennen meistens auch die Rolleninhalte und intervenieren korrigierend, verändernd oder ablehnend. Die Welt ist ein Theater und wir alle sind gleichzeitig Schauspieler und Zuschauer.

Der Begriff taucht bereits in der formalen Soziologie bei G. SIMMEL auf, ist jedoch vornehmlich in der theoretischen Phase der amerikanischen Soziologie als Kennzeichnung für das **Handeln** der Einzelpersonen herausgearbeitet worden (R. LINTON). Nur im übertragenen Sinne „spielen" Gruppen und Institutionen auch eine Rolle. Rollenträger und Rolleninhaber sind immer nur einzelne Personen, die jedoch in der Regel mehrere Rollen zu spielen haben.

Das **Rollenhandeln** kann von vier Seiten beschrieben und festgelegt werden: 1) Das tatsächliche, regelmäßige, empirisch feststellbare Handeln und Verhalten einer Person in einer bestimmten Position (Routine, Gewöhnung). 2) Die durch Institutionen festgelegten Aufgaben des Inhabers einer Position (Aufgabenkatalog, Dienstanweisung). 3) Die Erwartungen eines bestimmten Kreises von Einzelpersonen und Personengruppen (Bezugsgruppen) an den Rollenträger. Das ist der eigentliche soziologische Rollenbegriff. 4) Das Bewußtsein und Selbstverständnis des Rolleninhabers darüber, wie er zu handeln und sich zu verhalten hat (Identifikation, Internalisation, Ideal, Gewissen, Reflexion). Die soziale Rolle ist ein analytisches Mittel zur Erfassung sozialer Handlungszusammenhänge und zugleich ein Konstruktionsmittel zur abstrahierenden Darstellung sozialer Strukturen (POPITZ, 1968).

Vom sozialen System her ist die Rolle gewiss ermaßen ein Muster, das dem Handeln des Einzelnen vorgegeben ist. Der Begriff der Rolle verknüpft das personale System des Handelnden mit dem sozialen System (PARSONS, 1968).

Die Rolle ist ein Bündel von **Erwartungen**, die dem Inhaber eines sozialen Status (Position) entgegengebracht werden. Erwartungen sind Vorstellungen darüber, was ein Individuum in einer bestimmten Situation oder Position tun wird oder tun sollte. Der Rollenbegriff in der Soziologie wird verwendet, um menschliches Verhalten zu beschreiben und zu deuten. R. LINTON unterscheidet zwischen erworbenen und zugeschriebenen Rollen. Diese können weiterhin nach NADELS in relatio-nelle und nichtrelationelle Rollen unterteilt werden. D. CLAESSENS spricht von psychischen, biologischen, kulturellen und sozialen Rollen. R. DAHRENDORF bereichert die Rollentheorie durch Muß-, Soll- und Kann-Rollen.

Am Beispiel der **Lehrerrolle** können wir von mindestens drei Erwartungen und von vier Bezugsgruppen sprechen: Eltern, Schüler, Kollegen und Schulleitung. Die Muß-, Soll- oder Kann- Rollen ordnet der Lehrer nach den Erwartungshaltungen der Bezugsgruppen. Er muß unterrichten, soll sich kollegial verhalten, kann schlechten Schülern Nachhilfeunterricht erteilen.

H. P. DREITZEL unterscheidet zwischen **Herkunft** der Rollen (personenbezogene, organisationsbezogene und situationsbezogene Rollen) und **Art** der Rollen (Vollzugs-, Qualitäts- und Gestaltungsrollen). Er führt zwei neue Elemente in die rollentheoretische Diskussion ein: die Bedeutung der **Ich-Leistungen** bei der Rollenausübung und die zu- bzw. abnehmende **Identifikation** mit der gespielten Rolle (DREITZEL, 1973).

Die soziologischen Rollentheorien sind generell in **drei Ansätzen** zu sehen:

1) Verstehender Ansatz. Hier wird die Antwort auf die Frage gesucht: **Warum** entstehen Rollen? Für die Beibehaltung und Weiterentwicklung der gesellschaftlichen Ordnung müssen gesellschaftliche Erwartungen und individuelle Motivationen in Einklang gebracht werden. Dies geschieht durch die Zuteilung der Rollen.

2) Funktionalistischer Ansatz. Hier lautet die Frage: **Wie** entstehen Rollen? Das gesellschaftliche Wertesystem formuliert sich in Normen, die in konkreten Erwartungen die Rollen bilden. Es müssen zuerst Werte auf der abstrakten moralisch-philosophischen Ebene definiert werden - diese müssen dann in Normen konkret auf die rechtlich-soziale Ebene umgemünzt werden, damit das „Rollen-Spielen" auf der praktisch-inter-

aktionistischen Ebene wirksam wird. Die Rolle hat also die Funktion der Werteverwirklichung und der Systemerhaltung.

3) Konflikttheoretischer Ansatz. Die Frage hier: **Was** bewirken die Rollen? Die Antwort: Die Folgen der Erfüllung bzw. Nichterfüllung der Erwartungen verursachen Konflikte in der Gesellschaft. Man geht davon aus, daß es immer mehr Erwartungen als Erfüllungen gibt. Keiner spielt seine Rolle perfekt und für viele (neue) Erwartungen gibt es (noch) keine Rollen. Man erwartet z.b. im Sinne der Gleichberechtigung, daß Männer auch traditionelle Frauenrollen übernehmen (Hausmann) - doch es fehlt noch an erprobten Mustern.

Das **Rollenkonzept** ist im Unterschied zu den idealisierenden Moralbegriffen kein harmonisches; denn es ist als ein Kompositum aufzufassen, in welchem sich Spannungen und Kontroversen ergeben. So kann es innerhalb der Rolle zwischen den Erwartungen der verschiedenen Berufsgruppen, zwischen den verschiedenen Aufgaben und den eigenen Interpretationen des Rolleninhabers zu Spannungen und **Konflikten** kommen (Intrarollenkonflikt); zudem kann es, da eine Person in der Regel Träger mehrerer Rollen ist, zu Auseinandersetzungen zwischen verschiedenen Rollen kommen (Interrollenkonflikt) z.b. zwischen Berufs-, Familien- oder politischen Rollen. Der Polizist muß den Strafzettel auf den Wagen seiner falsch parkenden Frau kleben!

G. WISWEDE entwickelte eine beeindruckende Reihe von rollentheoretischen Hypothesen und erarbeitete eine ausführliche Liste der rollenspezifischen Fachausdrücke (WISWEDE, 1977).

Die Systemtheorie sieht in der Rolle ein **Programm**. Dies bedeutet zuerst eine Trennung von Person und Rolle - eine Amtshandlung ist unabhängig von der sie ausübenden Person. Rolle als Programm bedeutet aber auch einen Komplex von Bedingungen der sozialen Annehmbarkeit des Verhaltens. So ist eine chirurgische Operation heute nicht nur Rollenleistung, sondern ein Programm (LUHMANN, 1984).

*

Die Funktion ist ein sehr vieldeutiger Grundbegriff in der Soziologie. In der Umgangssprache bedeutet Funktion eine soziale Position innerhalb einer Organisation. Funktion ist auch gleichgestellt mit Aufgaben (mathematisch $a = f(b)$; hängt ab, verursacht durch). Funktion generell wird auch als die objektive Folge eines Sachverhaltes gesehen.

Nach der Lehre der struktur-funktionalen Theorie wird zuerst die Funktion zwischen den einzelnen Teilen eines Systems betrachtet. C hat eine Funktion für D oder C wirkt sich auf D aus. Nach R. MERTON sind Funktionen diejenigen beobachteten Folgen, die die Anpassung eines gegebenen Systems fördern.

Eine zweite Interpretation des Strukturfunktionalismus in bezug auf die Bedeutung der Funktion lautet: Funktionen sind eigentlich soziale Prozesse innerhalb des sozialen Handlungssystems, in dem die Teile interdependent sind.

In der klassischen Soziologie wurde Funktion oft als Leistung gedeutet. So sagt E. DURKHEIM: „Funktion ist Leistung, Beitrag, erkennbare Konsequenz eines sozialen Elements für Aufbau, Errichtung, Erhaltung, Veränderung eines bestimmten Zustandes des gesellschaftlichen Systems, zu dem das Element gehört".

Anders sieht dies B. MALINOWSKI. Für ihn ist die Funktion die Leistung einer sozialen Institution. Sie ist die konsolidierende Wirkung einer kulturellen Einrichtung.

Die Frage der Zeitdimension und die der Entwicklungsperspektive taucht deutlich bei GOUDSBLUM auf. Etwas ist eine Funktion von irgend etwas anderem (Vergangenheit) oder etwas hat eine Funktion für etwas anderes (Zukunft).

In der Systemtheorie ist Funktion die Leistung eines Systems oder eines Systemmerkmals, die von Mitgliedern des Systems oder von Mitgliedern anderer Systeme verwertet wird oder die zur Erhaltung anderer Systemmerkmale des Systems oder zu Systemmerkmalen anderer Systeme beiträgt.

Funktionen sind also objektive Konsequenzen, die ein sozialer Sachverhalt in einer Gesellschaft nach sich zieht. Ist den Handelnden diese Konsequenz ihres sozialen Handelns bewußt, so spricht man von manifester Funktion ihres Handelns, ist sie es nicht, von der latenten Funktion ihres Handelns (oder Verhaltens). Nicht unmittelbar erkennbare Funktionen nennt man latente Funktionen. Besteht die objektive Konsequenz in der Verhinderung des Vorliegens eines Sachverhalts, so spricht man von einer Disfunktion.

Disfunktion ist der störende Beitrag eines Elements zum Ganzen. All die Sachverhalte, die in einer bestimmten Gesellschaft die gleiche Funktion erfüllen können, sind funktional äquivalent in bezug auf diese Funktion. Funktionale Äquivalenz entsteht, wenn ein Element eines Systems eine Funktion des anderen Elements übernimmt, ohne daß dadurch im Systemgleichgewicht Störungen verursacht werden.

Alle menschlichen Interaktionen, als Unterteilung des sozialen Systems, üben für sich und für die Umwelt bestimmte Funktionen aus. Wenn diese dem Systemzweck entsprechen, sind diese Interaktionen „funktionelle" - wenn sie diesem widersprechen, sind sie „disfunktionelle" Handlungen.

In der sozialen Arbeit ist die Frage der Disfunktionen besonders wichtig. Disfunktionen verursachen Situationen, die die Klienten nicht bewältigen können. Sie sind meist auch nicht in der Lage, funktionale Äquivalenzen zu praktizieren (z.B. alleinerziehende Mütter übernehmen die Vaterrolle), oft fallen sie aus dem sozialen Netz heraus, werden verwahrlost oder sogar Kriminelle.

Es gibt drei Arten von System-Disfunktionalität:

1) Funktionsausfall. Eine Funktion fällt aus, die notwendig wäre, um die Systemaufgabe zu erfüllen. Ein Systemteil „funktioniert" nicht, und lähmt das ganze System (abwesende Vater oder ständig kranke Mutter in der Familie).

2) Fehlfunktion. Das System verkennt den Systemsinn oder interpretiert es falsch. Systemteile handeln disfunktionell - oft auch ohne Absicht und ohne sich dessen bewußt zu sein - und befinden sich in der Unmöglichkeit, Systemaufgaben zu erfüllen. Eine Familie entwickelt sich zu einer von ihrer Umwelt isolierten Gruppe, die Kinder emanzipieren sich nicht von den Eltern und bleiben lebensuntüchtig.

3) Funktionskonflikt. Im System fehlt es an Kooperation und Integration. Systemteile handeln gegeneinander. Es besteht also ein systeminterner Konflikt und es kommt zu einer Blockierung der Erfüllung von Systemaufgaben. Eine Familie ist durch Geschwisterrivalitäten in ihrer gemeinsam geplanten Aktivität gehindert (LÜSSI, 1991).

3.3 Sozialisation: Einführung in die Gesellschaft

Die Sozialisation ist ein Prozeß, in dem der Mensch die Normen, Werte und Rollen der Gruppe, der er angehört, erlernt. Rolle und Sozialisation ergänzen einander. Die **Sozialisation** kann als das Erlernen bestimmter Rollen einschließlich der normativen Aspekte gesehen werden. Dies bildet aber eine Begrenzung der ursprünglich breiter angelegten Entfaltungsmöglichkeit des Individuums.

Systemtheoretisch bedeutet das, daß das neue Mitglied der Gesellschaft als System das ständige Selektieren und die Reduktion der Komplexitäten - unter Führung anderer - unter Einbeziehung der doppelten Kontingenz lernen muß. Es muß lernen, aus den Reizen der Umwelt und aus den Informationen durch das Mitteilen und Verstehen eine Kommunikation zu machen.

Sozialisation ist keine passive Anpassung an gesellschaftlich vorgegebene Muster, sondern auch ein aktiver **Lernprozeß**. Das Individuum internalisiert hier die gesellschaftlich geltenden Normen, Aufgaben und Rollen. Es identifiziert sich mit diesen oder es setzt sich kritisch mit ihnen auseinander, eventuell verändert es den Lernprozeß in einer späteren Phase der Selbstsozialisierung.

Primäre Sozialisation bedeutet die Lernphase, in der ein Individuum von einer bloß reagierenden Person zu einer bewußt handelnden Person wird. Sozialisationsinstanzen sind die Eltern, Sozialisationsort ist die Familie. Einige Autoren sprechen diesbezüglich von frühkindlicher Sozialisation.

Die **sekundäre** Sozialisation bezeichnet die gesamte außerfamiliäre bzw. institutionalisierte Erziehung und berufliche Bildung. Sozialisationsinstanzen sind die Erzieher, Lehrer, Meister usw. Sozialisationsort ist die Schule und der Arbeitsplatz.

Unter **Erziehung** versteht man intentionale Einflüsse auf ein Ziel hin - die Sozialisation dagegen ist ein Prozeß des Erlernens immer neuer Rollen in sich verändernden Lebenssituationen. Insofern ist Sozialisation ein lebenslanger Prozeß. Im hohen Alter kann das Erlernen der Altersrollen als **„tertiäre Sozialisation"** bezeichnet werden.

Das Thema Sozialisation gehört auch in die Sozialpsychologie und in die Erziehungswissenschaft. Beide Wissenschaften stehen konkurrierend

3.3 Sozialisation: Einführung in die Gesellschaft

zur Soziologie und betreiben Sozialisationsforschung unter fachspezifischen Aspekten.

Sozialisationsstörungen können zu abweichendem Verhalten führen, das durch Resozialisation korrigiert wird. Die **Resozialisierung** ist eine eminent wichtige sozialarbeiterische Aufgabe. Sie ist entweder konservierend (Wiederherstellung des gestörten Gleichgewichts) oder emanzipatorisch (Hilfe zur Selbsthilfe, kritische Auseinandersetzung mit der eigenen Sozialisation). Die Resozialisierung z.b. der straffällig gewordenen Jugendlichen kann nicht einfach eine „Rückführung in die Gesellschaft" bedeuten - da diese jungen Menschen eben durch die Gesellschaft, durch ihr „Milieu" Gesetzesbrecher geworden sind. Sie dorthin zurückzuführen bedeutet Rückfall. Die nur emanzipatorische Resozialisierung (z.B. Wohngruppe für Strafentlassene unter Leitung eines Sozialarbeiters) läuft in diesem Fall Gefahr, die soziale Realität verfälscht darzustellen.

Die **Enkulturation** beinhaltet die bewußte Tradierung von Kulturgütern und Kulturtechniken (WURZBACHER, 1974). Die **Personalisation** ist die aktive Auseinandersetzung des Einzelnen mit den kulturellen Leitbildern und sozialen Gegebenheiten, denen er sich gegenübergestellt sieht. Hier kommt die Distanzierung, Kritik, Emanzipation von übernommenen Verhaltensweisen und den sie tragenden Gruppen auf. Diese Vorgänge sind während des Ablösungsprozesses der Jugendlichen vom Elternhaus besonders gut zu beobachten. Die Jugendlichen praktizieren heute eine bewußte Auswahl und Identifikation mit bestimmten selbstgewählten Werten.

R. KÖNIG bezeichnet die Sozialisation als „zweite, soziokulturelle Geburt". D. CLAESSENS führt den Begriff der **Soziabilisierung** als Ausgangspunkt der frühkindlichen Sozialisation ein. Dies beinhaltet zuallererst eine emotionale Fundierung beim Säugling (Gewinnung des Urvertrauens), dann die stufenweise Vermittlung der Kategorien des Weltvertrauens (Elternhaus, Verwandte, Nachbarschaft, Schule liefern Grundsteine zum Systemvertrauen) und schließlich die für den Aufbau der Ich-Identität notwendige Positions- und Statuszuweisung.

Als klassische Varianten der Sozialisation können wir noch die geschlechtsspezifische und die schichtenspezifische Sozialisation erwähnen (NEIDHARDT, 1975).

Die **geschlechtsspezifische Sozialisation** (T. KÜRTHY, 1981) spielt eine besondere Rolle in traditionalen (ländlich-religiösen) Gesellschaften. Die strenge Rollentrennung zwischen Mädchen und Jungen ist dort als Garant der Kontinuität der gesellschaftlichen Ordnung interpretiert (z.B.

islamische Familien in der Bundesrepublik). Trotz Gleichberechtigung der Geschlechter gibt es in den modernen pluralistischen Gesellschaften noch geschlechtsspezifische Sozialisationspraktiken. Die soziale Formung spielt eine Rolle bei der geschlechtlichen Indentitätsfindung.

Die **schichtenspezifische Sozialisation** wurde von Soziologen reichlich untersucht (z.B. B. BERNSTEIN). Es stellt sich heraus, daß es zumindest eine Unterscheidung zwischen Mittel- und Unterschichten hinsichtlich der Sozialisationstechniken gibt. Hier herrscht der Liebesentzug - dort die körperliche Züchtigung als Sanktionsmittel. Als Sozialisationswert steht in den Unterschichten die Ordnung, Sauberkeit und Tüchtigkeit an erster Stelle - dagegen legt man in den Mittelschichtsfamilien Wert auf Selbständigkeit und Kritikfähigkeit.

Als neuere Varianten der Sozialisation können wir noch die Friedenssozialisation (Friedenserziehung) und die **ökologische Sozialisation** erwähnen. U. BRONFENBRENNER sieht den Raum der Sozialisation im Mikro-, Mezo-, Exo- und Makrosystem. Hier werden Grundwerte der Freiheit, Toleranz, Konfliktfähigkeit und Umweltschutz durch entsprechende Normen den Kindern (und auch den Erwachsenen) vermittelt (BRONFENBRENNER, 1981).

Nach T. SPREY gibt es **vier Arten** der Sozialisation: 1) Die **konforme** Sozialisation. Sie ist vorschreibend und weist auf kulturell dominierende Verhaltensmuster hin. 2) Die **moderative** oder transmissive Sozialisation. Sie ist kritisch und zu Werten der sozialen Veränderung tendierend. 3) Die **abweichende** Sozialisation. Dies ist die Sozialisationsart in subkulturellen Milieus. Sie weicht nach Inhalt, Verhalten, Denkstil, Sprache, Symbol- und Normenverständnis von den kulturell dominierenden Großgruppen ab. Man sollte vermerken, daß Subkulturen destruktiv (kriminell) oder konstruktiv (alternativ) sein können. 4) Die defizitäre Sozialisation. Sie ist entweder emotional defizitär (overprotected - underprotected) oder kognitiv defizitär. In diesem letzten Fall spricht man von sensorischen und sprachlichen Deprivationen des Kindes in der Familie. Die gelungene familiäre Sozialisation ist ausschlaggebend für den positiven Ablauf des gesamten Sozialisationsprozesses (HURRELMANN, 1976).

Kontrovers diskutiert ist heute in der Soziologie der Begriff der Selbstsozialisation. Diesen Prozeß sehen die meisten Autoren in der sekundären oder tertiären Sozialisationsphase und denken dabei an die Selbstverwirklichung der autonomen Persönlichkeit. Selbstsozialisation ist in diesem

Sinne nur eine Perfektionierung der Gruppenwerte und Gruppennormen durch Erlernen und Internalisierung.

Die soziale Systemtheorie begnügt sich nicht mit der oben erwähnten Anpassung (Selbstanpassung) an externe Normen und Werte - dies wäre nur eine passive Operation des von der sozialen Umwelt von außen nach innen übertragenen Selektionszwanges.

Nach der autopoietischen Sichtweise muß man davon ausgehen, daß eine Person immer schon ein autonomes und individuiertes System ist, das seine Umweltkomplexität kontingent reduziert, d.h. Normen und Werten negiert bzw. dazu persönliche Alternativen aufstellt.

„Sozialisation bedeutet dann zunächst nur eine Chance, am sozialen Leben teilzunehmen, die die Person unter den gesellschaftlich gestellten Anforderungen mit eigenen Mitteln aufgreifen und bewältigen muß. Demnach kann Sozialisation nur als Selbstsozialisation begriffen werden" (KISS, 1990, 97)

3.4 Soziale Kontrolle und Macht

Der Begriff „social control" (**soziale Kontrolle**) wurde zuerst 1890 in den USA von dem amerikanischen Soziologen E. H. ROSS in die soziologische Diskussion eingeführt. Er ist ein in der Literatur mehrdeutig verwendeter Begriff.

Er folgt logischerweise den Begriffen der Rolle und der Sozialisation. Die sozialen Handlungen der Gesellschaftsmitglieder müssen, soweit es möglich ist, für die Gesamtheit berechenbar und voraussehbar sein, um die soziale Ordnung zu garantieren. Sie müssen im Sinne der Werte und Normen durch das Erlernen (Sozialisation) entsprechender Rollen ausgeübt werden. Das Vertrauen - das nach der Systemtheorie von LUHMANN ein Mechanismus der Reduktion der Komplexität ist - allein genügt nicht; die Einhaltung der Normen soll auch kontrolliert werden (Vertrauen ist gut, Kontrolle ist besser. W. I. LENIN).

Kontrolle sollte aber auch positiv verstanden werden, d.h. die Sanktionen können positiv (Belohnung) und nicht nur negativ (Bestrafung) sein.

Es gibt auch keine effektive Hilfe ohne **Kontrolle**. Die gar nicht rhetorische Frage muß aber gestellt werden: Wer kontrolliert die Kontrolleure?

Der gemeinsame Kern der Definitionen in bezug auf soziale Kontrolle lautet: Soziale Kontrolle bezeichnet jene Prozesse und Mechanismen, mit deren Hilfe eine Gesellschaft versucht, ihre Mitglieder zu Handlungsweisen zu bringen, die im Rahmen dieser Gesellschaft positiv bewertet werden. Diese **Mechanismen und Prozesse** ergänzen sich und führen die eingeleitete Sozialisation weiter. Die soziale Kontrolle soll den Einzelnen zu einem normgerechten Verhalten veranlassen. Sie stärkt den Gruppenzusammenhalt und fördert die soziale Integration. Auch der Außenseiter wird durch die soziale Kontrolle immer wieder zu einem gruppenkonformen Verhalten gezwungen, falls er nicht völlig ausgestoßen sein will oder den Selbstausschluß wählt.

Man unterscheidet innere und äußere Kontrolle. Zur **inneren** Kontrolle gehört das Gewissen (soziales Über-Ich), die Einsichten der sozio-kulturellen Persönlichkeit, die durch Internalisierung der Normen entstehen. (Gewissensbisse, Scham, Reue, Annahme von Strafen, Selbstbestrafung). Die **äußere** Kontrolle wird durch die Kontrollinstanzen erst sichtbar. Dazu gehören Eltern, Nachbarschaft, Schule, Sozialarbeit, Polizei. Die äußere Kontrolle ist oft latent, unbewußt und informell. Vom Lächeln bis zur Ächtung, vom Schweigen bis zur Zustimmung gibt es einen nicht-formalen Gruppendruck, der als besonders starker Zwang empfunden wird.

Der „normale" **soziale Zwang** besteht aus vier Komponenten. 1) Der Zwang, sich selbst darstellen zu müssen, 2) der Zwang, die Anderen wahrnehmen zu müssen, 3) der Gruppenzwang, zu einem Binnenselbstverständnis zu kommen und 4) der Gruppenzwang, der Umwelt eine verbindliche Außendarstellung anzubieten (CLAESSENS in KORTE/ SCHÄFERS, 1992).

In der primären Sozialisationsphase, in der Familie begegnen wir dieser Art äußerer Kontrolle die dann in der sekundären Sozialisationsphase, in der Schule noch verstärkt wird. Die formale, bewußte äußere Kontrolle wird auf das erwartete Mußverhalten ausgeübt, dem die Menschen Folge leisten, weil sie sich dazu verpflichtet fühlen. Die Nichteinhaltung wird im schlimmsten Fall mit gerichtlichen Strafen sanktioniert. Die exemplarische Einhaltung kann mit einer Belohnung, z.B. einer Auszeichnung, honoriert werden.

Für J. WÖSSNER gibt es drei Gruppen von Handlungsschemata, in denen sich soziale Kontrolle abspielt. Diese Handlungsschemata dienen als soziale Handlungsvorschriften und Orientierungshilfen. Auf ihre Einhaltung wird mit unterschiedlichem Druck soziale Kontrolle ausgeübt. Es sind die sozialen **Gewohnheiten** - hier wird eher informell sanktioniert; die **Bräuche** - hier ist die Kontrolle schon etwas strenger; und letztlich die **Sitten** - hier treten die formellen Kontrollsanktionen auf (WÖSSNER, 1974).

*

Die klassische Definition der **Macht** lautet: „Macht bedeutet jede Chance, innerhalb einer sozialen Beziehung den eigenen Willen auch gegen Widerstreben durchzusetzen, gleichviel worauf diese Chance beruht" (M. WEBER, 1978, 79). Der Ausdruck „Chance" kann auch als Möglichkeit interpretiert werden. Macht ist also gleichbedeutend mit der Durchsetzung des eigenen Willens bzw. der eigenen Interessen. Die Durchsetzungsansprüche sind sozial illegitim, wenn sie keine Anerkennung durch die Betroffenen finden. In diesem Sinne wird Macht von einigen Autoren mit **Gewalt** gleichgesetzt. Macht ist ein Oberbegriff zu unterschiedlichen Durchsetzungsarten von Gewalt (brachiale, nackte, physische usw.) bis zum Einfluß (geistig-seelischer, psychischer, manipulatorischer).

Die legitime Macht ist die Herrschaft. **Herrschaft** setzt ein System von Befehl und Gehorsam voraus. „Herrschaft soll heißen die Chance für einen Befehl bestimmten Inhalts bei angebbaren Personen Gehorsam zu finden" (M. WEBER, 1976, 79). In diesem Sinne stützt sich Herrschaft auf einen mit Kontroll- und Anweisungsrecht ausgestatteten Herrschafts- bzw. Verwaltungsapparat.

Herrschaft gilt als Schlüsselkategorie für die Erklärung gesellschaftlicher Strukturen, Konflikte, kooperativer Beziehungen, Erscheinungen des Wandels. Nach M. WEBER gibt es drei reine Typen der Herrschaft:

1) Die **legale**, rational-bürokratische Herrschaft. Sie beruht auf dem Glauben an die Legalität gesetzter Ordnungen und des Anweisungsrechtes der durch sie zur Ausübung der Herrschaft Berufenen (Beamtentum).

2) Die **traditionale** Herrschaft. Sie gründet auf dem Glauben an die Wertigkeit geschichtlicher Institutionen und Einflußchancen (Herrscherdynastien und Königshäuser).

3) Die **charismatische** Herrschaft. Sie beruht auf dem Glauben an die außergewöhnliche Begabung einer Person und der durch sie offenbarten oder gestalteten Ordnung (DE GAULLE, KHOMEINI). Die Nachfolgerfrage ist hier generell nicht geregelt (M. WEBER, 1978).

In einer Demokratie können alle drei Herrschaftstypen sogar gleichzeitig auftreten: Voraussetzung des guten Funktionierens ist aber, daß die Legitimierung immer durch das Volk erfolgt.

Die Systemtheorie sieht in der Macht ein Bewirken von Wirkungen gegen möglichen Widerstand (LUHMANN, 1988). Für sie ist Macht eine kodegesteuerte **Kommunikation** und diese beeinflußt die Selektion von Handlungen (Code ist ein System verabredeter Zeichen). Wer Zwang ausübt, muß Selektion und Entscheidungslast übernehmen. Die kommunikationslos ausgeübte Macht führt zu Formalisierung und Zentralisierung der Macht.

Für die Macht ist physische **Gewalt** ein „symbiotischer Mechanismus". Er ist nicht ignorierbar für die Betroffenen und er bietet eine Sicherheit für die Ausübenden. Hier wird ein Handeln durch ein anderes, fremdes Handeln „eliminiert" - seine Legitimierung ist immer problematisch (gewaltsame Auflösung einer Demonstration).

Der **Einfluß** ist eine Übertragung von fremden Reduktionsleistungen und kann in drei Aspekte geteilt werden. 1) Der zeitlich generalisierte Einfluß heißt Autorität, die sich aufgrund einer Differenzierung vorherigen, als Macht definierten Handelns bildet. Er braucht zunächst keine besondere Rechtfertigung, beruht auf Tradition. 2) Der sachlich generalisierte Einfluß ist die Reputation. Sie basiert auf der Unterstellung, daß die Beeinflussung richtig und erklärbar ist. Die Reputation wird relativ unkritisch angenommen. 3) Der sozial generalisierte Einfluß ist die Führung. Die Führung (z.B. in der Gruppe) beruht auf einer Folgebereitschaft.

LUHMANN ist der Auffassung, daß die Gefahr für die moderne Welt nicht „zuviel", sondern „zuwenig" Macht ist! Er versteht darunter die Tatsache, daß die Macht ihre eigenen Möglichkeiten nicht realisiert (z.B. Ohnmacht der Staatsgewalt gegenüber Terroristen).

Die Demokratie, mit der wohl nicht perfekten Teilung der Macht und mit allen Fehlern und Ungleichheiten, ist noch immer besser, lebensfähiger und im sozialen Bereich effektiver als eine neue (unbekannte) Macht im Dienste einer monistischen Ideologie. Der Pluralismus ist unsere beste Chance, die Macht zu zügeln und sie so zu begrenzen, daß sie statt einer Drohung eine kontrollierte Kontrolle bleibt.

3.5 Exkurs: Systemische und ökologische Sozialarbeit

System und Ökologie sind keine Modewörter, sondern reflektieren eine Weltrealität, die aus der Komplexität und Vernetztheit einerseits, aus Interaktionen und Zusammenhängen andererseits besteht. Es ist nur verständlich, daß die Sozialarbeit beide Begriffe aufnimmt und in ihrer Theorie und Praxis anwendet. Die wissenschaftliche Basis dafür wird durch die **soziale Systemtheorie** einerseits und durch die **Ökologie** andererseits geliefert.

Systemtheorie und Ökologie sind nicht voneinander zu trennen. Es geht hier um den fundamentalen Zusammenhang des Gesellschaftssystems mit seiner Umwelt.

Die Soziologie beschäftigte sich in ihrer Entwicklung mit ihrem Hauptgegenstand, der Gesellschaft, und zwar in einem absoluten und exklusiven Sinn. Die Entwicklungsphasen und Hauptströmungen zeigen deutlich, daß es zuerst darum ging, die **Eigenständigkeit** der neuen Wissenschaft zu sichern, sich von anderen Wissenschaften abzugrenzen, Gesellschaft und soziales Handeln als exklusiv soziologisches Beschäftigungsfeld zu betrachten.

Die ganzheitliche Sicht war unterschwellig von Anfang an vorhanden, aber sie artikulierte sich nur im sozialen Bereich und vernachlässigte die **Natur**, worin die Gesellschaft eingebettet ist. Auf eine „Vergesellschaftlichung der Natur" wurden die Soziologen erst viel später aufmerksam, und der Gedanke an eine „Naturalisierung der Gesellschaft", d.h. in der Natur keinen Feind und keinen Gegner, sondern einen Freund und einen Partner zu sehen, kam erst in den letzten Jahrzehnten auf.

Die Natur ist dem Menschen nicht mehr nur zur Nutzung (Ausnutzung) überlassen. Nach der Dämonisierung und Sakralisierung der Natur kommt nun ihre **Humanisierung**.

Erst durch die Systemtheorie - mit ihrem deutlichen Hinweis auf die Differenz von System und Umwelt, was gleichzeitig die Kommunikation zwischen Umwelt und System imperativ vorschreibt - wird die Ganzheitlichkeit auf eine Verbundenheit zwischen Natur und Gesellschaft ausgeweitet. Es gibt kein System ohne Umwelt - das Gesellschaftssystem kann nicht existieren ohne die technischen und natürlichen Umwelten - und die **Umwelt** ist immer komplexer als das System. Um sie zu „begreifen", muß diese Umweltkomplexität auf ein bearbeitbares Niveau reduziert werden.

LUHMANN spricht von einer „soziologischen Abstinenz", was die sozialwissenschaftliche Bearbeitung der **Beziehung Mensch-Natur** betrifft. Erst in der zweiten Hälfte unseres Jahrhunderts wendet sich die Soziologie, verstärkt durch die Systemtheorie, den Problemen des Verbrauches nichtwiederherstellbarer Ressourcen (Entropie), der Abhängigkeit von Substituten (z.B. Plastik), der Reduzierung der Artenvielfalt (Aussterben von Pflanz- und Tiergattungen), neuen Zivilisationskrankheiten (Aids), der Umweltverschmutzung (Ölpest) und der Überbevölkerung in Entwicklungsländer (Geburtenüberschuß) zu (LUHMANN, 1986).

Die Soziologie war auf alle diese Probleme unvorbereitet, die oben erwähnten Themen werden erst jetzt **Themen** der gesellschaftlichen Kommunikation - mit sehr großen Störungen und Irritationen. Diese „noises" entstehen dadurch, daß es unterschiedliche Meinungen gibt über die Umfang der Umweltgefährdung, über die zu treffenden Maßnahmen, über die Energiequellen usw.

Der neue Name der Soziologie ist heute Ökologie ! „Der Gegenstand der Soziologie ... ist die Einheit der Differenz des Gesellschaftssystems und seiner Umwelt" (LUHMANN, 1986, 23). Für die systemische Soziologie gilt das Prinzip: „Jedes Systemproblem ist letztlich auf Differenz von System und Umwelt zurückzuführen" (LUHMANN, 1986, 13).

Die **ökologische Kommunikation** ist eine dringende Aufgabe der heutigen Gesellschaft. Man kann mit der natürlichen Umwelt nicht direkt kommunizieren, man kommuniziert nur über die Umweltprobleme (z.B. Kommunikation über Umweltgefährdung). Das Verhältnis von System und Umwelt ist die Resonanz, d.h. das System wird durch die Beobachtung der Umweltereignisse zum Handeln angeregt.

Die **Ökologie** ist eine Lehre vom Haus und Haushalt, also von wirtlichwohnlichen Lebensverhältnissen. Wortgeschichtlich stammen Ökologie und Ökonomie beide aus der Wurzel „oikos"(= das Haus). Weltweit geht es heute darum, unser gemeinsames Haus (und das ist unser Planet) für uns alle bewohnbar zu machen, d.h. auch sauberzuhalten und zu pflegen. Die Zeit der Welteroberung und der grundlegenden technischen Entdeckungen ist vorbei; mit der Elektronik und den neuen Wegen der Energiegewinnung sind wir in eine qualifizierende und nicht mehr nur quantifizierende Phase der Entwicklung getreten.

Das System Gesellschaft darf seine Umwelt nicht zerstören, weder physisch noch sozial. Es geht also vor allem darum, Ökonomie und Ökologie zu versöhnen und das Soziale hinzunehmen. Der reale Sozialismus hat versagt, weil er Ökonomie mit Ökologie und schließlich auch mit Sozialem nicht vereinbaren konnte und den Primat der Ideologie behauptete. Die westliche Welt hat eine Chance, unter der Lenkung des politischen **Pluralismus** (statt monistischer Ideologie) eine ökologische und soziale Marktwirtschaft (Austausch) zu realisieren und diese auf die ganze Welt auszuweiten. Nach der Überwindung der Ost-West-Konflikte heißt die neue Aufgabe: Einebnung der Nord-Süd-Gefälle.

Dies bedeutet konkret für die Sozialarbeit eine Abwendung von der materiellen Ökonomie und eine Hinwendung zur moralischen Ökonomie, die das **ökosoziale Konzept** für die Klienten verwirklichen sollte. Das ökosoziale Konzept läuft darauf hinaus, die soziale Abstimmung (wie eine Situation einzuschätzen und was zu tun ist) im dem ökologischen Zusammenhang zu begründen, der am jeweiligen Ort und zur fraglichen Zeit aktuell ist. (WENDT, 1990)

Die Sozialarbeit muß die Wende von der Fallorientierung zur **Feldorientierung** schaffen. Mit der ökologisch-systemischen Perspektive gewinnt der Feldbegriff eine Ausdehnung in konkrete, lebensweltliche Dimensionen. Begriffe wie systemische, feldorientierte, ökologische Sozialarbeit, Netzarbeit bestimmen in den letzten zehn bis fünfzehn Jahren die Diskussion in der Sozialarbeit.

Die **LUHMANNsche Systemtheorie** - nach dem theoretischen Paradigmawechsel von der Handlung zur Kommunikation - sieht den Menschen als selbstreferentielles, psychisches System, das sinnverwertend durch die Fähigkeit der Kommunikation sich in sozialen Systemen organisiert. Zur Umwelt sozialer Systeme gehören dann alle Systeme - wie z.B. organische, physikalische usw. -, die ihnen als Voraussetzung ihrer Existenz zugrundeliegen. Man kann auch behaupten, daß halbgeschlossene, autopoietische Systeme ihre Umwelten beeinflussen und verändern können.

Nur unter diesem Aspekt hat eine Feldorientierung wirklich **Sinn**. Wenn der Klient und die Institution nämlich gar keine Chancen hätten, ihre Umwelt „selektiv" zu beeinflussen, ja sogar zu verändern, dann wäre eine Handlung und eine Kommunikation in Richtung Umwelt völlig überflüssig. Es gilt der Satz: Durch Hilfe zur Selbsthilfe schaffe dir eine passende Umwelt!

Die Feldorientierung als Grundsatz der lebensraumorientierten Sozialarbeit öffnet durch Ressourcenmobilisierung (knappheitbekämpfend) und durch selektierte Reduktion der Komplexitäten den Weg zu einem echten

Austausch mit der Umwelt und verändert diese dadurch. So werden die zwei Mythen des menschlichen Zusammenlebens wie Konflikt (Kampf und Abweichung) und Konsens (Harmonie und Konformität) durch eine neue Realität aufgehoben: Austausch (Handlung und Kommunikation), der lebensraumgestaltend wirkt (JESSOP, 1965).

Die **systemische Sichtweise** in der Theorie und Praxis der Sozialarbeit löst allmählich die schon immer vorhandenen ganzheitlichen und holistischen Perspektiven auf. Per Definition ist Sozialarbeit als helfende Tätigkeit auf den ganzen Menschen gerichtet, d.h. mit möglichst allen Problemen, Defiziten, Ressourcen, Verknüpfungen. Was in den letzten dreißig Jahren neu ist, ist die Sichtweise einer viel komplizierteren sozialen Realität, als man annahm, in einer immer komplexer werdenden Gesellschaft, wo Bedrohungen, Risiken und Gefahren die durch die Selbsthilfe eingeleiteten Heilungsprozesse in Frage stellen können.

Es genügt nicht mehr, ein relativ abgrenzbares soziales Milieu zu durchleuchten, sondern man muß das ganze Umfeld des Klienten - das soziale, natürliche und auch technische - analysieren, also sozialökologisch vorgehen.

Es folgen hier einige Autoren, die auf dem Gebiet des Sozialwesen den **systemisch-ökologischen Ansatz** in ihrer Theorie und Praxis vertreten.

Durch die Systemtheorie werden alle Komponenten der neuen sozialen Realität mit den gleichen Kriterien erfaßt. Das fängt schon in der systemischen Therapie an, wo eine Dreiteilung der Explorations- und Aktionsfelder praktiziert wird: a) das Klientensystem, b) das Beziehungssystem zwischen Therapeuten und Klienten und c) das weitere Umfeld der Therapie mit anderen Institutionen, Therapeuten und „Helfern" (HOLLSTEIN-BRINKMANN, 1993, 111).

F. HOLLIS, ein Theoretiker des Casework, setzt schon systemische Akzente in dem psycho-sozialen Behandlungskonzept. Das „Person-in-der-Situation" erfordert vom Sozialarbeiter (als Anwalt, Befähiger, Vermittler) einen aktiven Eingriff in die Umwelt (HOLLIS, 1970).

OSWALD, MÜHLENSIEFEN und GOLDBRUNNER bringen die Methoden der systemischen Familientherapie mit der der Sozialarbeit in Verbindung. Eine gelungene Transferleistung vom Therapeutischen ins Sozialarbeiterische und umgekehrt charakterisieren die Bücher der genannten Autoren. „Das familientherapeutische Behandlungsmodell wird einerseits für die spezifische Problemlösungsarbeit des Sozialberaters

3.5 Exkurs: Systemische und ökologische Sozialarbeit

fruchtbar und praktikabel gemacht (und zwar nicht etwa in einer Randzone, sondern ganz im Zentrum seiner Berufstätigkeit); und andererseits erfährt das Handlungsrepertoire des Familientherapeuten eine erhebliche Erweiterung hinein ins sozialarbeiterische Wirkungsfeld" (LÜSSI, 1991, 63).

PINCUS und MINAHAN unterscheiden vier grundlegende Systeme, in denen Sozialarbeiter tätig werden können: 1) das „change-agent"- System, 2) das Klientensystem, 3) das Zielsystem und 4) das Aktionssystem. (PINCUS/MINAHAN, 1980)

Van BEUGEN definiert seine „agogische Aktion" als eine Intervention eines Dienstleistungssystems in einem Klientensystem mit der Absicht, Veränderungen herbeizuführen. (van BEUGEN, 1972)

Ebenfalls auf systemtheoretischer Basis, unter dem Ökologie-Begriff, theoretisiert WENDT über die Sozialarbeit. Die ökologische Perspektive findet für ihn historische Gegebenheiten vor. Die Idee der Milieuorientierung bzw. Lebensraumauffassungen sind schon zu finden in den Arbeiten von PARK (ab 1920) und bilden auch die Grundlagen in BRONFENBRENNERs ökologischer Sozialisationsforschung. Für WENDT befindet sich die soziale Lebenslage des Individuums in einem Kontext zu Umwelt, Lebensgeschichte, Innenwelt und Perspektiven. Das ökosoziale Handeln findet selbst auf mehreren Ebenen statt: in der Gemeinde (Gemeinwesenarbeit), in der Familie (als Unterstützungsmanagement), in Krisensituationen, in Heimerziehung, in Jugendkulturarbeit usw. Auf allen Ebenen ist ökosoziale Arbeit ressourcenorientiert, d.h schöpft aus den Ressourcen des Systems und der Umwelt (WENDT, 1990).

STAUB-BERNASCONI untersucht das Phänomen des sozialen Problems im Zusammenhang mit der Analyse der Handlungstheorie. Soziale Probleme werden schließlich als System-Probleme betrachtet, wobei der Sozialarbeit eine „Akteur-Rolle" zugewiesen wird (STAUB-BERNASCONI, 1986).

Das „life model" der sozialen Arbeit von GERMAIN und GITTERMAN ist eine Erweiterung der systemischen Perspektive auf die ökologische Perspektive. Sie versucht, den klassischen Methoden der Sozialarbeit (Einzelhilfe, Gruppenarbeit, Gemeinwesenarbeit) neue Impulse zu geben. „Die ökologische Perspektive besagt, daß die menschlichen Bedürfnisse und Probleme aus den Transaktionen zwischen Menschen und ihren Umweltverhältnissen entstehen" (GERMAIN/GITTERMAN, 1983,

1) Bei Transaktionen entstandene Störungen verursachen Streß in lebensverändernden Ereignissen (Pubertät), in Situationen mit besonderem Umweltdruck (Prüfungssituation) und im Bereich interpersonaler Prozesse (Ehestreit).

Das „life model" ist schon eine klassisch gewordene Pflichtübung für eine theoretische Untermauerung der modernen ganzheitlich-ökologischen Orientierung. Es kann aber nicht ohne Kritik einfach übernommen werden. Aus christlicher Sicht muß man vor allem die Grundorientierung des Modells an „östlichen Philosophien" kritisieren. Der ganze Mensch geht nicht in der Natur auf, ist nicht und kann nicht einfach als Teil der Natur betrachtet werden. Eine perfekte Harmonie mit der Natur als Umwelt kann es nicht geben. Soziologisch haben BERGER und LUCKMANN treffend darauf hingewiesen, daß der Mensch seine Natur selbst konstruiert: Er ist Natur und hat Natur! (BERGER/LUCKMANN, 1970).

Systemtheoretisch ist es noch eindeutiger: Der Mensch als biophysisches System ist ein selbstreferentielles, selbstbeobachtendes und sich selbst organisierendes (autopoietisches) System.

Beim „life model" wird den Krisenereignissen (Streß) die kathartische (reinigende) Wirkung aberkannt. Dagegen integriert das sich selbst verwirklichende System Mensch das Leiden in seiner „Lebenswelt" als Katharsis (Läuterung). Hierbei kann Sozialarbeit als „Leidensmanager" auftreten, schließlich wird aber die solidarisch organisierende Überwindung des Leidens durch ein kommunikatives Handeln von den Betroffenen selbst getan. Die Transaktionen Natur und Mensch (bzw. Gruppe, Gemeinde) sind zwar vorrangig, das Netz der Kommunikation hilft, aber der Mensch erlebt und „verhandelt" seine Leidensüberwindung, indem er seine Natur verändert, sich an seine Umwelt „anpaßt" bzw. seine Umwelt vorselektiert (BANGO in JERS, 1991).

Auf der praktischen Ebene gibt es schon brauchbare Programme und Empfehlungen für die konkrete sozialarbeiterisch-systemische Handlung. Davon seien hier zwei erwähnt.

Zur Ökologie der Praxis von Sozialarbeit haben schon ROSS und BILSON ein Fünfpunkteprogramm ausgearbeitet. Dieses Programm kann auch aus dem Blickwinkel der sozialen Systemtheorie akzeptiert werden, da es die wesentlichen Elemente der Systembildung, Grenzziehung, Anpassung usw. innehat. 1) Ordnung schaffen, 2) kreative Lösungen anstreben, 3) sich auf den situativen Kontext einlassen, 4) neu einpassen (Reframing), 5) das Prinzip der Zirkularität beachten (WENDT, 1990).

3.5 Exkurs: Systemische und ökologische Sozialarbeit

PROBST empfiehlt für „Organisatoren in humanen Systemen", also auch für Sozialarbeiter, ein Zwölfpunkteprogramm: 1) Behandle das System mit Respekt. 2) Lerne mit Mehrdeutigkeit, Unbestimmtheit und Unsicherheit umzugehen. 3) Erhalte und schaffe Möglichkeiten. 4) Erhöhe Autonomie und Integration. 5) Nutze und fördere das Potential des Systems. 6) Definiere Probleme und löse sie. 7) Beachte die Ebenen und Dimensionen der Gestaltung und Lenkung. 8) Erhalte Flexibilität und Eigenschaften der Anpassung und Evolution. 9) Strebe vom Überleben zu Lebensfähigkeit und letztlich nach Entwicklung. 10) Synchronisiere Entscheidungen und Handlungen mit zeitgerechtem Systemgeschehen. 11) Halte die Prozesse in Gang - es gibt keine endgültigen Lösungen. 12) Balanciere die Extreme (PROBST, 1987).

4 Spezielle Soziologien / Problemfelder im Sozialwesen

4.1 Grundrisse der Jugendsoziologie

Pädagogik, Psychologie und auch Medizin haben sich weit früher mit dem jungen Menschen und dem **Jugendalter** befaßt als die Soziologie. Diese selbst war bereits zu einer beachteten Wissenschaft geworden, ohne daß die Jugend als Forschungsobjekt in den Blick gekommen war. Allerdings finden wir bei einigen frühen pädagogischen Autoren bereits einen solchen Blick für die gesellschaftliche Bedingtheit der Erziehung und des Jugendlebens. Hier sind vornehmlich zu nennen: J.-J. ROUSSEAU („Emile", 1762), der den gesellschaftlichen Einfluß jedoch als total negativ ansieht, und H. PESTALOZZI („Lienhard und Gertrud", 1781), der als Ursache jugendlicher Verwahrlosung ebenfalls negative Milieueinflüsse erkennt, andererseits aber in der familiären und dörflichen Gemeinschaft eine gute Einbettung für das Heranwachsen des Menschen sieht. In der ersten Jahrhunderthälfte haben sich zunächst mehr psychologisch ausgerichtete Autoren mit der Beschreibung der Jugend befaßt.

Lange Zeit stand die wissenschaftliche Erörterung der Jugendzeit unter dem Blickwinkel der „Entwicklungspsychologie", die jugendliches Heranwachsen vorwiegend als endogen bedingt ansah, das sich in bestimmten „Phasen" entwickelt (Jugendkunde). Demgegenüber richtet die Soziologie den Blick auf die gesellschaftliche Bedingtheit des **Jugenddaseins** und die eigenständigen Gruppenbildungen und „Bewegungen" der Jugend in einer bestimmten Zeit und Kultur und erkennt somit die jeweilige Verschiedenheit jugendlichen Lebens und Bewußtseins.

Als erster Soziologe hat sich E. DURKHEIM in seinen Vorlesungen in Bordeaux und Paris (1906) mit der gesellschaftlichen Formung der Kinder und Jugendlichen befaßt, wobei er bereits den Begriff der „Sozialisation" verwendet. In der deutschen Soziologie wurde die Jugend zu Beginn der fünfziger Jahre interessant. Als die am stärksten beachtete Interpretation der Nachkriegsjugend kann „Die skeptische Generation 1957" von H. SCHELSKY angesehen werden. Eine Häufung empirischer **Untersuchun-**

gen über die deutsche Jugend ist zwischen 1955 und 1965 festzustellen (Jugendforschung).

Seit der Studentenrevolte 1968 erwachte das Interesse an einer sowohl empirischen als auch theoretischen Analyse des Phänomens „neue Jugend". Die unterschiedlichen Jugendberichte und **Jugendstudien** markieren eine neue Tendenz, die sowohl eine eigene „Jugendzeit", aber auch die Kontinuität der Generationen darstellt. Aktuell waren in den achtziger Jahren die Forschungen über Jugendkultur und Jugendstil (Shell-Studien).

Seit 1991 sind neue Forschungsrichtungen zu beobachten: Die randalierenden Fußballfans, Skinheads und letztlich der jugendliche Rechtsextremismus in dem wiedervereinigten Deutschland werden verstärkt unter die Lupe genommen. Für diesen letzten Forschungsgegenstand waren die Rostocker Krawalle und die Brandstiftungen auf Asylantenheime Anlaß. Diesbezüglich unterscheidet man noch zwischen Ost- und Westdeutschland. Im Westen sind es die **Individualisierungsprozesse**, die eine Zunahme von Handlungsmöglichkeiten für den Einzelnen bei gleichzeitigem Herauslösen aus dem sozialen Milieus ermöglichen. In Ostdeutschland treffen wir auf entgrenzte Gewalt. Die Jugendlichen sind unter repressiven Verhältnissen aufgewachsen. Fallen diese weg, so sind keine moralischen Positionen mehr vorhanden, die Grenzen in **Konfliktsituationen** markieren können (HEITMEYER, 1991). Eine Art Anomie entsteht: Totalitäre Normen sind nicht mehr gültig - pluralistische sind noch nicht internalisiert. Die ökonomisch-sozialen Alltagserfahrungen spiegeln Status- und Handlungsunsicherheit sowie Ohnmachtserfahrung und Vereinzelung wider. Die subjektive Charaktereinstellung kann zum autoritär-nationalisierenden Orientierungsmuster und zu Gewaltanwendung führen.

Das Jugendalter ist gekennzeichnet durch eine **intermediäre Stellung** zwischen primären und sekundären Systemen. Man kann das Jugendalter als die Zeit im Leben eines Menschen bezeichnen, während der er, was seine soziale Position, seine soziale Orientierung und Zielsetzung usw. betrifft, zwischen dem primären System seiner Herkunftsfamilie und den sekundären Systemen verschiedener Art „unterwegs" ist. Es gibt zwei Richtungen in der Fachliteratur, die das Jugendalter entweder negativ oder positiv definieren.

Negative Definition des Jugendalters: Jugend im soziologischen Sinne ist die Verhaltensphase im Leben des Menschen, in der er nicht mehr die Rolle des Kindes spielt und in der er noch nicht die Rolle des Erwachsenen als vollgültiger Träger der sozialen Institutionen, also der Familie, der

Öffentlichkeit und der politischen Ordnung, der Rechts-, und Wirtschaftsordnung usw. übernommen hat (H. SCHELSKY, 1958).

Positive Definition des Jugendalters: Jugend ist die Zeit zwischen Sexualreife und Sozialreife. Jugendliche sind diejenigen, welche mit der Pubertät die biologische Geschlechtsreife erreicht haben, ohne mit Heirat und Berufsbildung in den Besitz der allgemeinen Rechte und Pflichten gekommen zu sein, welche die Teilnahme an wesentlichen Grundprozessen in der Gesellschaft ermöglichen und erzwingen (F. NEIDHARDT, 1970).

Es gibt eine vierdimensionale **Positionsbeschreibung** des Jugendalters:

1. Geschlechtsreif, aber noch **unverheiratet** sein (Familienposition).

2. Die gesetzlich vorgeschriebenen Grundschulen absolviert haben, aber noch **keinen festen Beruf** ausüben (Berufsposition).

3. Rechtlich teilweise, aber noch **nicht voll mündig** und verantwortlich sein (Rechtsposition).

4. Zum Teil öffentliche Funktionen von unmittelbarer politischer Bedeutung erfüllen (z.B. Militärdienst), aber noch **kein formelles politisches Mitspracherecht** besitzen (politische Position).

Die **Aufgaben des Jugendalters** nach COREY sind:

a) Lernen, den eigenen Körper zu akzeptieren,

b) eine angemessene Geschlechtsrolle erlernen,

c) sich von der Beherrschung durch Erwachsene unabhängig machen,

d) den wirtschaftlichen Status des Erwachsenen erreichen und

e) ein (eigenes, individuelles) Wertesystem entwickeln.

Der Jugendliche ist sich dieser Aufgabe bewußt, weiß aber nicht, ob er sie je für sich selbst und für die Gesamtgesellschaft in zufriedenstellender Weise bewältigen wird. Die Unsicherheit hierüber prägt sein soziales Verhalten (COREY in NEIDHARDT, 1979).

Die Jugendsoziologie kann nach kulturspezifischen und nach zeitspezifischen Aspekten eingeteilt werden. Bei dem **kulturspezifischen Aspekt** wird nach der Prägung der Jugend innerhalb einer bestimmten

Kultur gefragt, wobei Kultur als Oberbegriff für religiöse, moralische, wirtschaftliche, künstlerische und gesamtgesellschaftliche Gegebenheiten genommen wird. Als besonders geeignet für eine solche Fragestellung erweisen sich einerseits primitive Gesellschaften, andererseits aber auch homogene Epochen der europäischen Geschichte sowie unterschiedliche Gesellschaftssysteme (z.B. liberale, konservative oder sozialistische) in der Gegenwart.

Allen primitiven Gesellschaften gemeinsam ist der schnelle Wechsel von der Kindheit zum vollen Erwachsenenstatus, was besonders bei den männlichen Jugendlichen durch sogenannte „**Initiationsriten**" vollzogen wird; bei den Mädchen geschieht die Aufnahme in den Kreis der Frauen weniger spektakulär. Der Aufnahme in die Gruppe der erwachsenen und wehrtüchtigen Männer gehen oft Prüfungen voraus, bei denen Schmerzen ausgehalten, Tabus nicht übertreten, besondere Leistungen meist mit den Waffen gezeigt werden müssen. Erst danach werden die Jugendlichen von den Männern akzeptiert und werden ihnen spezifische Geheimnisse mitgeteilt (Zaubersprüche, Visionen). Man kann die Initiation als frühe Form von Schule und Examen betrachten.

Auch die typisch soziologische Unterscheidung von agrarischen und industriellen Gesellschaften ist hinsichtlich des Jugenddaseins relevant. Zur Beantwortung dieser Frage können sowohl ethnologische Forschung, historisches Material als auch Beobachtungen und Umfragen in gegenwärtigen Gesellschaften herangezogen werden.

Die frühere osteuropäische, realsozialistische Gesellschaft versuchte eine systematische Indoktrinierung der Jugendlichen nach den Prinzipien der marxistisch-leninistischen Ideologie. Trotz jahrzehntelanger Bemühungen hat die osteuropäische Jugend die ideologischen Erwartungen nicht erfüllt. Im Gegenteil, sie folgte - etwa mit einer zehnjährigen Verspätung - dem „Trend" der westlichen Jugend in Mode, Stil, Lebensauffassung und sozialpolitischem Engagement.

Nach Versuchen der Revolte (Berlin, Budapest, Prag, Polen) kam eine Periode der politischen Apathie und Gleichgültigkeit. Erst zu Beginn der achtziger Jahre kam wieder Bewegung in das Leben der osteuropäischen Jugendlichen, die schon als Vorbote der Wende in den neunziger Jahren gedeutet werden konnte. Zuerst engagierte sich eine kleine, aber sehr aktive Minderheit in kirchlichen Erneuerungen (Basisgruppen), in der Friedensarbeit und in der Ökologie. Die Erprobung der alternativen Lebensweisen galt als Protest gegen das sozialistische Establishment.

Die Jugendforschung in der Bundesrepublik stellte nach der Wende in bezug auf die Jugend in der ehemaligen DDR fest, daß die Wertvorstellungen ähnlich sind, so besitzt zum Beispiel die Familie eine hohe Priorität, es herrscht eine positive Einstellung zur Eheschließung und Familiengründung; die Vereinbarkeit von Familie und Beruf wird von den Mädchen gleichermaßen gewünscht; die männlichen Jugendlichen verharren etwas stärker in traditionellen Vorstellungs- und Verhaltensmustern von Partnerschaft. Die DDR-Gesellschaft unterlag also genau wie andere Industriegesellschaften dem sozialen Wandel.

Wenn die Jugendsoziologie unter zeitspezifischen Aspekten analysiert wird, dann steht sie innerhalb einer meist nationalen Kultur; es werden die zeitlich aufeinanderfolgenden Epochen ausgeprägten Jugendverhaltens ins Auge gefaßt, wobei die enge Verbindung von zeitbedingten geistigen Strömungen und jugendlichen Idealen einerseits, das Sich-Absetzen der Jugend, ihre Rebellion gegen Traditionen und Verhärtungen andererseits erkennbar wird. Der Begriff der Jugendgeneration wird dabei bevorzugt gebraucht.

Als besonders geeignet für die Frage nach den verschiedenen Jugendgenerationen hat sich der historische Raum des 19. und 20. Jahrhunderts in der deutschen bzw. europäischen Geschichte erwiesen, angefangen bei der Sturm- und Drang-Zeit im fürstlichen Absolutismus bis hin zu den gegenwärtigen Protesthaltungen und Rebellionen der studentischen Jugend in den liberalen wie auch, bis 1989, vereinzelt in realsozialistischen Industriegesellschaften.

Neben solchen Rebellionen und Sezessionen hat es jedoch auch ebenso häufig angepaßtes und mit den Erwachsenen solidarisches Denken und Handeln der Jugend gegeben. Bei dem zeitspezifischen Aspekt ist die soziologische Forschung eng mit der historischen verbunden.

Bürgerliche Revolutionen und Industrialisierung erzeugten den ersten Jugendprotest der mit „Sturm und Drang" bezeichnet wurde (GOETHE, HERDER, SCHILLER, HÖLDERLIN). Kennzeichen: Protest gegen Feudalismus, Vorliebe für die Natur, Philosophie, Dichtung, - Ideal ist Jugendfreundschaft (Bruderbund, Göttinger Hainbund (1772), philanthropische Lehrer).

Eine Jugendgeneration anderer Art war die Jugend der Freiheitskriege. Zwar war auch ihr ein hochgespannter Idealismus eigen, aber dieser wies eindeutig nationales Gepräge auf. Das vaterländische Bewußtsein der deutschen Jugend entstand in der Überwindung der napoleonischen Fremdherrschaft, im Einsatz für ein freies und geeintes Deutschland.

Nationales und liberales Denken verband sich in der Zeit der Restauration. Auch ein revolutionäres Element der studentischen Jugend während der Bismarck-Zeit (1848) artikuliert die Jugend als solche wenig.

Zu Beginn des 20. Jahrhunderts gründete eine kleine Gruppe der Jugendlichen (Wandervogel) die „Deutsche Jugendbewegung". Sie war durchtränkt von Naturschwärmerei und der Aversion gegen den Staatskult. Lange jung sein und bleiben war das erklärte Ziel.

Die erste Phase der Jugendbewegung war apolitisch - dagegen finden wir in der zweiten Phase vielfaches Engagement für politische, kirchliche und andere Ziele (Bündische Jugend, Katholische Jugendbünde, Pfadfindergemeinschaften). Die Falken und die kommunistische Jugend zählten nicht zu den klassischen Jugendbünden; erst nach 1930 erhielten die direkten Partei-Jugendgruppen stärkeren Zulauf.

Die Hitlerjugend bedeutete eine Verformung der Jugendbewegung - obwohl zu Beginn Ähnlichkeiten mit der Bündischen Jugend bestanden. Die Generation der Nachkriegsjugend, die H. SCHELSKY die „skeptische" genannt hat, ist jedoch durch ganz andere Verhaltens- und Denkweisen gekennzeichnet. Sie können als Abkehr von den zuvor gelebten, aber pervertierten Formen gedeutet werden. Die Entstehung dieses „zivilistischen Jugendstils" war schon in den letzten Kriegsjahren zu beobachten. Kennzeichnung: Jazz-Musik, Abneigung gegen Uniformiertes, der weibliche New Look, Ablehnung jeglichen politischen Engagements (Ohne-mich-Standpunkt), Hinwendung zum Privaten, zu Familie, Beruf, Studium, kirchlichem Leben, dem Film mit seiner Traumwelt, seinen Heimatgefühlen und Happyend, Bejahung des Geldverdienens und des individuellen sozialen Aufstiegs.

Gemeinsam mit den Erwachsenen hat diese Jugendgeneration am Wiederaufbau, dem äußeren wie dem inneren, nach der unermeßlichen Zerstörung durch den zweiten Weltkrieg teilgenommen. Mit ihnen hat sie die Prinzipien der westlichen Demokratien bejaht, ebenso die Idee eines geeinten Europas und in zunehmendem Maße dieses Europa auf Reisen kennengelernt. Es ist somit zutreffend, diese Generation auch als eine angepaßte Jugend zu bezeichnen: mit dem Begriff der skeptischen Generation hat der Soziologe H. SCHELSKY ihre Animosität gegenüber den politischen Ideologien zum Ausdruck gebracht. Diese Jugend war aber gar nicht skeptisch, was Wohlstand, Freizeit und entsprechendes Konsumverhalten anbelangt.

Es ist eine interessante, aber noch ungeklärte Frage, inwieweit eine Jugendgeneration ihr bestimmtes geistig-seelisches Gepräge über die Jugendzeit hinaus im Erwachsenenalter beibehält. Seit der Wende im Osten Europas wissen wir zumindest, daß die realsozialistische Jugendgeneration enorme seelisch-geistige Schäden erlitten hat. Die „gestohlene Jugend" dieser Generation ist keine leere Etikette, sondern eine Anklage, adressiert an den Totalitarismus.

Ein sehr starker Wandel vollzog sich gegen Ende der sechziger Jahre. a) Es entsteht eine neue Jugendbewegung mit Akzenten der Rebellion und des Protestes. Der Höhepunkt war hier in den 68er Studentenrevolten erreicht. b) Es entstehen Subkulturen (Jugendkulturen), Szenen und alternative Räume. c) Das Engagement der Jugendlichen für Frieden und Umwelt bzw. gegen Atomkrieg und Atomkraftwerke wird immer deutlicher.

Eine interessante Analyse über die Jugendgeneration der achtziger Jahre liefert der Soziologe D. BAACKE. Er bestätigt die Auffassung, daß es die Jugend nicht gibt, nur die Jugendlichen, die sich unterschiedliche Kulturen und Szenen schaffen, wo sie mit ihrem Stil und ihren Accessoires einen eigenen Raum bilden (BAACKE, 1987). Es ist außerordentlich schwierig, hier eine systematische Sichtweise zu bekommen, da Kulturen, Szenen, Stile und Mode sich mit atemberaubender Schnelligkeit ändern. Nur ganz generelle Merkmale sind zu spüren:

1) Immer mehr Eigenständigkeit des Jugendalters.

2) Das Jugendalter beginnt früh und endet spät.

3) Angst und Hoffnung, was die Zukunft betrifft („Man braucht keine Angst zu haben, Angst zu zeigen" (LUHMANN, 1986, 241).

4) Moralischer Radikalismus, mehr Verantwortung und Solidarisierung.

Es gibt einige Eckdaten, die die Entstehung der heutigen Jugendkultur markieren. Teile dieser Bewegungen sind heute noch spürbar.

1. Beatniks (L. GINSBERG). Beginn in San Francisco um 1957. Es waren überwiegend intellektuelle Aussteiger, „ältere Jugendliche" (um die 30 Jahre), die mit Drogen, Sex und neuen Mythen neue Erfahrungen sammelten.

2. **Rock and Roll**. Eine neue Musik von Jugendlichen für Jugendliche wurde in Amerika geboren. Geburtsdatum 1954 mit Bill HALEYs „Rock around the Clock". Die privaten Radiosender verbreiten die neue Musik

und die Jugendlichen mit ihren Transistorradios begeistern sich für sie. 1955 Elvis PRESLEY - der King; eine Legende ist geboren. Seine Rhythmik und sein Sound sowie seine Körperbewegungen beim Singen verstärken die Emanzipation der Jugendlichen in der ganzen Welt. Die Beatles und die Rolling Stones bringen eine neue Wende in die Musikkultur der Jugendlichen: diesmal sind es auch die Gruppen und nicht nur die Einzelsänger, die die Gefühlswelt der Jugendlichen zum Ausdruck bringen.

3. **Hippies.** Die Bewegung wurde unter der kalifornischen Sonne geboren und wollte eine Alternative für die Erwachsenenwelt sein. Blumen, Freude, Freundschaft, aber auch Drogen- und Guru-Kult begleiteten die Bewegung. Die Hippies wurden schon früh von der Soziologie analysiert (YABLONSKY, 1975). Es gibt die Sommer-Hippies, die Kontakt-Hippies, und die echten (Stone Hippies). Andere Einteilungen wären: a) Hohepriester oder Gurus (10%), b) Novizen (40%) und c) Plastic-Hippies (50%).

Aus England kommen gleichzeitig **andere Bewegungen** und Gruppen. Die Teds (1956) proben eine Mode-Revolte, die Mods (1959) waren motorisierte Jugendgruppen aus London, die Punks (1977) färbten ihr Haar, sangen „no future" und versuchten, häßlich zu sein. Sie instrumentalisieren den Körper als Konfrontationsinstanz: sie stellen die primitiven Körper, die mit Hilfe von Selbstverstümmelung, Tätowierung, Haartracht und Kleidung Aufsehen erregen und beleidigen sollen, zur Schau. Es ist eine Rebellion gegen die Modernität. **Punk-Kultur** als urbane Jugenderscheinung, die ihre Opposition vornehmlich am Körper sichtbar macht, ist die Verneinung des feinen, zivilisierten Geschmacks. Durch die Aneignung der Requisiten, Stilmittel und Accessoires aus der Wegwerfgesellschaft, der Obszönität, Vulgarität und Perversion sowie mit Hilfe einer Selbststigmatisierung des Körpers werden die Empfindlichkeiten der Mitmenschen in der Öffentlichkeit verletzt und Irritationen zustande gebracht. Modemacher allerdings vermarkten ihre Kleidung, produzieren Wochenend- und Freizeitoutfit für „Edelpunks" (z.B. MADONNA).

Die **Skinheads** praktizieren brutale Gewalt, provozieren und sind rassistisch und rechtsextremistisch eingestellt. Ihre Feinde sind Ausländer, Asylbewerber und Behinderte - aber auch ältere oder wehrlose Menschen. Die „Red-Skins" sagen von sich selbst, daß sie der linken Szene angehören.

Die **Szene** ist ein Raum mit Ereignissen, die zeitlich begrenzt sind. Ort, Zeit und Happening sind also die drei wichtigsten Komponenten einer sehr beweglichen Szene der Jugendlichen.

Es bestehen **vier Möglichkeiten**, eigene Räume zu erobern:

a) Eingliederung in vorhandenen Zonen-Angeboten wie z.B. Jugendzeit, Offene Tür,

b) Aneignung von leerstehenden Räumen, Kneipen, Cafés und in radikaler Form die Hausbesetzung,

c) Teil-Aneignung von Räumen auf Zeit; Rockfestivals, Sportereignisse, Jugendtreffs, Ferienlager, usw.,

d) Umdefinieren von Räumen. Hier bekommt der vorhandene Raum eine andere Funktion (auch Disfunktion), die für die konkreten Bedürfnisse der Jugendlichen ursprünglich nicht vorgesehen war.

Die Obrigkeit - nach gelegentlichen Verboten - toleriert die Anwesenheit der Jugendlichen, geht Kompromisse ein, zum Beispiel Hafenstraße Hamburg, Hinterhöfe in Kreuzberg. Kurzfristig können Bahnhöfe, Vorhallen und Restaurants (McDonalds) als Szenenräume umdefiniert werden.

D. BAACKE unterscheidet drei Szenen der Jugendlichen:

a) **Peer-Groups**. Die kleinste, einfachste und intimste Szene, die die Ähnlichkeiten der Szenenanhänger stark betont. Das Geburtsjahr als intragenerationelles Bindeglied wirkt besonders bei jüngeren Jugendlichen.

b) **Action-Szenen**. Hierzu gehören die Szenen der Treff- und Rock-Kultur (neuerdings auch Mammut-Konzerte mit Mega-Stars, wie Michael JACKSON), aber auch die stadtteilgebundenen Szenen mit Alternativbetrieben, Läden, Cafés usw. Hier sind besonders ältere Jugendliche aktiv. Die Szene ist Heimat der Mitläufer und Zaungäste, die meist durch Neugier und Erlebnishunger motiviert sind.

c) **Protest-Szene**. Oft vermischt sie sich mit Action-Szenen, tritt aber auch spontan und selbstorganisiert, auch landesweit, in Erscheinung, zum Beispiel große Friedensdemonstrationen, Hausbesetzungen, Anti-Atomkraftwerkskampagnen und immer häufiger lokale oder grenzüberschreitende Protestaktionen für die Umwelt. Eine besondere Variante des Szene-Lebens ist das Unterwegs-Sein und das Heimat-Suchen, die weite Ferne und der Weg, der dahin lockt. Les voyages for-ment la jeunesse. Dieser Satz galt immer, aber in unserer Zeit bringt die **reisende Jugend** in ihrem

Reisegepäck nicht nur Neugier und Wissensdrang - sondern Bereitschaft zum Teilen, zum Austausch der Ideen, Lust zu Begegnung mit anderen Jugendlichen, „learning by doing" usw. Trampen, liften per Anhalter oder mit Billigtickets sind die Reisearten; auch fernöstliche Ziele sind im Visier.

Die Jugendszene hat selbstverständlich immer einen kulturellen **Hintergrund**, wobei einige Elemente der Gesamtkultur erscheinen.

1) Hedonistisch-erotische Züge der **Gruppen-Kultur** (Rock und Pop-Musik, Kleidung, Gebärden).

2) Bestrebungen nach **alternativer Lebensform** und Ablehnung der Konsummentalität der Erwachsenen.

3) Milieubezogenheit. Hier ist vor allem das subkulturelle Milieu zu erwähnen (Rocker, Skins, Fußballfans). Konservative **Milieubezogenheit** ist bei Mittelschichtsjugendlichen zu beobachten. Schichtunabhängig scheint sich eine progressive, kulturelle Einstellung bei vielen Jugendlichen, die durch Proteste und durch die Suche nach Alternativen auffallen, zu manifestieren. Es gibt schließlich die „manieristische Strömung" - besonders in Großstädten -, die teilweise in der Mode- und Disco-Szene aufgeht (BAACKE, 1981).

Die Szenen als soziale Räume können in einem sozial-ökologischen Modell in **vier konzentrischen Kreisen** dargestellt werden. 1. Zentrum (Familie, Motorik, Emotion, Kognition und Willen), 2. Nahraum (Nachbarschaft; für das Kind die außerfamiliaren Spielkameraden - für die Jugend der Stadtteil und die Treffpunkte), 3. funktionsbedingte Beziehungen (Schule, Kirche, Sportplatz usw.), 4. ökologische Peripherie (Ferien, Freizeitangebote).

Dieses sich auf U. BRONFENBRENNER stützende Modell der vier konzentrischen Kreise ist als Mikro-, Meso-, Makro-, und Exosystem zu verstehen, wobei die Frage nach Konnexität, nach Intimität, nach Institutionalisierung und schließlich nach Kontrolle gestellt werden kann. Jeder Kreis ist die Umwelt des angrenzenden Kreises und erreicht eine Rationalität in dem Maße, in dem es die Differenz von System und Umwelt in das System wiedereinführt (re-entry-Konzept) und sich daraufhin nicht an eigener Identität, sondern an Differenz orientiert. Systemtheoretisch gesehen können auf diese Weise Jugendliche ihre Szenen als eigenständige, selbstreferentielle Systeme definieren.

BAACKE schreibt **Jugendkultur** statt Subkultur. Er akzeptiert nicht die Unterscheidung von SCHWENDTER, in der die Subkultur in progressive und regressive Teile getrennt wird. Für ihn (BAACKE) suggeriert Subkultur den unteren, negativ besetzten kulturellen Bereich mit exakt auszudifferenzierenden Teilen, die präzis lokalisierbar sind und ein eigenständiges System bilden. Das trifft für die Jugendkultur nicht zu. Er plädiert für die Anwendung der Mehrzahl, also für die „Jugendkulturen". Diese hat eine Referenz auf das Bildungssystem, sie bedeutet Neuorientierung und Stil, Autonomie, Emanzipation und Pluralismus und ist vor allem freizeitbezogen (SCHWENDTER, 1981).

Der **Achte Jugendbericht** (1990) spricht von einem grundlegenden Wertewandel bei Jugendlichen. Im Einklang mit den Shell- und Sinus-Studien der späten achtziger Jahre stellt der Bericht fest, daß nicht mehr Sicherheit, Ordnung und materieller Wohlstand, sondern Selbstverwirklichung und Partizipation, Schutz der Umwelt und Frieden **Werte** geworden sind, die bei einem beachtlichen Teil der Jugendlichen eine zunehmende Attraktivität gewonnen haben. Damit sind verschiedene Ansprüche und bestimmte Vorstellungen an den Staat verbunden.

Für den Bereich der Politik ist weiterhin zu fragen, ob die neu entwickelten Orientierungsmuster nicht sogar konstruktiv für die weitere gesellschaftliche Entwicklung sind. Die Bereitschaft eines Teils der Jugendlichen, sich außerhalb der etablierten Wege politischer **Partizipation** zu engagieren, sollte der Entwicklung gesellschaftlicher Teilbereiche zugute kommen. Das Herauslösen aus traditionellen kulturellen Milieus und die Bereitschaft, sich individuell und unabhängig von Gegebenheiten zu engagieren, birgt die Gefahr in sich, sich von gesellschaftlichen Werten und dem gesellschaftlichen Grundkonsens abzuwenden.

Der Verfall von industriegesellschaftlichen Werten begünstigt die Ausprägung und Betonung **immaterieller Werte** und Bedürfnisse. Themen wie Selbstverwirklichung, Mitmenschlichkeit und Kommunikation gewinnen eine größere Bedeutung in der individuellen Wertehierarchie.

4.2 Grundrisse der Familiensoziologie

Familiensoziologie im engeren Sinne, als werturteilsfreie Untersuchung und strukturelle Analyse, beginnt erst um die Mitte dieses Jahrhunderts. Werturteilsfreiheit in der Familienuntersuchung bedeutet eine Absage an jede Form von „**Familismus**" (Herrschaft der Familie, wo die familiären Werte über allen anderen sozialen Ordnungswerten stehen und maßgebend für die soziale Orientierung sind, seien sie ideologisch oder religiös begründet). Nach dem Grundgesetz steht die Familie unter besonderem Schutz des Staates (Art.6 Abs.1).

Als **Methoden** der Familiensoziologie kommen auch die in anderen Bereichen der Soziologie verwandten in Frage:

1. Die **historisch-hermeneutische** Methode (Ausschöpfung literarischer Quellen vom Altertum an bis zu den Berichten von Missionaren und Volkstumsforschern). Die Vorläufer waren die Haushaltsstudien und die Hausväterliteratur, die Anreger nach der französischen Revolution: die Romantik, der Frühsozialismus, MARX und ENGELS. Als Begründer gelten W. H. RIEHL und F. LE PLAY mit den empirischen Studien über die Situation der Arbeiterfamilie in Frankreich im 19. Jahrhundert (RIEHL, 1855; LE PLAY, 1862).

2. Die Erforschung noch bestehender **primitiver Gesellschaften** (Ethnologie, Ethnographie, Cultural Anthropology). Die äußerst komplizierten Familien- und Verwandtschaftsstrukturen z.B. in Polynesien (Insel Tikopia), lieferten den Beweis für die gesellschaftliche Bedeutung der Familie im Kampf ums Überlebens eines Stammes - und auch im übertragenen Sinne für die heutige Gesellschaft.

3. Beschreibung und Vergleich **gegenwärtigen Familienlebens** in verschiedenen Ländern und Kulturen (Familienmonographien). Diese interkulturellen Vergleiche verstärken die Universalität der Familie und die Gültigkeit derselben familiären Normen in unterschiedlichen Gesellschaftssystemen.

4. Familienstatistik (Heiratsalter, Kinderzahl, Scheidungsquote, Ehedauer, Säuglings- und Kindersterblichkeit, Schichtenzugehörigkeit). **Familienstatistiken** geben nicht nur einen Gesamtblick über familienrelevante Daten in einer Gesellschaft, sondern auch eine tabellarische Übersicht über den Trend. Sie sind mit Sorgfalt zu benutzen, da ein undifferenzierter Gebrauch zu Irrtum verleiten kann (Beispiel: die „unsau-

beren Scheidungsstatistiken" : Die im Januar Geschiedenen können sich im Dezember als Verheiratete in der Jahresstatistik wiederfinden!).

5. Repräsentative **Umfragen** über Verhaltensformen, Normen, Einstellungen und Kulturmuster, die das Familienleben betreffen. Insbesondere sind derartige aktuelle und wertvolle Daten und Auswertungen in den Familienberichten des Familienministeriums zu finden.

6. Erforschung der Prägung und Befähigung des jungen Menschen durch die Familie (primäre Sozialisation). Die **Sozialisationsforschung** hat in Deutschland eine lange Tradition. Die Familie gilt als der entscheidende Sozialisationsfaktor, die Sozialisationsbedingungen sind aber nach der jeweiligen Familienform differenziert. Sie laufen in der Pflege-, Adoptiv-, und Stieffamilie anders als in Durchschnittskleinfamilien ab, wiederum ganz anders in Familien mit behinderten Kindern, in Eineltern- und in „Ersatzfamilien".

Es entstanden bis zu den sechziger Jahren grosso modo **sechs familiensoziologische Schulen**, die die weitere Entwicklung der Familiensoziologie geprägt haben. Die ersten drei Schulen („bürgerliche" Familiensoziologie) haben sehr viele Gemeinsamkeiten - nur in der Wahl ihrer Schwerpunkte sind sie voneinander leicht abweichend. Die letzten drei Schulen sind zum Teil durch das marxistische Gedankengut beeinflußt.

a) Die strukturfunktionalistische Schule (T. PARSONS, W. J. GOODE, F. NEIDHARDT) geht davon aus, daß die Struktur eines Systems durch seine Funktionen geprägt ist. Aus den **Strukturen der Kleinfamilie** können die Funktionen ihrer Mitglieder deutlich abgeleitet werden. Hier geht es aber meist um die „intakte" Familie, die noch als Keimzelle der Gesellschaft betrachtet wurde (PARSONS/BALES, 1956; GOODE, 1967; NEIDHARDT, 1975).

b) Die interaktionistische Schule (BURGESS, LOCKE, R. KÖNIG, G. WURZBACHER) sieht in der Familie den Ort der emotional-intimen **Interaktionen**, die nicht immer nur harmonisch und problemlos verlaufen können. Diese Schule stellt sich besonders die Frage der Sozialisation als wichtigste familiäre Funktion (BURGESS/LOCKE, 1950; KÖNIG, 1974; WURZBACHER, 1977).

c) Die institutionalistische Schule (H. SCHELSKY, D. CLAESSENS, R. MILHOFFER). Hier wird die **Familie als Institution** besonderer Art hervorgehoben, ihre Bedeutung für eine Gesellschaft (die deutsche Familie) gedeutet, ihr Wert als stabilisierender Faktor in einer sich im Umbruch befindenden Gesellschaft (Deutschland nach dem Krieg, „privater Zufluchtsort" in totalitären Gesellschaftssystemen) betont. Sie zeigt auch die Wandlung der Familie, ihre Beeinflussung durch die soziale Umwelt, kurz die Wechselwirkungen zwischen Familie und Gesellschaft (SCHELSKY, 1960; CLAESSENS - MILHOFFER, 1973).

d) Die marxistische Schule. F. ENGELS sah in der Familie ein Produkt des Privateigentums, ein Spiegelbild der Ausbeutung. Ihre Emanzipation kann nur im Kommunismus erfolgen. Weniger die theoretischen Aspekte der **marxistischen Familiensoziologie** (N. SCHMIDT-RELLENBERG), sondern mehr die praktischen Verwirklichungen standen im Mittelpunkt der Untersuchungen. Die Familienerziehung im „realen" Sozialismus und die Frage, ob es eine „sozialistische Familie gibt, haben durch die Wende eine verneinende Antwort gefunden (ENGELS, 1884; SCHMIDT-RELLENBERG, 1976).

e) Die antiautoritäre Schule (M. HORKHEIMER, B. CAESAR) ist eine weitere Variante und eine Weiterentwicklung der marxistischen Familiensoziologie. Die Frage der familiären **Autoritätsstruktur** in der bürgerlichen Familie (Patriarchat, Vaterdominanz, Machtbedingungen in der Ehe usw.) wurde hier kritisiert (HORKHEIMER, 1936; CAESAR, 1972).

f) Schließlich hatte die **antifamiliäre Familiensoziologie** noch eine kurze Blütezeit (REICH, COOPER, FEIL). Angeregt durch die Thesen der sexuellen Revolution wurde die Familie feierlich zu Grabe getragen (COOPER: „Tod der Familie"). Die fieberhafte Suche nach Alternativen zur Familie (Kommune, Wohngemeinschaft) läßt eine bunte Mischung von anarcho-marxistischen bis radikal-alternativen Tendenzen entstehen, die in der heutigen autonomen Szene noch einen Niederschlag gefunden haben (REICH, 1966; COOPER, 1979; FEIL, 1972).

Eine neue Schule bildete sich in den siebziger Jahren. Infolge der Krise der Familie als Institution (Scheidungshäufigkeit, zerrüttete Ehen, Scheidungswaisen) tauchte eine Reihe populärwissenschaftlicher Veröffentlichungen auf, die man als **alternativistische Schule** bezeichnen könnte. Hier stellte man sich die Fragen: Ist die Familie die einzige Form des intimen menschlichen Zusammenlebens? Gibt es nur diese eine Form in der heutigen Gesellschaft? Wenn es Pluralismus in anderen sozio-ökonomischen Bereichen gibt, warum muß also ein Uniformismus im intimen Zusammenleben der Maßstab sein? Bei näherer Betrachtung geht es hier nicht nur um die (berechtigte) Kritik gegen eine Institution, sondern vor allem um die durch Ehe und Heirat sanktionierte traditionale Familienform. Die ohne Trauschein Zusammenlebenden und die alleinerziehenden Elternteile suchten einen Ausweg aus den Vorurteilen und Diskriminierungen und verlangten auch eine Legalisierung ihres gesellschaftlichen Status.

Die sozialarbeiterische Erfahrung zeigt, daß die beste **Alternative zur Familie** die Familie selbst ist. Die Krise der Familie als Institution (in traditionaler Form) - begleitet durch die allgemeine Krise der anderen Institutionen wie Politik und Wirtschaft - bedeutet nicht eine Krise der Familie als Gruppe.

Als intime Gruppe und System bewährt sich die Familie noch immer, auch wenn eine institutionelle Korrektur notwendig ist.

Für C. MÜHLEFELD ist die **Ehe** eine vertraglich legalisierte Paarbeziehung - Familie dagegen ist eine Gruppenbeziehung. Sie ist eine sozioemotionale Einheit, eine partnerschaftliche Beziehung, ein Gemeinschaftserlebnis, aber auch eine traditionelle Lebensform oder (immer seltener) ein zweckrationaler Zusammenschluß (MÜHLEFELD, 1982).

Die bürgerliche Familie war ein Motor der Modernisierung und lieferte den notwendigen sozialen Kontext für die Hervorbringung autonomer Individuen. Sie war sozusagen die Basis der heutigen liberalen Demokratie. BERGER vertritt den Standpunkt der Mitte, indem er die Anerkennung des Primats der Familie und die Wiederherstellung des Privaten für die Familie fordert. Dies schließt nicht Respekt vor dem Pluralismus (d.h. dem existierenden Pluralismus der Familientypen) aus (BERGER/BERGER, 1984).

Nach einer etwas vereinfachten Definition von MURDOCK ist Familie eine soziale Gruppe, die durch gemeinsames Wohnen, wirtschaftliche Zusammenarbeit und Fortpflanzung gekennzeichnet ist. Sie besteht aus Erwachsenen beiderlei Geschlechts, von denen mindestens zwei in einer von der Gesellschaft (Gemeinde, Kirche, Staat) gebilligten geschlechtlichen Beziehung stehen (Ehe) und aus eigenen oder adoptierten Kindern (MURDOCK, 1948).

Andere Definitionen besagen, daß sie eine intime Gruppe und eine Institution mit besonderen, spezifischen Funktionen, bestehend aus Vater, Mutter und Kind(ern), sei.

Die strukturfunktionale Familiensoziologie nimmt an, daß jedes soziale System, also auch die Familie, seinen Bestand nur sichern kann, wenn es vier elementare Probleme löst. Nach T. PARSONS geschieht dies erstens durch die verläßliche Mobilisierung von sachlichen und personellen Ressourcen zur Bearbeitung der Systemziele, mit deren Verfolgung sich das

System an die Bedingungen und Erwartungen seiner Umwelt anpaßt (Adaptation); zweitens durch die verbindliche Formulierung dieser Ziele (Goal attainement); drittens durch die Abstimmung der Beiträge verschiedener Rollen und Untersysteme des Gesamtsystems miteinander, also Management und Koordination (Integration); viertens schließlich durch Bemühungen um Aufrechterhaltung der Werte, Normen und sonstigen kulturellen Muster des Systems, insbesondere auch um Bewältigung der Spannung zwischen ihnen und den Bedürfnissen und Motivationen der Mitglieder des Systems (latent pattern main-tenance and tension management).

BIERMANN schildert die Familie nach dem bekannten AGIL-Schema in ihren Subsystemen, Rollen und Funktionen folgendermaßen: So könnte eine entsprechende Familienanalyse ergeben, daß die A-Funktionen im wesentlichen auf das Eltern-Subsystem begrenzt sind (Einkommenssicherung, Haushaltsführung und Versorgung), während an G-Funktionen (beispielsweise Urlaubsplanung, Entscheidung über größere Anschaffungen, Entscheidung über Aufnahme eines Pflegekindes) auch die Kinder ganz wesentlich beteiligt sind - etwa in liberalen, „aufgeschlossenen" Familien. I-Leistungen konzentrieren sich häufig auf eine einzige Rolle in der Familie, zum Beispiel die Mutter, die Feste organisiert, Reisen und andere gemeinsame Unternehmungen vorbereitet und dafür Sorge trägt, daß alle Mitglieder der Familie ihren Möglichkeiten entsprechend zu solchen Vorhaben beitragen. Die L-Funktion schließlich deckt sich weitgehend mit erzieherischen Leistungen (BIERMANN, 1992).

Die soziologische Systemtheorie betrachtet die Familie als ein halboffenes System der besonderen intimen Beziehungen und Interaktionen, die eine harmonierende Kommunikation zwischen Systemelementen ermöglichen. Sie ist ein ausgesprochen selbstreferentielles System. Die Familie eignet sich hervorragend für systemtheoretische Analysen und in den meisten der neuesten familiensoziologischen Veröffentlichungen ist diese Tatsache zumindest erwähnt.

Die Sozialarbeit geht auch gerne mit dem „systemischen Ansatz" in der Arbeit mit Familien um, ohne den abstrakten und sehr theoretischen Begriffsapparat der soziologischen Systemtheorie zur Hilfe zu rufen.

Die systemische Familientherapie versucht die Störungen in diesem Kommunikationssystem zu identifizieren und so der Familie zum Wiedererlangen der Normalfunktionen zu verhelfen. Die Erkenntnis, nach der das ganze System verändert werden muß, wenn eines seiner Elemente sich verändert, gewinnt Beachtung bei den Therapeuten.

Die Diskussion um die Groß- und Kleinfamilie scheint abgeschlossen zu sein. Historische Studien haben den Beweis erbracht, daß zumindest ein Nebeneinander der Groß- und Kleinfamilien immer, in jedem Gesellschaftssystem vorhanden waren. Es ist also falsch zu behaupten, daß die Kleinfamilie ein typisches Merkmal der industriellen Gesellschaft und die Großfamilie eines der vorindustriellen, feudalen Gesellschaft war.

Es gibt in unserer Zeit die „erweiterte moderne Kernfamilie", die sogenannte Zweigenerationsfamilie. Die Großeltern leben meist in ihrer eigenen Gattenfamilie, aber pflegen intensiv Kontakte mit der Familie ihrer Kinder.

Ein besonderer Untersuchungsbereich in der Familiensoziologie beschäftigt sich mit den Kindern in der Familie. Die kinderlosen Ehen sind immer häufiger und der Adoptionswunsch ist mindestens dreimal häufiger als die zur Adoption zur Verfügung stehenden Kinder. In den Familien mit mehr als zwei Kindern stellt sich die Frage der Geschwisterrivalität und der Vorrangstellung der erstgeborenen Kinder. Aber auch Einkindfamilien werden intensiv analysiert. Das lang verpönte Einzelkind ist mittlerweile Normalität in den modernen Familien. Die Einzelkinder sind auf jeden Fall besser als ihr Ruf. Ein anderes Problem ist die Neuordnung und Zusammensetzung der Familien nach einer Wiederheirat der Elternteile.

Ein weiteres Untersuchungsgebiet in der Familiensoziologie ist die Desorganisation der Familie. Man unterscheidet zwischen funktional desorganisierten und strukturell desorganisierten Familien. Die Desorganisation auf der funktionalen Ebene bedeutet eine familiäre Situation, wo äußerlich alle Bedingungen für ein Funktionieren vorhanden sind - aber die Krisen, inneren Spannungen oder die Einwirkungen der Umwelt (Ehestreit, Arbeitslosigkeit, sexuelle Probleme, Streit um die Kindererziehung usw.) eine von der Gesellschaft erwartete Funktionsweise nicht erlauben. Es sind oft die „Fassadenfamilien", wo äußerlich alles in Ordnung ist (läuft), innerlich aber die ganze Familie einer Kampfarena ähnelt.

Die strukturelle Desorganisation geht von der Prämisse aus, daß eine „intakte" Familie eine Mindeststrukturierung von Vater, Mutter und Kind(ern) besitzt. Wo eines dieser Sturktuelemente auf Dauer fehlt - physisch nicht anwesend oder auch emotional entfernt -, dort kann die Familie ihre Aufgaben nicht erfüllen. Die Versuche, fehlende Strukturen zu ersetzen - etwa durch die Tatsache, daß die Mutter vorübergehend die Vaterrolle übernimmt oder umgekehrt -, ist meist nur eine Notlösung. Die strukturelle Desorganisation geht selten ohne funktionale Desorganisierung vor sich und stellt für die Sozialarbeit/Sozialpädagogik eine wachsende Herausforderung dar.

Drei Gruppen von Funktionen werden generell angemerkt: a) Die Funktion der Fortpflanzung (biophysische Reproduktion). Familie als Ort der Zeugung und Geburt sowie der Pflege und Betreuung der noch nicht erwachsenen Kinder. b) Die Funktion des eigenen Haushalts (ökonomische Funktion oder Reproduktion der Arbeitskraft), Familie als Ort der konsumtiven, aber eigenständigen Haushaltsführung sowie des gemeinsamen Lebens und Füreinandersorgens. c) Die Funktion der primären Sozialisation (Erziehung, soziale Reproduktion). Familie als Ort der Erziehung der Menschen, somit der Herausbildung der sozio-kulturellen Persönlichkeit.

Andere Einteilung der Funktionen: 1. Reproduktion der Arbeitskraft (Wiederherstellung und Befriedigung elementarer Bedürfnisse) 2. Reproduktion der zukünftigen Arbeitskraft (Erzeugung, Aufzucht, Sozialisation) 3. Reproduktion gesellschaftlicher Machtverhältnisse (Wiedererzeugung, soziale Plazierung und Internalisierung der Geschlechtsrollen).

Neuerdings taucht in der Fachliteratur der Ausdruck „emotionaler Spannungsausgleich" als Funktion immer öfter auf. Dies bedeutet, daß die Familie, die in der Öffentlichkeit fehlende Emotion und Intimität kompensatorisch erfüllen muß. Dies bedeutet wiederum eine Gefahr, da a) einerseits die Familie zunehmend isoliert und von der Öffentlichkeit ausgeschlossen wird, b) andererseits die Familie unter zuvielen Emotionen und Intimität leidet. Das kann den Ablösungsprozeß der heranwachsenden Kinder erschweren und die Scheidungshäufigkeit erhöhen. Die Beteiligten erwarten nämlich zuviel von der Familie und vom Ehepartner. Bei Nichterfüllung übersteigerter emotionaler und intimer Wünsche kann es schnell zum Bruch kommen.

Die Produktionsfunktion der Familie wird von einigen Autoren (BAHRDT, BIERMANN) heute differenzierter gesehen. Die meisten Güter werden zwar nicht mehr in der Kleinfamilie produziert, aber das Haushalten, Reparieren bis zum Hausbauen, Renovieren im Do-It-Yourself-Verfahren ist zunehmend mehr verbreitet (BAHRDT, 1973).

Die Familie besitzt noch zuletzt eine **Freizeitfunktion** - besonders wenn noch Kleinkinder vorhanden sind. Diese Freizeitgestaltung ist zwar heute ohne die Medien (Fernsehen) und ohne Automobil (Wochenendausflüge u.a.) nicht mehr vorstellbar, aber es bleibt noch genügend Zeit für die Familien für eine familieninterne Freizeitgestaltung. Familienfeiern (Geburtstag), aber auch religiöse Feiern (Weihnachten) spielen im familiären Gemeinschaftserlebnis eine sehr große Rolle.

Die **Plazierungsfunktion** war eine Folge der schichtenspezifischen Sozialisation. In den oberen und mittleren Schichten wurden Kinder in Berufe, die in ihren Familien oft traditionsmäßig ausgeübt wurden, sozusagen „sanft hineingezwungen". Dies geht von Mitarbeit im elterlichen Kleinbetrieb bis hin zu Übernahme der väterlichen Praxis. Im neuen Mittelstand wo der Beruf nicht erblich und von Kindern nicht internalisierbar ist, war die Berufswahl der Kinder freier. In den unteren Schichten - besonders in der klassischen Arbeiterklasse wurde der Beruf des Vaters tradiert - wurden Mädchen auf die Hausfrauenrolle vorbereitet.

In der heutigen Zeit der Arbeitslosigkeit und der beruflichen Flexibilität ist die Plazierungsfunktion der Familie problematischer geworden. Sie ist noch da und wirkt, hat aber durch den Schwund der elterlichen **Autorität** auch einen Großteil ihrer Effektivität eingebüßt.

Die familiären Funktionen sind selbst im Wandel. Man kann von **Funktionsverlust** oder Funktionsentlastung, aber auch von Funktionsgewinn oder **Funktionsfindung** sprechen. MITTERAUER sieht diese Entwicklung historisch in einer Art Akzentverschiebung. Die Kultfunktion (Ahnenkult, Hausaltar) übernimmt die Pfarrgemeinde, die Gerichtsfunktion (Pflicht der Blutrache) und die Schutzfunktion die Justiz und die Polizei. Die wirtschaftliche Funktion wird von Versorgungsbetrieb zu Erwerbsbetrieb, von Produktion zu Konsum umgewandelt. Die Sozialisationsfunktion der Familie wird großteils durch Schule und Kindergarten übernommen.(MITTERAUER, 1977)

In Anlehnung an Ergebnisse aus der Kleingruppenforschung von R. BALES sah T. PARSONS in der Familie ein **Vier-Funktionen-Muster**, wobei die Eltern in der vertikalen Dimension die „Führenden" und die Kinder die „Nachfolgenden" sind, in der horizontalen Dimension der Mann (Vater) die „instrumentale Funktion" (Zielerreichung, Sicherung, Anpassung nach außen) und die Frau (Mutter) die „expressive Funktion" (Spannungsausgleich, Solidarität nach innen) übernimmt. Diese Sichtweise von PARSONS wurde oft als antidemokratisch und autoritär kritisiert - und auch als der Realität (z.B. Einelternfamilien, Arbeitstätigkeit der Mutter) nicht Rechnung tragend.

Es gibt typische **Phasen** und verschiedene **Sphären** des familiären Lebens. Die Kleinfamilie ist kein Lebewesen, dennoch zeigt sie in ihrem

Verlauf gewisse Ähnlichkeiten mit dem Werden, Blühen, Fruchtbringen und Absterben eines Organismus.

Die besonderen Chancen, Spannungen und Belastungen der einzelnen Phasen werden bei der folgenden Darstellung idealtypisch herausgehoben. Zweifellos gibt es Abweichungen und ganz andere Verläufe. Dennoch können die folgenden **fünf Phasen** als strukturell unterschiedliche Ehe- und Familiensituationen angesehen werden (KÖNIG, 1974).

1. Die Entstehung der Paarbeziehung (Vorphase) (17 - 23 Jahre): Sichkennenlernen, erste Anpassung an den anderen Partner, Entwickeln von Vorstellungen über Ehe und Familie; Trennung und Aufhebung der **Paarbeziehung** noch ohne schwere Folgen, Eheversprechen und reale Vorbereitung für den gemeinsamen Hausstand.

2. Junge Ehe und Beginn der Familie (23 - 33 Jahre): erstes **Zusammenleben**, Intensivierung der Paarbeziehung, erste Ehekrisen; Ausweitung der Gemeinschaft durch Geburt der Kinder, steigende Kosten, Verringerung des Einkommens bei Aufgabe der Berufstätigkeit der Frau, beruflicher Aufstieg des Mannes, dadurch u.U. neue Belastung. In dieser Phase ist die Zahl der Scheidungen am größten; andererseits eine Zeit voller Hoffnung und Erwartung, besonders im Hinblick auf die Kinder.

3. Familie mit Kindern im Schulalter (33 - 45 Jahre): Höhepunkt hinsichtlich Aktivität, Expansion und **Eigendynamik** der Familie (Eltern wie Kinder); Steigerung des Einkommens in Mittelschichtfamilien nicht in demselben Maße wie bei Arbeitern. Wendepunkt im Dasein der Eltern: in der Regel Ende des beruflichen Aufstiegs beim Mann (nicht bei Unternehmern und Politikern), neue Berufstätigkeit der Frau; beginnende Sensibilität der Kinder (Pubertät), Schulschwierigkeiten, Berufswahl der Kinder, außerfamiliäre Kontakte derselben. Der zweite Teil dieser Phase kann als ein „vibrierender" bezeichnet werden, der neue Ehekrisen mit sich bringt.

4. Die Familie wird kleiner (45 - 60 Jahre): Diese Phase ist noch spannungsgeladen (Klimakterium der Frau, „Midlife-Crisis" des Mannes), tendiert aber zur **Konsolidierung**, Partnerwahl der Kinder, Erwachsenwerden: Abschluß der Ausbildung, erste Berufserfolge und Heirat, die nächste Generation meldet sich an. Neue Erwartungen an das Leben zu zweit.

5. Eheleute wieder allein (über 60 Jahren): Mit der ersten Phase trotz Ähnlichkeiten kaum vergleichbar, **neue Anpassung**, neue Zielsetzungen, Berufsbeendigung, Altersaktivitäten, Großelternfreuden, Bewältigung der Beschwerden des Altwerdens.

Bedeuten die Phasen einen Längsschnitt durch Ehe- und Familienleben, so wird mit der Analyse in verschiedenen Sphären ein Querschnitt gemacht. Die Sphären werden in der heutigen Fachliteratur oft teilweise auch als familiäre Subsysteme bezeichnet. In Anlehnung an D. CLAESSENS sind folgende **zwölf Sphären** in der gegenwärtigen Kleinfamilie zu unterscheiden (CLAESSENS, 1972).

1. Paarbeziehung der Ehepartner (Zuneigung, sexuell-erotischer Bereich, Eifersucht oder aber Gleichgültigkeit),

2. Beziehung Eltern - Kinder (Erziehung, Autorität und Gehorsam, Schulerfolge, Freunde),

3. Kinder untereinander (Rivalisieren, Über- und Unterordnung, Geschwisterliebe, Streitigkeiten),

4. Berufsphäre des Mannes (Einkommen, Schichtzugehörigkeit und Status der Familie),

5. Berufsphäre der Frau (eigenes Einkommen, neuer Bekanntenkreis, Prestige der Frau),

6. Die Sphäre des Haushalts und des Hauses (Wohnung, Budget, Mahlzeiten, Arbeiten im Hause und im Garten, Gemeinschafts- und Eigenräume),

7. Familie und Verwandtschaft (bilateral, selektiv, Besuche),

8. Familie und Nachbarschaft (distanziert oder selektiv, auch intensiv),

9. Familie und Verkehrskreis (Auswahl der Freunde, Vereinsmitgliedschaften),

10. Familie und Religion (Normen, Sinngebung des Daseins, Kirchenbesuch),

11. Familie und öffentlicher Raum (Partei, Gemeinde, Fernsehen, Zeitung),

12. Familie und Schule (auch Teil der Öffentlichkeit, Schulschwierigkeiten, aber auch Schulerfolge, Abschlüsse in Schul- und Berufsausbildung).

Die Vielzahl der Sphären läßt die Fülle des familiären Lebens erkennen. Im einzelnen zeigen die Bereiche einen spezifisch gearteten Charakter mit ganz bestimmten **Rollenerwartungen**, Normen und Traditionen. Die Verbindung der Sphären und der unmittelbare Wechsel von einer zur anderen machen u.a den Reiz des Familienlebens aus, bringen aber auch Anstrengung und Konflikte mit sich. So z.b. schon das Mit- und Gegeneinander der beiden ersten Sphären oder die Spannungen, die zwischen der 5. und 6. Sphäre bestehen. Die Sphären 7, 8, 9, können als komplementär (sich ergänzend) angesehen werden.

Zuletzt sollte die **zyklische Betrachtung** der Familie noch erwähnt werden. Sie ergänzt die Betrachtung über die familiären Phasen in einer epochalen Perspektive. Hier geht es um den zeitlich-evolutiven Aspekt der Familie. Er gehört einerseits zu Lebenslaufanalyse der familiären Realität heute; andererseits kann man durch die Beobachtung der Verschiebung und Änderung in den familiären Zyklen die gesamtgesellschaftliche Entwicklung auch gut nachvollziehen.

Die zyklische Betrachtung ist hilfreich sowohl für die **Familienpolitik** als auch für die **Sozialarbeit**. Im familiären Leben tauchen neue Problemfelder auf, die neue gesamtgesellschaftliche Lösungsversuche verlangen (z.b. das Problem der Alleinerziehenden, das Problem der Wiederverheirateten mit Kindern aus der früheren Ehe, die verwitweten Frauen usw.).

Der Familienzyklus sollte eigentlich mit der **Heirat** beginnen. Hier hat man schon die ersten Schwierigkeiten, denn die nichtverheiratet Zusammenlebenden - die etwa 10 Prozent der Heiratsfähigen ausmachen - gehören auch dazu.

Eine weitere Schwierigkeit liegt in der Tatsache, daß praktisch jede vierte **Ehe geschieden** wird und danach sehr oft eine Wiederverheiratung erfolgt. Familiäre Zyklen können also im Einzelfall vermehrt und gehäuft vorkommen.

Die **Geburtszeiten** sind auf höchstens sieben Jahre reduziert (bei Zweikinderfamilien) und der eigentliche Familienzyklus endet schon um die fünfzig Jahre bei den Eltern. Die Auflösung der Kernfamilie tritt ein, wenn das letzte Kind den elterlichen Haushalt verläßt. Eine gleichlange (20 Jahre) dauernde nachelterliche Phase kommt (Gattenfamilie), die meist in der Witwenschaft der Frau endet.

Der Familienzyklus wird also immer kürzer und die Ehen dauern immer länger. Dies ist eine Folge der demographischen Entwicklung, die zum nächsten Thema (Alterssoziologie) schon überleitet.

4.3 Grundrisse der Alterssoziologie

Die Erforschung des Alterns und der Alten ist an sich ein Thema der Philosophie, Psychologie und der Medizinwissenschaften. Aus diesen drei entstand die Gerontologie als die Lehre des Phänomens „Alter" im weitesten Sinne. Die **Sozialgerontologie** vermittelt wissenschaftlich prüfbare Kenntnisse über den alten Menschen in seiner sozialen Umgebung und wird oft als Oberbegriff der Alterssoziologie interpretiert. Psychologie und Soziologie haben relativ spät - um die fünfziger Jahre - die systematische Erforschung des Altersphänomens und die Altersproblematik aufgegriffen.

Es erfolgte zuerst eine statistische und literarische Bestandsaufnahme, die die **Sensibilisierung** und das Bewußtwerden in diesem Gebiet forderte. Der alte Mensch mit seinen Problemen wurde statistisch erfaßt, d.h. anhand der demographischen Berichte, Alterspyramiden und Trendmeldungen wurde darauf hingewiesen, daß es a) immer mehr alte Menschen in der modernen Gesellschaft gibt und b) die Menschen eine längere Lebenserwartung haben. Heute sind in der Bundesrepublik (ohne die neuen Bundesländer) knapp 20% der Bewohner älter als 60 Jahre. U. LEHR sieht darin ein Älterwerden eines Volkes (oder anders ausgedrückt die „Vergreisung der Gesellschaft")(LEHR, 1987).

Die soziale Realität muß die einseitige Jugendorientierung in Frage stellen. Verzerrende, **negative Darstellungen** und Defizit-Modelle in den Massenmedien, in der Politik und Medizin, ja sogar in den Statistiken, die die über 60jährigen als Restgruppe der Bevölkerung betrachten, müssen korrigiert werden. Das als Jahrhundert der Jugend angekündigte zwanzigste Jahrhundert ist wohl das der Alten geworden.

Schriftsteller wie Simone de BEAUVOIR und Jean AMERY beschrieben die Situation der alten Menschen, beginnend mit einer geschichtlichen **Schilderung** und einem interkulturellen Vergleich bis zu konkreten Forderungen, um das „Elend der alten Menschen" (Rudolf SCHENDA) zu verbessern (de BEAUVOIR, 1972 ; AMERY, 1987; SCHENDA, 1972).

Die Wissenschaft war zuerst konfrontiert mit zwei grundlegenden Fragen: a) Wie definiert man den alten Menschen und b) wann beginnt das Altern? Weder die eine noch die andere Frage ist bis heute eindeutig beantwortet. Das hieße nämlich, daß es individuelle und gesellschaftliche **Altersdefinition** gibt und feststeht, daß Altern zugleich ein individueller und ein gesellschaftlicher Prozeß ist.

In der Fachliteratur finden wir generell eine **Vierteilung** der Altersdefinition: a) das kalendarische oder chronologische Alter, b) das biologische Alter c) das psychologische Alter und d) das soziale Alter.

Eine differenzierte Betrachtung spricht sogar von **zwölf Altersvarianten.**

1. Kalendarisches Alter - die seit der Geburt vergangene Zeit.

2. Administratives Alter - Kategorisierung in Altersgruppen für Verwaltung, Statistik usw.

3. Biologisches Alter - der körperliche Zustand des Menschen aufgrund der biologischen Vorgänge von Wachstum, Reifung, Abbau und Verfall.

4. Rechtliches Alter - die dem (kalendarischen) Alter entsprechenden Rechte, Pflichten, Mündigkeiten.

5. Funktionales Alter - altersgemäße Funktionalität, Leistungsfähigkeit im Gesamt des sozialen Lebens, besonders des gesellschaftlichen Arbeitsteilungssystems.

6. Psychologisches Alter - das Verhältnis des Individuum zu sich selbst, die Selbstdeutung des eigenen Zustandes, sich „so alt" fühlen und entsprechend verhalten.

7. Soziales Alter - Übernahme der in der Gesellschaft altersspezifisch üblichen Rollen und Positionen.

8. Ethisches Alter - das altersgemäße, sittlich-verantwortliche Handeln aufgrund des ethischen Wertbewußtseins und ihm gemäßer Handlungsmuster.

9. Geistiges Alter - die geistige Aufnahme- und Lernfähigkeit bezüglich eigener Veränderungen, wie auch derer von Mit- und Umwelt, die kritische Auseinandersetzung damit sowie die Fähigkeit der angemessenen Verhaltensanpassung.

10. Religiöses Alter - altersgemäßer Glaube und Gottesbeziehung, die entsprechende Konsequenz für Wertorientierung und Lebensführung wie auch für Art und Intensität der Beteiligung am kirchlichen Leben.

11. Geschichtliches Alter - Geprägtsein durch zeitgeschichtliche Ereignisse in einem bestimmten Zeitabschnitt des eigenen Lebens (Jahrgangskohorte).

12. **Personales Alter** - Zusammenwirken und Integration aller Altersaspekte während des gesamten Lebens und des Alternsprozesses zur personalen und sozialen Identität (BUCHKA, 1991).

Wann ist der Mensch alt? Schon die Umgangsprache zeigt die **Unbestimmtheit des Alters** auf. Kinder sprechen von ihren Eltern als „den Alten" oder sie stellen sich vor, was sie alles tun werden, wenn sie erst einmal „alt" sind. Für den 20jährigen ist der 40jährige alt, für den 40jährigen der 60jährige: alt sind immer die noch älteren. Meist wird allerdings heute noch das Alter mit negativen Veränderungen in Verbindung gebracht und mit einer allmählichen Reduktion geistiger und körperlicher Fähigkeiten gleichgesetzt.

Die Alterssoziologie beschäftigt sich mit den sozialen Problemen der alten Menschen, mit der gesellschaftlichen Reaktion auf Altern und mit dem Verhältnis zwischen Generationen. Sie sollte Erkenntnisse sowohl zur Alterspolitik als auch zu der sozialen Arbeit mit alten Menschen liefern. **Alterssoziologie** ist eine der Wissenschaften vom Alter, die sich unter soziologischen Fragestellungen mit den Lebensformen und Lebensmöglichkeiten der Alten in der Gesellschaft beschäftigt.

Im Vordergrund der alterssoziologischen Fragestellungen und Untersuchungen stehen die Probleme des Kontaktverlustes zum Produktionsbereich, zum Familienzusammenhang und die theoretisch-empirische Untermauerung der sozialarbeiterischen Altenarbeit.

Das **Theoriegerüst** der Alterssoziologie ist relativ mager. Herauskristallisiert sind drei Richtungen:

1. Die Rückzugstheorie (Disengagement-Theorie) (CUMMING/ HENRY) besagt, daß der alte Mensch sich aus der Gesellschaft allmählich zurückzieht, Rollen aufgibt und sich gemäß der gesellschaftlichen Erwartungen passiv anpaßt. Die **Rückzugstheorie** setzt eine ideale Gleichgewichtslage voraus - die es natürlich nicht gibt. Die Gesellschaft und das alternde Individuum bereiten sich frühzeitig auf den letztlich unausweichlichen Rückzug vor. Da das Individuum einen baldigen Tod erwartet, werden in Erwartung dieser Situation, und um einem allzu abruptem Bruch zu entgehen, frühzeitig und allmählich Rollenbeziehungen eingeschränkt und abgebrochen. Damit soll eine Anpassung an die Fakten des Alters vorgenommen werden und somit ein soziales Gleichgewicht hergestellt werden. Gemäß dieser Theorie werden die Erwachsenen also dahingehend sozialisiert, die alten Rollen aufzugeben, ohne dabei neue, positiv definierte anzunehmen. Es werden zwar neue Rollen angenommen, aber keine, die po-

sitiv interpretierbar sind. So gibt es in der Tat kaum positive Verhaltenserwartungen, die mit dem Rentnerdasein verbunden sind. Die Rolle des **Rentners** ist kaum mit fest definierten Normen versehen, so daß dieser z.b. oft recht planlos kurzfristige Tätigkeiten ausüben kann, die in losem Zusammenhang mit den früheren Aktivitäten stehen(CUMMING/HENRY, 1961; ZIMMERMANN, 1977).

Kritik an der Disengagementtheorie: **Disengagement** ist als Variable zu verstehen und nicht als Konstante, d.h. Disengagement wird weitgehend von den betroffenen Personen selbst gesteuert. Für Menschen, die Zeit ihres Lebens ein hohes Aktivitätsniveau gehabt haben, gehört starke Aktivität auch zum erfolgreichen Altern. Andere dagegen, die sich eher passiv verhalten haben, wären damit auch im Alter zufrieden.

2. Die Aktivitätstheorie (HAVIGHURST, TARTLER) geht davon aus, daß die Zufriedenheit im Alter nur dann erreicht werden kann, wenn Verluste der Rollen und Kontakte und Funktionsverlust im Beruf durch neue, altersgerechte, positive **Aktivitäten** kompensiert werden. Dabei ist wichtig, daß es sich nicht um irgendwelche Aufgaben und Kontakte handelt, sondern möglichst um Beibehaltung des früheren Aktivitätsniveaus. Es sollen keine neuen Verhaltensweisen erlernt werden, was auch sicher eine Überforderung wäre, sondern der alte Mensch im Ruhestand könne sich vielmehr an dem Spielraum, der in seinem mittleren Lebensalter charakteristisch war, orientieren. Man orientiert sich hier an dem **Selbstbild** der Alten, indem man feststellt, daß jene alten Menschen am zufriedensten sind, die das Ausmaß ihrer Aktivitäten und Interaktionen frei wählen - dies ihrem Wunsch entsprechend und nicht notwendigerweise dem Wunsch der Leistungsgesellschaft entsprechend - und selbst bestimmen können (HAVIGHURST, 1948; TARTLER, 1961).

Kritik an der Aktivitätstheorie: Die Selbstbestimmung ist zu optimistisch gesehen. Es gibt sicherlich im Altersprozeß Phasen, in denen solcher **Optimismus** berechtigt ist, dagegen sicherlich auch Phasen (z.B. Krankheit, Partnerverlust), in denen die Aktivität nachläßt. Diese Theorie ist zu sehr berufsbezogen und hat den Familienzyklus wenig in Betracht gezogen.

3. Die Lerntheorie (U. LEHR, H. THOMAE), die sogenannte „Bonner Schule" hat durch Längsschnittuntersuchungen die **Lernfähigkeit** der alten Menschen bewiesen. Das Fazit der Bonner Längsschnittsuntersuchung über das Lernen im Alter kann in einigen Punkten zusammengefaßt werden (LEHR/THOMAE, 1972):

a) Bei Ausschalten des Zeitfaktors sind die **Lernleistungen** von Alten mit Jüngeren vergleichbar.

b) Der Intelligenzabbau ist individuell verschieden und hängt vom unterschiedlichen Bildungs- und Berufsniveau ab.

c) Der Lernprozeß der Alten ist störanfällig, längere Pausen sind notwendig.

d) Bei gleichem Ausgangsniveau erfolgt gleiche Leistung.

d) Es fehlt den Alten an einer bestimmten Lerntechnik, welche ihnen nie vermittelt worden ist.

e) Die Alten lernen leichter, wenn der Lernstoff überschaubar ist.

f) Trainings- und Motivationsfaktoren spielen eine Rolle.

g) Bei Älteren sind mehr Wiederholungen nötig.

Kritik an der Lerntheorie: Die Hypothese, nach der die alten Menschen nicht nur lernfähig, sondern auch lernwillig sind, ist wiederum zu optimistisch. Die Altersuniversitäten und Volkshochschulen erreichen nur eine geringe Prozentzahl der alten Menschen mit einer intellektuellen Einstellung, die sowohl finanziell als auch gesundheitlich in der Lage sind, die vielseitigen Angebote wahrzunehmen.

Neuere alterssoziologische Forschungen orientieren sich an den folgenden Fragestellungen: Alter und Bildung, Alter und Konsum, Sport, Alltag, Sexualität, Altenheim als Institution, Alter und Krankheit, Sterben und Tod. Hierbei stehen einige Theorieelemente im Vordergrund:

a) Die lebenszyklische Theorie. Hier geht es um die Aufzeichnung der generalisierten „Alterskarriere" mit Höhen und Tiefen. Einige Autoren meinen sogar, diese Ereignisse messen zu können mit einer „Streßskala" (z.B.Tod des Partners 100 Punkte, Auszug aus der Wohnung 40 Punkte usw.) (KOCH-STRAUBE, 1973).

b) Die Kohortenanalyse. Kollektiverlebnisse der Geburtenjahrgänge werden unter die Lupe genommen, um herauszufinden, welche Ereignisse die Lebensgeschichte der Gruppen prägten, wie diese verarbeitet wurden (z.B. Weltkriege, Krisenjahre) und welche Traumata- oder Glücksperioden das Altersverhalten weitgehend beeinflußten.

c) Analyse der Altersrollen. Hier unterscheidet man zwischen herkömmlichen, tradierten, und neueren Rollengefügen und hebt deren Bedeutung für die Gesellschaft hervor. Meist wird eine Negativbilanz der alterspezifischen Rollenkonstellation festgestellt.

d) Austauschtheorie. Die jungen und alten Generationen bieten sich gegenseitig Dienste, Leistungen materieller und immaterieller Art. Dieser Austausch wirkt stabilisierend für soziale Beziehungen auf gesamtgesellschaftlicher Ebene und fördert die Solidarität zwischen Generationen.

e) Randgruppentheorien. Dieser radikale Ansatz betrachtet die alten Menschen generell als Angehörige einer benachteiligten Randgruppe. Realistischer ist es, Teilgruppen der alten Generation (Verwitwete, Sozialhilfeempfänger usw.) als Konstituenten sozialer Problemgruppen an sozialen Brennpunkten zu analysieren, um dort die Einleitung sozialarbeiterischer Hilfsmaßnahmen zu gewährleisten.

Außer den Theorie- und Forschungsrichtungen gibt es noch eine Fülle soziologischer Probleme, die praktisch in jedem Buch über alte Menschen obligatorisch behandelt werden. Die meisten Autoren erwähnen den epochalen Wandel, der mit der Industrialisierung und mit der institutionellen Krise der Familie entstanden ist.

Die Vorbereitung auf das Alter ist eine Kernproblematik der Untersuchungen. Praktisch jeder betont die Wichtigkeit einer frühzeitigen Vorbereitung - aber außer lebenspraktischen Ratschlagskatalogen und vagen Vorstellungen gibt es kaum konkrete Vorstellung darüber, wie so eine Vorbereitung organisiert und institutionalisiert werden sollte. Am brauchbarsten sind die konkreten Ratschläge auf dem Bereich der gesunden Ernährung, der Bewegung („wer rastet, der rostet") und die in punkto Geselligkeit.

Eine gewisse Unsicherheit spiegelt sich wider in der Debatte über die sogenannten Altersrollen. Selbst die Annahme, daß es spezielle Rollenbilder für Alte gebe, scheint für einige Autoren schon diskriminierend. Eine scharfe Trennung zwischen Altersrollen und Erwachsenenrollen würde eine zunehmende Benachteiligung der alten Menschen nur noch verstärken. Der einzige mit Übereinstimmung behandelte Bereich ist der der sogenannten lebenszyklischen-biologischen Altersrollen oder familiären Rollen. Die Großelternrollen sind relativ klar definiert. Uneinigkeit besteht weiterhin über die „Rolle eines Pensionierten" oder die Rolle der verwitweten alten Frau.

Vor 1900 war die Familie eine ökonomische Einheit mehrerer zusammenlebender Generationen. Hier wurde das Prestige der Eltern an die Kinder weitergegeben. In der **agrarischen Großfamilie** hatten die alten Menschen ihren festen Platz; die hierarchische Gestaltung sicherte ihnen Ansehen, das Erbrecht sicherte Macht und ihr Können und Wissen trug zum Prestige bei.

Nach 1900 und bis 1945 war die vorherrschende Familienform in unseren Gesellschaften die **verkleinerte Familie**, in der das Zusammenleben mehrerer Generationen nur für die wirtschaftlichen Funktionen in unteren Schichten eine Rolle spielte. Die Kinder wurden genau wie die Alten nicht notwendigerweise als Positivum betrachtet. Die von der Industrialisierung und Verstädterung verursachte Trennung Wohnort - Arbeitsplatz gab an die alten Mitglieder der Familie neue, minderwertige Funktionen. Ihr Prestige, Macht und Ansehen begann zu sinken. Die zwei Weltkriege schafften noch zusätzlich einen Frauenüberschuß - die Alten der Familie wurden allmählich Klienten der Sozialfürsorge.

Die Trennung der Haushalte in den **Drei-Generationen-Familien** geht voran. Die Scheidungen und Wiederheiratungen komplizieren die juristische, wirtschaftliche und emotionale Lage der Kernfamilie. Es erfolgt die Reduzierung der Drei-Generationen-Haushalte auf die Kernfamilie von zwei Generationen. Für die gewonnene „Unabhängigkeit" von der elterlichen Kontrolle bezahlt die Kernfamilie mit der **Doppelbelastung** der Frau und mit der Zunahme von unvollständigen Familien. Sie entstehen entweder durch Scheidung oder Zerrüttung. Bei den Alleinerziehenden wird der fehlende Elternteil nicht durch die eigenen Eltern ersetzt. Die alten Familienmitglieder sind auf einer „Warteliste" und werden abgerufen, wenn sie gewisse Dienste für die Jüngeren leisten sollen (Baby-sitting, Hilfe bei schwerer finanzieller Lage, Krankheit der Mutter usw.). Die meisten alten Menschen übernahmen kritiklos diese **Statuszuweisung** (Opa- und Oma-Rollen), da dies die einzige Möglichkeit war, ihr Können und Wissen noch zur Geltung zu bringen.

Das Familienleben im hohen Alter kann aber nicht nur auf das schon traditionelle Großelternklischee reduziert werden. Die getrennten Familienhaushalte ermöglichen die von den Alten und Jungen bejahte „**Intimität auf Distanz**". Diese bedeutet Kontakte ohne Einmischung (ROSENMAYR/ROSENMAYR, 1978).

Das **Getrenntleben** hat Vorteile: a) materielle Unabhängigkeit von Kindern, Enkelkindern bzw. von Eltern und Schwiegereltern, b) die alternden Ehepartner können erneut eine Gattenfamilie bilden („zweite Flitterwochen") c) statt nur emotional-autoritärer Einheit der Familie gibt es jetzt auch funktional-rationellen Zusammenhalt. Die Mehrgene-rationenfamilie wird neugeformt; man kann von einer modifizierten erweiterten Familie sprechen.

Man kann sogar behaupten, daß die Erreichung eines höheren Lebensalters bei breiten Schichten der Bevölkerung die Entstehung der **Vier-Generationen-Familie** in getrennten Haushalten verursacht. Für die dritte Generation (d.h. junge, aktive Großeltern noch vor der Pensionierung) kann dies eine Mehrbelastung bzw. eine Rollenvermehrung bedeuten. Die Sorge für die eigenen Kinder, für die Enkelkinder und die Sorge und die Betreuung der eigenen Eltern ist ein charakteristisches Merkmal dieser dritten Generation. Es gibt mittlerweile eine Koexistenz zweier Generationen im Rentenalter in der gleichen Familie: die 80jährige Witwe, ihre 60jährige, ebenso verwitwete Tochter, die 40jährige Enkelin, die für Mutter und Großmutter aufzukommen hat, gleichzeitig aber für ihre z.T. noch heranwachsenden Kinder und ihr soeben geborenes Enkelkind zu sorgen hat.

In der letzten Zeit ist viel über die „neuen Alten" geschrieben worden. Es sind die gesunden, jüngeren Alten, Männer und Frauen, die sich neue Rollen und ein neues Image schaffen, weitab von den Klischees der Gesellschaft. Die **„neuen Alten"** sind selbstbewußter, anspruchsvoller, politikfähiger und auf vielen Gebieten beschlagener als ihre Vorgänger. Sie entdecken ihren spezifischen Daseinssinn, ihre eigene Mündigkeit und werden dafür sorgen, daß sie angemessen leben, mitreden, wirken, wohnen - eben Anteil nehmen können. Der alte, aber sehr bewegungsreiche, aktive Mensch wirkt jung.

Um schichtenspezifische und altersbedingte Ungleichheiten in der Gesellschaft abzubauen, bietet sich die **Bildung** als eine Möglichkeit der Abhilfe. Wissen ist das beste Mittel, um Unterprivilegierungen zu bekämpfen. Die beste Altershilfe ist die Hebung des allgemeinen Bildungsniveaus. Bildung soll mehr sein als Beschäftigungstherapie und soll zum Nutzen des Einzelnen und der Gesellschaft beitragen. Es ist daher notwendig, die Bildungsangebote für alte Menschen zu überprüfen und zu aktualisieren. Inhalt und Ziel der Bildung sollte sein: Versäumtes nachholen, Vorhandenes reaktivieren und schließlich neue Bedürfnisse wecken. Das Konzept des **lebenslangen Lernens** - im Gegensatz zu lebenslangem Leisten und Produzieren - ist verwirklichbar. Ein konkretes, qualifiziertes und modernes

Bildungsangebot ist das der Altersuniversität oder von Kursen und Vorlesungen für lernbereite alte Menschen an Hochschulen.

Für die Sozialarbeit ist die Unterscheidung zwischen gesunden und **pflegebedürftigten Alten** wichtig. Der Wunsch, soziale Arbeit mit gesunden alten Menschen zu praktizieren, geht oft nicht in Erfüllung. Die Altenheime sind immer mehr Pflegeheime und dort ist das Grundprinzip der Sozialarbeit - Hilfe zur Selbsthilfe - schwer zu verwirklichen.

Man kann zwischen Altenfrage und Altenpolitik unterscheiden. Beide sind für die Sozialarbeit sehr wichtig. Idealziel der **Altenpolitik** ist wohlgemerkt eine Politik für den Alten und mit den Alten. Aufgabe einer Politik für alte Menschen ist es, Altern als mehrdimensionales Schicksal zu sehen und endlich zu begreifen, daß Altern nicht nur biologisch bedingt ist und somit allein durch Maßnahmen der Medizin zu beeinflussen ist. Für eine gelungene Alterspolitik müssen interdisziplinär Psychologen, Mediziner, Soziologen, Politikwissenschaftler, Ökonomen, aber auch Architekten, Städtebauer und Theologen zusammenarbeiten (LEHR, 1983).

Es gibt gewisse Ähnlichkeiten zwischen der „sozialen Frage" und der „**Altenfrage**". Die Formulierung „Frage" deutet auf eine von oben gesteuerte „Antwort", d.h. die Lösung in einem paternalistisch-wohltäterischen Sinn hin. Die soziale Frage - die zu Beginn des zwanzigsten Jahrhunderts in den kapitalistischen Ländern mit der Arbeiterfrage gleichgestellt wurde - war als eine vom System des Privatkapitalismus bedingte Frage hingestellt, worauf die Antwort von Seiten des Staates (bzw. der Kirche) gefunden werden konnte. So ging es auch mit der Altenfrage, die etwa als Folge der demographischen Gleichgewichtsstörung zum Bereich der privaten bzw. öffentlichen Fürsorge klassiert wurde. Alter, Krankheit und Armut als Synonyme beherrschten die Gedankenwelt der Sozialplaner, die die Altenfrage für die Betroffenen durch humanistisch-reformistische Verbesserung zu lösen glaubten.

Die Entwicklung der sozialen Wissenschaften und sozialarbeiterischen Praktiken hat diese Auffassung völlig verändert. Die Altenfrage wurde als ein für die moderne Wohlstandsgesellschaft **spezifisches Problem** entdeckt und nach dem Prinzip der „Hilfe zur Selbsthilfe" zu lösen versucht. Man könnte die **Altenfrage heute** - stark pauschalisiert - nach Schichten, Geschlecht und Generation differenzieren.

A) Schichtenspezifisch: Grundschichten: Pensions- und Rentenfrage; Mittelschichten: Freizeitgestaltung; Obere Schichten: Erbschaftsfragen.

B) **Geschlechtsspezifisch:** bei Männer die Fortsetzung der Berufstätigkeit oder deren angemessene Kompensation - bei Frauen die Überwindung der Vereinsamung und der Familienprobleme.

C) **Generationsspezifisch:** Unterschiede zwischen „Notstandsalten" und „Wohlstandsalten" bzw. „neue Alten".

Die Lösung der Altenfrage fordert eine gesamtgesellschaftliche **Solidarität**, die in der früheren „sozialen Frage" durch die soziale Gesetzgebung, durch die Gewerkschaften und durch die Arbeiterparteien geschaffen wurde.

Mit Inkrafttreten des **BSHG** am 30.6.1961 wurde erstmals die Gruppe der alten Menschen als besonders hilfsbedürftig herausgestellt (§ 75). Die Tatsache des Altwerdens rückt sie automatisch in die Nähe derer, die aus eigenen Kräften „nicht oder nicht ausreichend" für sich sorgen können (§ 11).

Altenhilfe soll die Schwierigkeiten, die durch das Alter entstehen, verhindern und mildern helfen und den älteren Menschen die Möglichkeit erhalten, am Leben in der Gemeinschaft teilzunehmen.

Als **Maßnahmen** der Altenhilfe sind vor allem vorgesehen: Hilfe zur Vorbereitung auf das Alter, Hilfe bei der Beschaffung und Erhaltung einer altersgerechten Wohnung oder bei der Aufnahme in ein Altenheim, Hilfe zum Besuch von Veranstaltungen geselliger oder kultureller Art, zur Erhaltung der Verbindung mit nahestehenden Menschen oder zu einer von älteren Menschen gewünschten Betätigung.

Der Stellenwert der Altenhilfe ist gestiegen. Aus einer Kann-Vorschrift wurde eine Soll-Vorschrift. Das Gesetz hat an Verbindlichkeit gewonnen. Es gibt **vier Altenhilfeleistungen**, die verschiedentlich kombiniert angeboten werden können:

1. **Wohnen** (selbständiges Wohnen, Altenwohnungen, Altenwohnheime, Altenheime),

2. **Freizeitgestaltung** (Erholung, Sport, Geselligkeit und Kontaktpflege, Feste, kulturelle und religiöse Veranstaltungen, Film, Fernsehen, Zeitungen, Rundfunk, Möglichkeiten der Hobbypflege),

3. **Lebenshilfe** (Beratung - persönlich, brieflich, telephonisch, - technische Hilfen, Abholdienste, Einkaufshilfen, Wäschedienst, Essen auf Rädern, mitmenschliche Teilnahme, Besuchsdienste, Vorlesedienste, Seelsorge).

4. medizinische, paramedizinische und pflegerische **Versorgung** (stationär, teilstationär, ambulant). Diese können Maßnahmen (Prophylaxe, Diagnose) oder Therapien (medikamentöse, physikalische, psychische, aktivierende Pflege und Nachsorge) umfassen.

Die generationsübergreifende **Wohngemeinschaft** sowie die politische Selbstbestimmung der Alten (Graue Panther) berührt nur eine winzige Minderheit der engagierten alten Menschen. Dagegen ist die Gruppenbildung der Alten eine Forderung des modernen Lebens, und wird zunehmend praktiziert, weil die Bewältigung der sozialen Probleme in der Gruppe besser gelingt als dem Einzelkämpfer.

Die Bereitschaft, **Gruppen** zu bilden, ist in jedem Alter vorhanden, nur die Motivationen sind unterschiedlich. Bei den Alten treten zwei Motive besonders hervor: a) Lustorientierung - hier geht es um Freizeitgestaltung, Hobbies, Reisen b) Nützlichkeitsorientierung - hier handelt es sich um Interessengruppen, Fort- und Weiterbildung usw.

Die Gruppe kann für den Alten eine letzte Möglichkeit der personellen Entfaltung und **Selbstverwirklichung** darstellen. Sie kann Hilfsmittel sein, um das soziale Verhalten zu verändern und zu verbessern. Hier sei die Gruppentherapie erwähnt. Sie kann Unterstützung durch Gleichartige bringen, neue Freundschaften schaffen, neue Identitäts- und Zugehörigkeitsgefühle fördern und kann schließlich die Entwicklung neuer Verhaltensmuster beschleunigen.

Wesentliche **Aufgabe der Gruppe von Alten** ist die Befriedigung der Bedürfnisse. Nach L.LOWY sind das folgende: nützlicher Dienst für die Gesellschaft; als Teil der Gemeinschaft angesehen werden; die Freizeit ausfüllen; sich der Kameradschaft erfreuen; als Individuum angesehen werden; eine Möglichkeit der Selbstdarstellung; gesundheitlicher Schutz und Vorsorge; geistige Anregungen bekommen; Bedürfnisse im Bereich des Wohnens und der Familie befriedigen und schließlich - eine seelische Befriedigung finden (LOWY, 1971).

In der Bundesrepublik und im westlichen Europa leben etwa 3% der Alten in Altenheimen. Sie sind „totale Institutionen" insofern, als dort einerseits neue soziale Rollen erlernt werden müssen, andererseits den Heiminsassen ein neuer Status zugewiesen wird. **Totale Institution** ist das Altenheim auch deswegen, weil dort der Mensch in seiner Gesamtheit 24 Stunden am Tag von der Institution abhängig ist. Die totale Institution bedeutet eine Beschränkung der Freiheit - ein im Prinzip freiwilliger Verzicht auf die Freiheit der Person zum Wohle der Person. Vergleiche mit

Kasernen, Waisenhäusern oder sogar mit Gefängnissen werden oft zitiert - aber das Altenheim unterscheidet sich von den anderen durch das Personal, durch die Zeitgestaltung und durch die spezifischen Strukturen der Pflege, Versorgung und Ernährung.

Das „Image" des Altenheimes im Kollektivbewußtsein ist nicht sehr positiv. Die Berichte der Medien über das **Altenheim** sind oft tendenziös und verstärken das Negativbild. In Wahrheit ist das Altenheim besser als sein Ruf. Soziologisch gesehen sollte seine Organisation und Institution den Alten aus der Isolierung heraushelfen, eine neue Geborgenheit und Sicherheit anbieten und nicht eine Ghettosituation schaffen.

Die ambulante Altenhilfe und Altenarbeit sollten in den Altenklubs und Altentagesstätten stattfinden. Die **Altentagesstätten** sind aus der Beschäftigungsidee und aus der Idee der sinnvollen Freizeitgestaltung für alte Menschen entsprungen. Die Träger bestimmen ihr Programm, Mitgliederzahl und Orientierung.

Pauschal formuliert spitzt sich die Problematik der alten Menschen zu auf die sehr alten, armen, alleinstehenden, kranken **Frauen**, die statistisch eine wachsende Bedeutung haben. Mit dem Begriff „Feminisierung des Alters" wird das auch in Zukunft bestehenbleibende Ungleichgewicht der Geschlechterverteilung in der Altenpopulation bezeichnet. 1990 kamen auf 100 ältere Männer 200 ältere Frauen und unter 5 über 75jährigen älteren Menschen befand sich nur ein Mann. Soziale **Folgen** sind daraus:

1. Die Verwitwung ist das Schicksal der Frauen im Alter.

2. Sie bilden einen hohen Anteil der wachsenden Zahl der Ein-Personen-Haushalte.

3. Frauen sind eher - weil chronisch krank und pflegebedürftig im hohen Alter - Heimbewohner.

4. Bei Frauen nimmt die soziale Isolierung zu.

5. Sie wohnen, weil sie niedrige Einkommen haben, oft in schlechten Verhältnissen und sind auf ambulante Hilfe angewiesen (KÜHN in BIERMANN, 1992, 125).

4.4 Theorien abweichenden Verhaltens

Abweichendes Verhalten ist ein **Zentralthema** der Soziologie, und es gibt vielleicht kein anderes Gebiet dieser Wissenschaft, wo wir es mit einer derartigen Fülle von Theorien zu tun haben. Diese **Theorievielfalt** ist auch ein Zeichen der andauernden Suche nach einer Erklärung des menschlichen, gesellschaftlichen Verhaltens und Handelns.

Im weitesten Sinne des Ausdrucks gibt es Abweichungen in jedem Gebiet des menschlichen Zusammenlebens, indem es Regeln und Normen gibt - so in Kunst, Politik, Wirtschaft usw.

Die Abweichung im Bereich der Kunst ist eine Sache der Mode und des Geschmacks. Die interpretative Kunst ist eher normkonform - dagegen ist die kreative Kunst eher abweichend. Es ist die Aufgabe der **Kunst**, immer neue Ausdrucksformen der Kreativität zu suchen und dadurch von früheren, festgefahrenen Kunstformen abzuweichen. Die einzig mögliche negative Sanktionierung der Kunstprodukte ist die Nichtakzeptierung.

Die politische Abweichung in einer pluralistisch demokratischen Gesellschaft ist eigentlich kein Thema. Politische Meinungs- und Aktionsvielfalt wird durch den Parlamentarismus und durch das Grundgesetz geregelt. Legale **Opposition** ist zwar immer eine Abweichung von den Normen der durch die freien Wahlen bekräftigten Mehrheitsregierung, aber sie (die Opposition) ist generell bei entscheidenden Fragen in den politischen Willensbildungsprozeß einbezogen (Zweidrittelmehrheit bei wichtigen Entscheidungen). Nur die Wahlen sanktionieren die abweichende Opposition.

Wir können weiterhin die ökonomischen und die psycho-sozialen Abweichungen noch erwähnen, wobei auch immer von den gültigen, mehrheitlich schon geprüften und akzeptierten Werten und Normen Abstand genommen wird.

Die **soziale Abweichung** manifestiert sich im Bereich der Beziehungen, Interaktionen, im Verhalten und in der Stellung des Individuums oder der Gruppe zu den geltenden Regeln, Normen und Vorschriften in der Gesellschaft.

Hauptfragen sind: Warum verhalten sich Menschen abweichend und wie definiert die Gesellschaft das abweichende Verhalten? Statt Ursachenforschung zu betreiben, d.h. statt eine direkte Kausalität zu suchen, plädieren die Autoren zunehmend für eine Kettenkausalität oder Kreiskausalität.

Vor der Beantwortung dieser Fragen sind wir öfters mit zwei Vorurteilen oder Vereinfachungen konfrontiert: 1) Abweichung ist immer negativ, 2) Abweichung ist gleich Kriminalität.

Zu 1): **Abweichung** gibt es, weil es Normen gibt, die das Verhalten steuern sollen. Diese Normen können erfüllt werden (Konformismus) oder übererfüllt werden – mehr und besser tun als die Normen es verlangen – oder auch nicht erfüllt werden – viel weniger und schlechter tun als die Normen es vorschreiben. In diesem Sinne sind Kriminelle wie Heilige genauso Abweichler wie Helden oder Feiglinge. Nach unserer Erfahrung sind „negative Abweichler" auffälliger und schädlicher für die Gesellschaft – deswegen neigen wir dazu, sie (negativ) zu sanktionieren. Positive Abweichler sind selten „positiv sanktioniert" (Auszeichnung, Lob usw.).

Zu 2): Wir vergessen allzu oft, daß wir alle in gewissem Sinne Abweichler sind. Eine hundertprozentige Erfüllung der Normen ist meistens nicht möglich, aber auch nicht nötig; weil die meisten Verhaltensnormen eine Toleranzgrenze beinhalten. Sie stellen ein relativ breites Verhaltensspektrum dar, in dem uns die Gesellschaft gerade noch als „Normerfüller" betrachten kann. Nur strafrechtlich relevante Abweichungsarten führen zu **Kriminalität**. Bei anderen noch tolerierten Abweichungen besonders in einer pluralistischen Gesellschaft gelten noch Mechanismen der sozialen Kontrolle, die oft wirksamer sind als die direkte Bestrafung.

Beispiel: Abstrakter Wert ist Leben, konkrete Normen sind die Maßnahmen der Erhaltung des Lebens. Der negative Abweichler ist der Selbstmörder, aber auch der Drogenabhängige oder alle anderen, die ihrer Gesundheit bewußt Schaden zufügen. Positive Abweichler sind die Gesundheitsfanatiker, Sportler, aber auch Jogger oder alle anderen, die ihre Gesundheit über das Maß erhalten wollen.

Soziale Abweichung ist also immer eine als **Problem** definierte (motivierte) Abbiegung von einer zentralen Wert- und Normenskala der Beziehungen, Interaktionen, Handlungen und Unterlassungen.

Es gibt abweichendes Verhalten, weil es abstrakte **Werte** gibt, die durch konkrete Normen das Verhalten der Gesellschaftsmitglieder steuern können. Die abstrakten Werte, wie z.B. Freiheit, sind leicht manipulierbar und können demagogisch ausgelegt werden. Es sind oft Symbole (Nationalfahne, Rotes Kreuz), die eine Idee für alle repräsentieren, und es gibt Erwartungen, diesen Ideen zu entsprechen. Meist sind die **Normen** durch Organisationen und Institutionen kodifiziert, d.h. die Gesellschaft verleiht den aufgestellten Normen einen Sinn. Durch die Sozialisation und Enkulturation sind die gesellschaftlichen Normen internalisiert.

Man kann die Normen in persönliche Normen, in Gruppennormen und in gesellschaftliche Normen aufteilen. Die **Gruppennormen** geben meist die konkretere Wertorientierung in konkreten Situationen an. Das konkrete individuelle Verhalten ist immer motiviert (Motivationshilfen werden von Normen gegeben) und spiegelt sich in bestimmten Situationen wider. Werte, Normen, Motive aber auch Charakterzüge, und Situationen gehören also zum Verhalten und zu den von Verhalten geleiteten Handlungen.

Es gilt, Abweichung und Nonkonformismus auf der Ebene der sozialen Handlungen abzugrenzen. **Nonkonformismus** ist die Abweichungsart, die sozusagen auch vom Normsetzer und Sinndeuter heimlich „gewünscht" wird. Nonkonformismus beinhaltet Kritik an gesellschaftlichen Zuständen und einen Willen zum Andersdenken, zu Alternativlösungen und auch zur Opposition.

Nonkonformismus ist eine in abweichendem Verhalten und in kritischen Meinungskundgebungen zum Ausdruck kommende, ablehnende bzw. negative Haltung und Einstellung gegenüber sozial anerkannten und verpflichtenden Werten, Normen und Verhaltensmustern. Nonkonformismus kann auf einem grundsätzlichen weltanschaulichen **Dissens**, auf überzeugter und durchdachter Ablehnung der für gesellschaftliche Ziele allgemein als legitim und funktional eingeschätzten Mittel oder auf prinzipieller Gegnerschaft gegen die allgemein anerkannten Mittel und Ziele eines gesellschaftlichen Zweckverbandes oder einer Kultur beruhen (HARTFIEL, 1976).

Gesellschaftspolitisch gilt der Nonkonformismus als Bildungs- und Erziehungsideal gegenüber Gefahren übermäßiger Anpassung und Internalisierung.

Der Nonkonformismus ist also ein Verhalten, das eigentlich in jeder Gesellschaft, in der es Normen gibt, vorkommen kann. Er ist in bestimmten historischen Situationen in bestimmten Gesellschaften nur zum Teil in die soziologische Kategorie des abweichenden **Verhaltens** einzuordnen, da eine mehrheitlich „negative bzw. ablehnende Haltung" gegenüber Normen, Werten und Verhaltensmustern, die von einer Minderheit oder von außen her verlangt werden, nicht mehr als soziale Abweichung bezeichnet werden kann. Man könnte in diesem Fall zwischen „offiziell verpflichtender" und „tatsächlich praktizierter" Norm unterscheiden. Wenn die gesellschaftlich angestrebten Ziele durch legitime Mittel nicht erreicht werden können und die Mitglieder der Gesellschaft andere, nichtlegitime Mittel zur Erreichung des Zieles benutzen, dann entsteht Abweichung von „offiziellen" Normen. Wenn keine Instanz oder Institution diese Art Abweichung zu sanktionieren bereit ist, dazu nicht fähig oder nicht in der Lage ist, dann können wir uns erlauben, von einem gesamtgesellschaftlichen Nonkonformismus zu sprechen. Die Beibehaltung der „offiziellen" Ziele (Werte und Normen) trotz Mangel oder Fehlen der dazu vorgesehenen legitimen Mittel ist also eine gewollte Täuschung, die nur durch eine absolutistische Ideologie proklamiert werden kann und durch Propaganda erreicht wird. Dies war der Fall in den ehemaligen sozialistischen Ländern und in der Sowjetunion (BANGO, 1984).

Soziale Abweichung bedeutet immer eine Zuspitzung eines (oder mehrerer) sozialen Problems. Die Definition sozialer Probleme, die heute wohl noch am ehesten allgemeine Übereinstimmung erzielen könnte, beinhaltet eine objektive, eine subjektive, eine rollenspezifische und eine deprivationsorientierte Komponente. In diesem Sinne ist ein **soziales Problem** ein Zustand, der von einer bedeutsamen Anzahl von Personen als eine Abweichung von irgendeiner sozialen Norm definiert wird, die sie teilen. Jedes soziale Problem setzt sich also zusammen aus einem objektiven Zustand und einer subjektiven Situation. Der objektive Zustand ist eine verifizierbare Situation, die bezüglich ihrer Existenz und ihres Umfanges von einem unparteiischen und geschulten Beobachter identifiziert werden kann. Die subjektive Situation ist die Erkenntnis bestimmter Individuen, daß der Zustand eine Bedrohung von bestimmten akzeptierten Werten ist (FULLER/MYERS, 1941).

Die objektive Seite sozialer Probleme sollte als Mängellage, die für das Lebensschicksal von Personen zentral ist, zu begreifen sein. Mängel besteht für solche Personen hinsichtlich der Chancen, erfolgreich um seltene Güter (Einkommen, Prestige) konkurrieren zu können.

Zur weiteren Präzisierung kann Robert MERTONs Konzept des Rollen-Sets herangezogen werden. Danach hat jedes Mitglied der Gesellschaft eine Vielzahl von einzelnen Rollen inne. In dem Maße nun, in dem das Individuum nicht in der Lage ist, **zentrale Rollen** auszuüben, befindet es sich in einer deprivierten Situation. Zentral ist die Berufsrolle und, im Bereich des Freizeitverhaltens, die Kommunikationsfähigkeit innerhalb der eigenen Bezugsgruppe.

Ein soziales Problem liegt also vor, wenn eine objektive Deprivation konstatierbar ist, d.h. wo eine für das Lebensschicksal einer Person zentrale Mängellage besteht, die Berufs- und/oder Kommunikationschancen dieser Person wesentlich beeinträchtigt (MERTON, 1968).

Soziale Probleme verursachen soziale Abweichungen auf **drei Ebenen**. Auf der Ebene der Kultur (soziale Normen) entstehen Sozialisationsstörungen. Hier ist die Sozialpädagogik gefragt, um Hilfe zu leisten. Auf der Ebene der Gesellschaft (gesellschaftliche Situationen) entsteht soziale Ungleichheit. Diese Ungleichheit abzumildern ist Aufgabe der Sozialpolitik. Auf der personellen Ebene (personelle Motive) ist abweichendes Verhalten an sich ein soziales Problem und hier sollte die Sozialarbeit helfend eingreifen.

Die drei Ebenen vermischen sich im konkreten abweichenden Verhalten und kristallisieren sich heraus in Problembereichen wie Alkoholismus, Behinderung, Kriminalität, Selbsttötung, Drogenkonsum, Kindesmißhandlung oder Nichtseßhaftigkeit.

Abweichendes Verhalten als Prozeß wurde ausführlich durch Talcott PARSONS interpretiert. Er stellt in seiner Typologie fest, daß sich das ambivalente Verhalten des Abweichlers im zwanghaften Festhalten an oder in einem ebenso zwanghaften Entfernen von den Verhaltensnormen artikuliert. Das Verhalten kann gegen die Norm oder gegen die Interaktionspartner gerichtet sein. Sodann unterscheidet er danach, ob das Verhalten aktiv oder passiv orientiert ist (PARSONS, 1968).

Die ältere Ursachenforschung (Warum gibt es abweichendes bzw. kriminelles Verhalten?) beschäftigte sich wohlgemerkt schon mit ätiologischen Fragen und hob schon die Rolle der sozialen Bedingungen hervor. Nachdem die biologisch-anthropologische Determiniertheit gewisser Menschen und Gruppen für Abweichung und Kriminalität generell abgelehnt wird und die These, nach der die biologischen Faktoren das individuelle Verhalten generell determinieren, widerlegt wurde, hat sie nur noch in pathologischen Situationen eine gewisse Gültigkeit, z.B. bei Triebtätern (C. LOMBROSO).

Man könnte grosso modo drei ausschlaggebende Theorierichtungen aufstellen: a) Anomietheorien (E. DURKHEIM, R. MERTON und seine Interpreten), b) Subkulturtheorien (CLOWARD, OHLIN, THRASHER, SUTHERLAND, COHEN, MILLER u.a.) und c) neuere Abweichungsforschung mit Stigmatisierungstheorien (labeling approach, Reaktionsansatz, Etikettierungsansatz, Definitionsansatz von LEMERT, SACK, BECKER u.a.)

A. Die Anomietheorien

Emile DURKHEIM stellt in seinen „Regeln der soziologischen Methode" (1895) schon fest: 1) Immer wenn soziales Verhalten als geregeltes Verhalten verstanden wird, ist die Möglichkeit des abweichenden Verhaltens gegeben. 2) Die Formen der Anomie sind durch den vorherrschenden sozialen Typ (Struktur) und seinen Entwicklungsstand bedingt. Seine Anomietheorie wird zuerst in der Diskussion über Normal und Anormal auftauchen. Mit der ketzerischen These: Kriminalität ist normal - bedauerlich aber unvermeidlich, wollte er für das Thema Abweichung einen besonderen Akzent setzen. Der absolute Konformismus wurde dadurch angeprangert, die moralisierenden Werturteile durch eine positive Messung ersetzt - aber die negativen sozialen Handlungen keineswegs entschuldigt. Anomie ist nicht das abweichende Verhalten, sondern sein plötzlicher, sprungfertiger Anstieg. Sein Absinken ist auch nicht immer ein Zeichen der sozialen Ordnung - vielmehr sollte es als Störung im sozialen Gleichgewicht gedeutet werden (DURKHEIM, 1960).

Später, in seinem Buch über den Selbstmord, präzisiert er den Anomiebegriff als Zustand der Normlosigkeit, die soziale und personale Desorganisation und Demoralisation verursacht (DURKHEIM, 1967).

Robert MERTON verwendet die Anomietheorie von E. DURKHEIM zur Erklärung der Abweichung und Verwahrlosung. Seine These: Abweichendes Verhalten entsteht, wenn zwei kulturelle Grundmuster in Widerspruch zueinander geraten, wenn die kulturell definierten Ziele und Normen der Gesellschaft und die gesellschaftlich akzeptierten Wege zur Erreichung dieser Ziele differieren. Es ist nach MERTON die Diskrepanz zwischen kulturellen Normen und Zielen einerseits und den sozial strukturierten Möglichkeiten, in Übereinstimmung hiermit zu handeln, andererseits, die das abweichende Verhalten entstehen läßt.

Typologie der Arten individueller Anpassung an Normen einer bestimmten Gesellschaft (MERTON in SACK/KÖNIG, 1968):

Anpassung (Verhalten)	Kulturelle Ziele (Erwartung)	Institutionelle Mittel (Kontrolle)
1. Konformismus	+	+
2. Innovation	+	-
3. Ritualismus	-	+
4. Rückzug	-	-
5. Rebellion	+/-	+/-

(+ = Akzeptierung, - = Weigerung, +/- = Weigerung/Ersetzung)

Diese wohlbekannte Tabelle erklärt genau das konforme Verhalten und die Möglichkeiten abweichenden Verhaltens. 1) Konformismus. Bei der Bejahung der Ziele und Mittel gibt es keine Abweichung. 2) Innovation. Bejahung der Ziele (z.B. Prestige), aber Ablehnung der legitimen Mittel. Diese abweichende Reaktion wird durch die Knappheit der Mittel (Arbeitsplätze, Bildungschancen) provoziert (Eigentumsdelikte, Betrüger, Fälscher). 3) Ritualismus. Ziele werden weitgehend aufgegeben, Mittel bejaht, z.B. zur Wahrung des Prestiges, (z.B. Konfirmation trotz religiöser Indifferenz). Diese Abweichungen sind gesellschaftlich oft unproblematisch und die Sanktionsbereitschaft ist gering (Bürokraten). 4) Rückzug (Abenteurer, Vagabunden, Aussteiger, Alkoholiker, Drogensüchtige). Durch Aufgabe sowohl der gesellschaftlichen Ziele als auch der Mittel verzichten sie auf mögliche Belohnung. Die Konflikt- und Problemlösung ist die Flucht. 5) Rebellion. Auch dieser Typ hat sich von den gesellschaftlichen Zielen und Mittel entfremdet, aber er zielt aktiv und intentional auf Wandel ab. Rebellen fühlen sich ihrer alten Gesellschaft nicht mehr verpflichtet und versuchen, sowohl Ziele als auch die Mittel durch neue normative Strukturen auszutauschen.

Als Kritik wurde vermerkt: Wer bestimmt die kulturellen Ziele einer Gesellschaft (Elite, Partei)? Sind die institutionellen Mittel immer vorhanden bzw. ist der Zugang zu diesen Mitteln für jedermann gesichert?

B. Die Subkulturtheorien

Die Subkulturtheorien setzen an diesem Punkt an: das Nichtvorhandensein der institutionellen Mittel ist in Subkulturen, in den Randgruppen der Gesellschaft, am deutlichsten festzustellen. Hier wird soziale Abweichung öfter und anders als in der Gesamtkultur in rechtsbrecherisches, kriminelles Verhalten umschlagen.

Die Subkulturtheorien haben die Tendenz, abweichendes Verhalten als ausgesprochen kriminelles Verhalten einzustufen, bzw. sie fokussieren ihr Interesse auf die Abweichung krimineller Art.

Aus dieser Perspektive ist eine Dreiteilung in Täter, Tat und Opfer sinnvoll. Mit den Tätern beschäftigt sich die Kriminologie, mit der Tat die Deliktologie und die Opfer sind Gegenstand der Viktimologie. Die Subkulturtheorien sind sehr stark täterorientiert - für die „klassische Schule" (BECCARIA, BENTHAM) der Kriminologie steht nicht der Täter, sondern die Tat im Mittelpunkt.

Der multifaktorielle Ansatz ist nur bedingt zu der subkulturellen Schule zu zählen. Hier wird bewußt eine Abkehr von monokausalen Erklärungen praktiziert. Das Ehepaar GLUECK beschreibt 67 Persönlichkeitsmerkmale und 42 soziokulturelle Faktoren. So wenig theoretische Fundierung dabei ist, so sehr wird dieser Ansatz in der Praxis bedeutungsvoll. Bei Prognosen und Rückfallkriminalität bewahrheiten sich die Aussagen der multifaktoriellen Schule. Fazit: Individuelle Elemente werden durch die soziale Dimension erweitert. Mehrere Faktoren fungieren als unabhängige Variablen (GLUECK, 1963). In der sozialarbeiterischen Praxis gilt auch für die Anamnese des abweichenden bzw. kriminellen Verhaltens (besonders Jugendkriminalität) die Mehrfaktorenanalyse.

Als „kriminologisches Gesetz" im oben genannten Sinne steht die Formel von MEZGER:

KrT = ae P x pt U

(KrT = kriminelle Tat, P = Persönlichkeit, U = Umwelt, a = Anlage, e = Entwicklung, p = persönlichkeitsgestaltende Faktoren, t = tatgestaltende Faktoren (KURZEJA, 1973).

Psychologische und psychotechnische Theorien, ausgehend von der FREUDschen Psychoanalyse (Sublimierung, Verdrängung, Rationalisierung, Reaktionsbildung sowie Analyse der Schuldgefühle), bezeugen, daß die **psychologischen Erklärungsansätze** individualistisch und täterorientiert sind.

Die soziologischen (soziogenetischen) Erklärungsversuche sind durch einen Pragmatismus geprägt, sind ätiologisch sowie mikro- und makrosoziologisch orientiert. Soziale **Bedingungen** beeinflussen sehr stark die Abweichung und die Kriminalität. Die Verantwortung der Gesellschaft wird in den Vordergrund gestellt.

Die eigentlichen Subkulturtheorien können nach LAMNEK in zwei große Gruppen eingeteilt werden: 1) die autochtonen Subkulturen und 2) die jugendlichen Bandensubkulturen (LAMNEK, 1979).

1) Die autochtonen Subkulturen.

Hier ist vor allem die Theorie der „**Kristallisationspunkte**" von MILLER erwähnenswert. Diese sind gleichzeitig Merkmale der jugendlichen Bandenkulturen, obwohl sie ursprünglich als Merkmale der Unterschichtskultur gedacht sind. Die **sechs Punkte** sind: a) Trouble (Konflikt): Verwicklung mit Behörden der Mittelschichtsgesellschaft, b) Toughness

(Tapferkeit, Härte): Suche nach Männlichkeit, c) Smartness (geistige Wendigkeit, Schlauheit): In Spiel, Betrug, Schimpfen, verbalem Geschick (Slang), d) Excitement (Abenteuersuche): Sie ist ein regelmäßiges Bedürfnis, e) Fate (Glück): Glauben an unkontrollierbare Kräfte und g) Autonomy (frei sein, Eigenwilligkeit): Ablehnung von Abhängigkeit, Selbstgenügsamkeit (MILLER, 1968).

Die These der „Subkultur der Gewalt" von FERRACUTI stellt **Gewalt** als Verhaltenserwartung in bestimmten Situationen, als Teil des Lebensstils der Subkultur und als Gruppenziel legitimierter Problemlösungsmöglichkeit dar.

2) Die jugendlichen Bandensubkulturen.

a) Die Untersuchungen von THRASHER in den dreißiger Jahre in den USA beschreiben die **Gang** als Zwischengruppen für männliche Unterschichtsjugendliche in Großstädten, die die Möglichkeit bieten, anderweitig nicht erfüllbare Gemeinschaftsbedürfnisse zu befriedigen. Die Merkmale: spontane Entstehung - face to face-Kontakte - wechselseitige Stimulation und Reaktion - Betonung von Aktivität und Konflikt - Entwicklung von gemeinsamen Codes, Normen, Werten - ungeplante Organisation - Bindung an ein Territorium - Entwicklungsprozeß. Seine **Typologie** lautet: 1) die diffuse Gang, 2) die gefestigte Gang, 3) die konventionelle Gang, 4) die kriminelle Gang, und weitere Gangs von Jugendlichen, Kindern und Erwachsenen (THRASHER, 1936).

b) WHYTE untersuchte in seiner klassischen Studie („Street Corner Society" 1943) die Aktivitäten als teilnehmender Beobachter einer **Erwachsenengang.**

c) COHEN sieht in der **Subkultur** eine kollektive Reaktion auf Anpassungsprobleme. Er untersuchte die sogenannten „Basis-Subkulturen", in denen Devianz als irrationale Reaktion auf Status und Anpassungsprobleme als negative, bösartige, autonome und vielseitige Erscheinung vorhanden war. Die **Basis-Subkulturen** verleihen ihren Mitgliedern einen Status, sie können Aggressionen rechtfertigen und können Angst und Schuldgefühle vermindern. Er stellte **sechs Typen** von Basis-Subkulturen dar: 1) männliche Basis-Subkultur, 2) konfliktorientierte Subkultur, 3) Subkultur der Rauschgiftsüchtigen, 4) halbprofessioneller Diebstahl, 5) delinquente Mittelklasse-Subkultur, 6) weibliche delinquente Subkulturen (COHEN, 1961).

d) YABLONSKIs Konzept der „Near-Group" beschreibt die gewalttätige Gang als **Zwischengruppe**, als soziales Gebilde zwischen der amorphen Menge oder dem Mob und der Verbrechergruppe. Ihre Funktionen sind unklar und variabel, sie schafft Möglichkeiten, Feindseligkeit und Aggression auszudrücken, sie ist ein Ersatz für sozial benachteiligte Jugendliche, die aufgrund von Sozialisationsdefiziten unfähig sind, den Anforderungen „richtiger" Gruppen zu genügen (YABLONSKY, 1973). Es scheint, daß dieses Modell für die heutigen rechtsextremistischen Jugend-Quasi-Gruppen gut anwendbar ist.

e) Die von SHORT und STRODTBECK vertretene These der **sozialen Unfähigkeit** könnte man (nach LAMNEK) wie folgt formulieren: Unterschichtsjugendliche erlernen infolge von Sozialisationsdefiziten nur ein beschränktes Ausmaß an Rollenverhalten; dies verursacht das Unvermögen, sich an die Variabilität der Situationen und Rollenerwartungen anzupassen; das wiederum führt zu sozialer Unsicherheit. Die Unsicherheit wird in den Banden reduziert, nach außen getragen und dadurch kompensiert (SHORT/STRODTBECK, 1965).

f) Die Theorie der **differentiellen Gelegenheiten** von CLOWARD und OHLIN ist eher eine Beschreibung. Hierbei werden aufgrund gesellschaftlicher Verhältnisse drei verschiedene Arten jugendlicher Gangbildung mit abweichendem Verhalten unterschieden. Im Falle der **kriminellen Gang** besteht stark das Vorbild älterer Bewohner des Bezirks. Hier lernen also die Jugendlichen zu stehlen - das vorrangige Ziel ist die Einkommensverbesserung. Im Falle der **Konflikte** herrscht Desintegration vor. Die Anwendung von Gewalt ist das primäre Mittel, sozialen Status zu gewinnen und Versagen auf anderen Gebieten (insbesondere in der Schule) zu kompensieren. Im Falle des **Rückzugs** wird durch Einnehmen von Rauschgift ein Ausweg aus einem doppelten Mißerfolg gesucht: Diese Jugendlichen haben weder mit legitimen noch mit kriminellen Mitteln ihre Ziele erreichen können (CLOWARD/OHLIN, 1960).

g) Die Techniken der Neutralisierung von SYKES und MATZA. Die These der beiden Autoren lautet: Delinquenz tritt bei Jugendlichen auf, wenn sie Formeln der Rechtfertigung gelernt haben, wodurch ihr Handeln als nicht so schlimm, unvermeidlich und notwendig hingestellt wird, gewissermaßen neutralisiert wird. Es wurden fünf solcher **Neutralisierungstechniken** beschrieben: 1) Ablehnung der Verantwortung: Man betrachtet sich nicht für die Tat verantwortlich, die schlechte Erziehung z.B. sei Schuld (Spielball der Umstände). 2) Verneinung des Unrechts: Es sei überhaupt kein strafbares Delikt (Tat nicht unmoralisch, kein Schaden entstanden). 3) Ablehnung des Opfers: Das Opfer habe die Bestrafung verdient (Das Opfer ist minderwertig). 4) Verdammung der Verdammenden: Die Polizei wolle ihnen bewußt etwas anhängen (Polizei als Heuchler dargestellt, Machtinteresse stehen im Hintergrund). 5) Berufung auf höhere Instanzen: Es gebe ein ungeschriebenes Gesetz, das ihr Handeln rechtfertige (Verpflichtung) (SYKES/MATZA, 1968).

h) Die kulturelle Übermittlung krimineller Verhaltensmuster wurde durch SUTHERLAND und CRESSEY zu einer Theorie der **differentiellen Kontakte** (Assoziation oder Lernen) ausgebaut. Hier wird versucht, die Frage zu beantworten: Wann wird jemand delinquent? Die Antwort der Theorie: Eine Person wird delinquent, wenn Einstellungen, die Gesetzesverletzungen begünstigen, gegenüber Einstellungen, die Gesetzesverletzungen negativ bewerten, überwiegen.

Sie besteht aus **neun Thesen** : 1) Kriminelles Verhalten ist nicht anlagebedingt oder vererbt, sondern erfordert entsprechende Übung. 2) Es wird in Interaktion mit anderen Personen in einem Kommunikationsprozeß erlernt. 3) Es wird hauptsächlich in intimen, persönlichen Gruppen gelernt. 4) Das Erlernen krimineller Verhaltensweisen schließt das Lernen der Techniken zur Ausführung des Verbrechens sowie die Einstellungen, Motive und Rationalisierung ein. 5) Die spezifische Richtung von Motiven und Einstellungen wird erlernt, indem Gesetze positiv oder negativ definiert werden. 6) Hauptthese: Eine Person wird delinquent, wenn die positiven Definitionen von Gesetzesverstößen gegenüber den negativen (die solche als unerlaubt oder unvorteilhaft erscheinen lassen) überwiegen. 7) Die differentiellen Kontakte variieren nach Häufigkeit, Dauer, Priorität und Intensität. Wenn diese Faktoren exakt gemessen werden könnten, wäre eine Voraussage möglich. 8) Kriminelles Verhalten wird genauso gelernt wie jedes andere Verhalten. 9) Kriminelles Verhalten ist Ausdruck genereller Bedürfnisse und Werte (Geld, Wohlstand) (SUTHERLAND/ CRESSEY, 1955).

C) Die neuere Abweichungsforschung (labeling approach)

Die **neuere Abweichungsforschung** stellt eine andere Frage: Warum werden Menschen von anderen als abweichend angesehen? Diese Theorierichtung hat mehrere Namen: Etikettierungsansatz, Zuschreibung, Definitionsansatz, Reaktionsansatz usw. Hauptthese: Abweichendes Verhalten wird von der Gesellschaft bzw. von einer Definitionsmacht (Justiz, Polizei) festgestellt und für bestimmte Gruppen der Gesellschaft angewendet. Wichtigste Vertreter dieser Schule sind BECKER (Normsetzung, Normanwendung), LEMERT (Stigmatisierung und sekundäre Devianz), SACK (radikale These des „labeling approach") und QUENSEL (abweichende Karriere).

Daß ohne Richter, Beamte und Polizei keine Gesetze durchgesetzt werden, ist eine bekannte Tatsache; daß diese Amtspersonen und ihre Institutionen aber den Prozeß der Kriminalisierung bewirken und durch ihre Tätigkeit ein abweichendes Verhalten erst hervorrufen und verstärken, ist ein völlig neuer Aspekt. Man nennt diesen neuen Ansatz „labeling approach", weil dem Straftäter gewissermaßen ein label, ein „Etikett" aufgeklebt wird, daher auch **Etikettierung** oder Stigmatisierung genannt (der Straftäter wird gezeichnet). Da es sich um die Reaktion auf ein Handeln der amtlichen Organe handelt, spricht man auch von Reaktionsansatz.

Das Thema, das diese Forscher mehr oder minder stark eint, ist ihr Interesse an dem **Prozeß**, in dem Menschen zu Außenseitern werden, und der Frage, welche Rolle dabei die Personen und Institutionen spielen, die diese Abweichung mit bewirken.

Auch im deutschen Sprachbereich wurde das „labeling approach" rezipiert, hier zuerst von Fritz SACK (SACK, 1972). Er weist auf die Tatsache hin, daß die Gesellschaft einen beträchtlichen Rechtsapparat in finanzieller, personeller und institutioneller Hinsicht aufwendet, der die Frage zu entscheiden hat, welches konkrete Verhalten als delinquent oder kriminell zu gelten hat. In diesen Prozeß spielten die Motivationen, Interessen und Verhaltensweisen einer Reihe von Personen und Institutionen hinein, die im Dunkeln blieben.

Gegenüber jenen Theorien, die die Ursachen für abweichendes Verhalten in dem abweichenden Individuum selbst oder in sozialen Faktoren annehmen, meint H. BECKER, daß gesellschaftliche Gruppen abweichendes Verhalten dadurch schaffen, daß sie Regeln aufstellen, deren Verletzung abweichendes Verhalten konstituiert, und daß sie diese **Regeln** auf bestimmte Menschen anwenden, die sie zu Außenseitern abstempeln. Von diesem Standpunkt aus sei abweichendes Verhalten keine Qualität der Handlung, die eine Person begeht, sondern vielmehr eine Konsequenz der Anwendung von Regeln durch andere und Sanktionen gegenüber einem „Missetäter". Verkürzt könnte man sagen, die Polizei, die Richter und Gefängnisaufseher produzieren den „Bestraften" und machen ihn zum „Kriminellen". Verdächtigung, Verurteilung, Bestrafung und Isolierung rufen erst die ablehnende Haltung der übrigen Mitglieder der Gesellschaft hervor und initiieren den Prozeß der Transformation des Individuums (BECKER,

1973). Dieses nennt E.H. LEMERT „sekundäre Abweichung". Bei diesem Zuschreiben des kriminellen Status, der immer eine Degradierung bedeutet, erfolgt eine Bevorzugung der Angehörigen **unterer Sozialschichten**, was deren Überrepräsentation in der Kriminalstatistik auf ganz neue Weise erklärt (LEMERT, 1975).

Als Beweis dafür, daß auch in mittleren und oberen Schichten kriminelle Handlungen vorzufinden sind, werden einige Umfragen angeführt, die auf eine hohe **Dunkelziffer** in diesen Schichten schließen lassen. Doch wird die Beweiskraft der Ergebnisse wiederum angezweifelt.

In der Aufstellung von Regeln sieht H. BECKER auch eine **Machtfrage**, die wirtschaftlich und politisch bedingt sei. Eine universelle Anerkennung von Regeln gebe es nicht. Diese Behauptung wird am Beispiel des Marihuana-Verbots erläutert. Zugleich beschreibt er den Prozeß der Entstehung abweichenden Verhaltens am Beispiel des Marihuana-Rauchers. Eine ähnliche Beschreibung finden wir bei D. MATZA. Sie betont bei der Erlernung der Technik des Rauchens und der schrittweisen Veränderung des Bewußtseins besonders die subjektive **Mitwirkung**. Es handelt sich also nicht um einen automatischen und völlig von außen determinierten Prozeß. Abweichende Personen können bewußt versuchen, Beobachter oder andere Außenseiter irrezuführen (Prostituierte erzählen ihren Klienten gewöhnlich traurige Geschichten). Bei dem Transformationsprozeß spricht man auch von einer „kriminellen" oder „abweichenden Karriere", was per definitionem Lernprozesse und Eigeninitiative beinhaltet (QUENSEL, 1970).

Das „labeling approach" hat viel Staub aufgewirbelt, Zustimmung und Ablehnung hervorgerufen. K.D. OPP spricht von einer „radikalen" und „liberalen" Richtung. Die erstere will andere Ursachen der Entstehung von Kriminalität nicht mehr behandeln. Sie hat dann Schwierigkeiten z.B. mit den **Triebtätern**, da es hier eine genetisch bedingte Verursachung gibt. Die letztere Richtung akzeptiert auch andere Ursachen. Die Einsicht in die Stigmatisierung des Bestraften und die daraus entstehende Devianz ist jedoch eine wesentliche Bereicherung der Erkenntnis über abweichendes Verhalten und der Kriminalität im besonderen (OPP, 1974).

Sie eröffnet darüber hinaus den Blick für Stigmatisierungsprozesse, die viel früher ansetzen und späteres Kriminellwerden mitbedingen. Hierzu zählen insbesondere die **Abstempelung**, welche die Schule bewirkt, indem sie Noten gibt, Schüler nicht versetzt und ihnen den erstrebten Schulabschluß nicht zuerkennt, außerdem jene gravierende Stigmatisierung, die mit der Einweisung in ein Erziehungsheim erfolgt. Man kann also sagen, daß die „abweichende Karriere" häufig schon im Kindesalter beginnt.

Als typische Stationen einer solcher „**Laufbahn**" können aufgeführt werden: Schulschwierigkeiten, Verheimlichung der schlechten Leistungen vor den Eltern, Schuleschwänzen, Nichtversetzung, Auseinandersetzung im Elternhaus, erneutes Versagen, vermehrtes Schuleschwänzen, erste Ladenhausdiebstähle, Absonderung von anderen Schülern, häufige Kontakte mit anderen Schuleschwänzern, weitere Diebstähle (Fahrzeuge, Einbruch), Anzeige, Verdächtigung, Verurteilung vor dem Jugendgericht.

4.5 Exkurs: Randgruppensoziologie

Die Randgruppen der Gesellschaft bilden das sowohl klassische als auch aktuelle **Tätigkeitsfeld** der Sozialarbeit. Dort befinden sich Gruppen, Familien und Einzelne in sichtbarer und meßbarer Not, sei es aus eigener Schuld oder aus Situationen heraus, für die sie nicht oder nur teilweise verantwortlich sind.

Es ist logisch, daß Hilfe dort ansetzt, wo Not ist, wo soziale Probleme vermehrt vorhanden sind (Brennpunkte). Die meisten Methoden der Sozialarbeit, egal aus welcher Warte sie das Problem fokussieren, zielen auf die **Randgruppen** im allgemeinen oder selektiert auf bestimmte Randgruppen mit bestimmten, ganz spezifischen Problemen, Krisen oder Lebenslagen.

Die Randgruppen sind **Bevölkerungsgruppen**, die aufgrund bestimmter Merkmale diskriminiert sind und nur geringe Chancen besitzen, ihre Bedürfnisse und Interessen in dieser Gesellschaft durchzusetzen. Sie haben kaum Einfluß auf gesellschaftliche Entscheidungsprozesse und sind von starken Ohnmachtserfahrungen bestimmt. Sie entstehen vor allem in Gesellschaften mit starken Ungleichheiten und Leistungszwängen. Randgruppen haben dann eine Sündenbock- und Disziplinierungsfunktion: Wer keine Miete zahlt, muß ins Obdachlosenasyl. Damit ist auch ihre gesellschaftliche Funktion umrissen. Sie dienen der Systemstabilisierung, indem sie ein Sammelbecken der Abweichenden und Ausgegliederten darstellen, durch ihre Stigmatisierung abschrecken und damit die Wichtigkeit von Normkonformität unterstreichen. Existenz, Quantität und Situation von Randgruppen lassen Rückschlüsse auf den Zustand einer Gesellschaft zu. Sie sind eine permanente Herausforderung für das sozial- und rechtsstaatliche Selbstverständnis (IBEN, 1986).

In sozialarbeiterischen Kreisen besteht in bezug auf die Randgruppen eine Tendenz zu Verallgemeinerung und **Generalisierung** einerseits, zu Einschränkung und **Selektierung** andererseits. Viele Praktiker der Sozialarbeit - besonders die politisch engagierten - weiten den Begriff Randgruppe auf breite Bevölkerungsschichten aus, bei denen sie eine Diskriminierung oder Benachteiligung entdecken.

So spricht man über die Alten und Frauen generell, als wären sie Randgruppen. Der **Minderheitenaspekt** wird außer acht gelassen. Andererseits werden bei den hochspezialisierten Praktikern genau im Gegenteil die zahlenmäßig kleinen Gruppen mit hohem Auffälligkeitspotential dramatisch dargestellt und mit großem Aufwand „betreut". Hier wird die Minderheitenaspekt überbetont.

Bei der einen Tendenz werden die so definierten Randgruppen majorisiert und politisch radikalisiert - wie es z.B. bei den Homosexuellen der Fall ist. Bei der anderen Tendenz lauert die Gefahr der starken **Minorisierung** - die so definierten Randgruppen werden immer kleiner, zersplittert und als Selbsthilfegruppen bekommen sie einen beinahe privilegierten Charakter.

Es fehlt noch eine eigene ausgearbeitete Theorie der Randgruppen, die die ganze Problematik ins richtige Licht stellen könnte. Es werden gewöhnlich **Theorieteile** aus anderen Bereichen (z.B. Kriminalitätstheorien, Theorien abweichenden Verhaltens, Vorurteilstheorien, Anomie-Theorien, Subkulturtheorien) für die Randgruppenanalysen verwendet. Sie erfassen natürlich nur einen Teil der sozialen Realität der Randgruppen und nur eine Kombination der Theorieteile ermöglicht eine annähernd gültige Aussage für die sozialarbeiterische Praxis.

Wir wählen im folgenden fünf solche Theorieteile aus der soziologischen Literatur mit kurzen punktuellen Grundaussagen aus:

1. Anomietheorie. Die von DURKHEIM und MERTON formulierte klassische Theorie bezeichnet zuerst einen gesellschaftlichen Zustand der **Normlosigkeit**, die als Folge der rapiden Arbeitsteilung (Modernisierung) und der unendlich wachsenden materiellen Bedürfnisse (Wohlstand) entsteht. In einer Wohlstandsgesellschaft sind die schwächeren Mitglieder

dem durch den schnellen Normenwechsel entstandenen Leistungsdruck und der Bedürfnissteigerung nicht gewachsen. Für sie ist der Zusammenbruch der alten kulturellen Ordnung (zweite Formulierung der Anomiethese) ein lebensbedrohendes **Anpassungsproblem** geworden. Sie erleben, mehr als die Mehrheit der Gesellschaft, am eigenen Leibe, was Diskrepanz zwischen Ziel und Mittel bedeutet.

In der MERTONschen Tabelle sind sie die „Rückzügler", die weder das Ziel noch die Mittel bejahen können. Wenn sie „Erneuerer" sind, d.h. die Ziele bejahen, aber die Mittel verneinen – dann sind sie oft in devianten Szenen zu finden. Schließlich könnte man einen geringen Teil der Randgruppen als „Rebellen" kategorisieren, indem sie neue Ziele verfolgen und neue Mittel erfinden. Der Begriff **Anomia** bedeutet für sie einen psychischen Zustand der Einsamkeit, Isoliertheit, Macht- und Hilflosigkeit.

2. Abweichungs- und Devianztheorien. Hier wird zuerst auf den Normenbegriff zurückgegriffen. **Randgruppennormen** sind vor allem Verhaltens- und Handlungsnormen mit pragmatischer Orientierung und mit Nichtbeachtung der allgemeinen, zentralen moralischen Werte. Sie dienen dem Zurechtfinden in der eigenen Gruppe und haben einen eher passiven Charakter. Auf jeden Fall ist eine Nichtübereinstimmung mit den für die Mehrheit geltenden Normen festzustellen. Die Theorie des „labeling approach", insbesondere die Aussagen über die sekundäre Devianz, gewinnen Gültigkeit in diesem Fall. Die Folge ist eine zunehmende **Kriminalisierung** der Randgruppen – besonders wenn sie sozial nicht „pflegeleicht" sind.

3. Stigmatisierungstheorie. Fast alle Randgruppen tragen ein Stigma, ein zugeschriebenes, negatives Attribut, das sie wohl von der Mehrheit und dem Zentrum unterscheiden soll. Diese negativen Merkmale dienen praktisch als Warnsignal für die Gesamtgesellschaft: hier soll man aufpassen, vermeiden, isolieren, segregieren. Dies kann wohlgemerkt auch mit guten Absichten vonstatten gehen; klar identifizierte Randgruppen können besser betreut und ihnen kann besser geholfen werden. In gewissem Sinne trägt auch die Sozialarbeit zur **Stigmatisierung** bei. Die aktenmäßig administrative Erfassung der Randgruppen erleichtert die professionelle Hilfe. Das Dilemma der „Klientisierung" zeigt seine Wirkung, verunsichert die Fachleute und bestätigt die repressive Sozialpolitik.

4. Vorurteilstheorie. Vorurteil ist eine ablehnende oder feindselige Haltung gegen eine Person, die zu einer Gruppe gehört, einfach deswegen, weil sie zu dieser Gruppe gehört und deshalb dieselben zu beanstandenden

Eigenschaften haben soll, die man dieser Gruppe zuschreibt. Man spricht von **Vorurteilen**, wenn sachlich inadäquate, pauschale Meinungen durch hinzukommende Informationen kaum geändert werden und das Individuum strikt bei seinem alten Urteil bleibt. Die Vorurteilstheorie spricht von Erklärungsversuchen, die entweder historisch, situationsbedingt, psychologisch, phänomenologisch oder reiztheoretisch sind. Ganz in der Nähe der Vorurteilstheorie befindet sich die **Sündenbocktheorie**, wo die Aggression nicht auf die eigentliche Frustrationsquelle gerichtet werden kann; deshalb wird die aggressive Intention auf ausgesuchte Sündenböcke verschoben.

5. Die Subkulturtheorien. Subkultur ist die abweichende Kultur einer Teilgruppe der Gesellschaft. Das Spektrum der **Subkultur** reicht von der Modifikation der Gesamtkultur bis zur aggressiven (kriminellen) Gegenposition. Die in der Peripherie sich befindenden Randgruppen müssen eine eigene Kultur ausarbeiten, die sich an anderen peripheren Kulturen orientiert, da das Zentrum räumlich fern, wirtschaftlich unerreichbar und moralisch fremd ist. Referenzkulturen sind imitierbar, erreichbar und moralisch akzeptabel. So werden z.B. bestimmte periphere Kulturgüter aus der amerikanischen Kultur und Zivilisation in den Randgruppen mehr Anziehungskraft haben als zentrale nationale Kulturgüter.

FÜRSTENBERG stellte sich die Frage: Wie entstehen die Randgruppen? Die Nichtanerkennung bzw. Ablehnung der Kultur der Kerngesellschaft läßt die sozialen Randgruppen (marginal groups) entstehen und dafür gibt es mindestens **vier Gründe**: 1) Die Sozialisation war unwirksam bzw. mißlungen und dies führte zu Integrationsstörungen. 2) Es folgte der Abbau der soziokulturellen Persönlichkeit. 3) Die Werte und Normen veränderten sich infolge des sozialen Wandels und der Mobilität. 4) Dies hatte zur Folge, daß Kulturkontakte entstanden, die das Wertesystem relativierten oder fragwürdig machten (FÜRSTENBERG, 1965).

Auch die soziologische Systemtheorie sieht in der Randgruppe eigentlich nur eine funktionale Minorität zur Systemstabilisierung. Dies ist vielleicht nur eine Frage des Akzentsetzens. Die Differenz System und Umwelt schafft eine Systemgrenze, was eigentlich nur besagt, wo das System aufhört und wo die Umwelt beginnt bzw. welche gegenseitige Beeinflussung oder Interaktion es zwischen System und Umwelt gibt. Die an der Grenze liegenden Systemteile können theoretisch die Differenz betonen und dadurch zur Eigenständigkeit und Stabilisierung des Systems beitragen.

Mit der Bildung der Subsysteme innerhalb eines gesellschaftlichen Systems sind wir der Lösung schon ein Stück näher gerückt - allerdings

4.5 Exkurs: Randgruppensoziologie 137

nicht genug, um brauchbare Aussagen über die Randgruppen zu machen. Wenn Randgruppen Subsysteme sind, dann kann man ihre tatsächliche Benachteiligung und Diskriminierung nicht verstehen. Subsysteme haben nämlich alle eine spezifische Funktion für das Gesamtsystem. Bei den Randgruppen wäre es nur die Stabilisierung des Restsystems - was theoretisch ziemlich mager aussieht. Ein Subsystem kann nicht gleichzeitig zur Stabilisierung beitragen und sich selbst als diskriminiert erfahren. Wo Teile eines Gesamtsystem benachteiligt und diskriminiert sind, dort kann man nicht von einem „stabilen" System reden. Diskriminierung und Benachteiligung sind selbst destabilisierende Faktoren.

Das Dilemma könnte vielleicht auf der systemtheoretischen Ebene durch einen neuen Sinnzusammenhang gelöst werden; nämlich durch die Frage des Zentrums und der Peripherie. Randgruppen sind marginale Gruppen, befinden sich am Rande der Gesellschaft - die ein Zentrum haben muß. Rand und Zentrum sind wohlgemerkt nicht automatisch geographische Lokalisationspunkte. Ein Stadtzentrum kann Randgruppenangehörige beherbergen (Bahnhofsviertel Frankfurt) und der Stadtrand mit seinen Villen kann Wohnort der Elite sein (Professorenviertel in der Universitätsstadt Löwen in Belgien).

Bis jetzt wurde in der Systemtheorie die Beziehung Zentrum zu Peripherie nicht genügend behandelt. Es ist erstaunlich, wie wenig in der systemtheoretischen Fachliteratur über das Thema Zentrum veröffentlicht wird. Es scheint, es gibt noch keinen Bedarf, diesen Begriff zu definieren und zu operationalisieren. Es kommt vielleicht noch zu einem vierten Paradigmawechsel in sozialen Systemtheorie; d.h. nach dem Diskurs über den Teil und das Ganze, über Umwelt und System, über Allopoiesis und Autopoiesis wird das Problem Zentrum und Peripherie in den Vordergrund rücken.

Als erste Bemerkung können wir feststellen: je komplexer ein System ist, desto imperativer ist die Frage zu stellen nach Zentrum und Peripherie. Moderne Gesellschaften sind äußerst komplexe soziale Systeme, die die Reduktion ihrer Komplexität nur mit Hilfe der funktionalen Differenzierung meistern können. Eine lapidare Form ist die Differenzierung der Funktion von Zentrum und von Peripherie. Vorläufig können wir aufgrund von Alltagsbeobachtungen nur konstatieren, daß im gesellschaftlich-sozialen Realitätsbereich der Begriff Zentrum synonym mit Macht, Entscheidung, Lenkung und Verantwortung ist - der Begriff Peripherie mit Ohnmacht, Befehlsdurchführung, Manipulation und Verantwortungslosigkeit. Nach E. SHILS gibt es in jeder Gesellschaft ein „zentrales Wertesystem", das durch die Elite artikuliert und durch konkrete Entscheidungen realisiert wird (SHILS, 1961). In der Peripherie der Gesellschaft sind subkulturelle Werte ausschlaggebend, die von den Randgruppen artikuliert sind. Die systemstabilisierende Funktion der Randgruppen bestünde darin, daß sie durch ihre abweichenden Kulturpraktiken die Richtigkeit der zentralen Werte der Elite als exemplarisch für die Mehrheit der Gesellschaft unterstreicht. Diese Negativfunktion allein kann aber nicht die systemische Leistung eines Subsystems sein.

Eine systemische Neudefinition des Zentrums würde die Aspekte der Macht, des Befehls und der Autorität abschwächen und würde aus dem Zentrum das machen, was es eigentlich ist: ein künstliches Produkt des menschlichen Zusammenlebens, das seine Berechtigung nur insofern hat, als es Effektivität, Recht, Glück und Freiheit garantiert. Diese sind allerdings Systemelemente (Systemprodukte) mit emergenter Qualität. Zentrum in diesem Sinne ist also nichts anderes als eine Verdichtung der Systemelemente und Systemprodukte an einem Punkt. Seine Aufgabe ist nicht Kontrolle und Machtausübung, sondern verantwortliches, demokratisches Gesellschaftsmanagement. Es soll zum Abbau der Benachteiligung der Peripherien (Randgruppen) beitragen und diese in Regionen mit selbstbestimmenden und selbstverwalteten Subzentren umwandeln. Schließlich soll das Zentrum das Vertrauen aller Gesellschaftsteile durch Dezentralisierung und Regionalisierung gewinnen.

Es gibt Versuche in der stadtteilbezogenen Gemeinwesenarbeit, lokale Randgruppen zu integrieren. Die Integration der Behinderten in Schulen und in Kindergärten, der ausländischen Mitbürger in Wohnvierteln usw. sind alle systemische Versuche, die gesellschaftliche Ausdifferenzierung mit diskriminatorischem und stigmatisierendem Charakter zu beenden. Mit anderen Worten: eine benachteiligte peripherische Situation der Gruppen, Familien und Einzelnen in eine überschaubare selbstverantwortete regionale Situation überzuleiten.

Es muß unterschieden werden zwischen Randgruppen und Minderheiten, obwohl viele Autoren sie gleichsetzen. Der Unterschied liegt darin, daß Minderheiten im bezug auf die Mehrheit abgesondert werden - dagegen Randgruppen in bezug auf das Zentrum oder die Mitte. In einem Wohlfahrtsstaat sind Randgruppen gleichzeitig Minderheiten, aber nicht umgekehrt. Der ursprünglich statistische Minderheitenbegriff wird weiter aufgeteilt in rassische, nationale, religiöse, kulturelle, wirtschaftliche und soziale Minderheiten. Bei einigen Autoren werden die sozialen Minderheiten deckungsgleich mit den Randgruppen interpretiert.

4.5 Exkurs: Randgruppensoziologie

So präsentiert BELLEBAUM unter dem Titel „intragesellschaftliche Spannungen" eine Tabelle über die Minderheiten in Deutschland: Zu rassischen Minderheiten zählen bei ihm die farbigen Kinder, die farbigen Studenten, Neger und Zigeuner; zu nationalen Minderheiten die ausländischen Arbeiter, Fremdarbeiter, Gastarbeiter; zu den religiösen die Juden(!), die Zeugen Jehovas und die Sektenmitglieder; zu kulturellen Minderheiten zählen die Flüchtlinge, die Unterschicht(?) und die Studenten aus Entwicklungsländern. Er schreibt im weiteren über „deviante Minderheiten". Die körperlich Devianten sind die Blinden, die Contergankinder und die Körperbehinderten. Zu den psychisch Devianten gehören die Geisteskranken, die Geistigbehinderten und die Süchtigen. Rechtliche Devianten sind Gefängnisinsassen, Strafentlassene, Verbrecher und Vorbestrafte. Die sexuelle Devianz manifestiert sich durch Homophilie, Homosexualität, Prostitution, und schließlich gibt es die ökonomische und soziale Deviation: dazu gehören die Land- und Stadtstreicher, die Obdachlosen und die Deklassierten (BELLEBAUM, 1974).

Diese Taxonomie weist Lücken auf, und es ist überhaupt fraglich, ob der pauschale Ausdruck „Deviation" richtig ist. Der in der Armutsforschung benutzte Begriff „Deprivation" würde hier den meisten Randgruppen gerechter.

In diesem Sinne definiert VASKOVICS die sozialen Randgruppen: „Unter dem Begriff soziale Randgruppen werden Mitglieder von Sozialkategorien verstanden, deren Soziallage in der Gesellschaft durch soziale und räumliche Distanz zu der übrigen Bevölkerung und durch relative Deprivation (Stigmatisierung, Diskriminierung) gekennzeichnet ist" (VASKOVICS, 1976, 22).

Man könnte die gemeinsamen Merkmale der sozialen Randgruppen in fünf Punkten zusammenfassen mit der Bemerkung, daß bei einigen Randgruppen einige Merkmale viel prononcierter und stärker auftreten als bei anderen.

1) Geringes oder ungeregeltes **Einkommen**. Ein großer Teil der Randgruppenangehörigen sind Sozialhilfeempfänger und Arbeitslose, Rentner, Asylbewerber - andere haben gelegentlich größere Summen zur Verfügung - meist illegal erworben -, aber finanziell sind sie nicht abgesichert. Bürgerliche Tugenden wie Sparsamkeit oder Verzicht auf unmittelbare Bedürfnisbefriedigung gehören bei vielen Angehörigen der Randgruppen nicht zu subkulturellen Werten.

2) Geringer **Solidarisierungsgrad**. Da die meisten Randgruppenangehörigen ihr Schicksal als persönliches Schicksal auffassen und ihre Situation als vorübergehend betrachten, besteht bei ihnen kein Bedarf an Solidarisierung. Apathie und Ohnmacht nach mißlungenen Ausbruchsversuchen aus dem Milieu verstärken ihre Isoliertheit. Das ist wohl anders bei den körperlich Behinderten und in einigen „sozialen Brennpunkten" und Obdachlosensiedlungen, wo die soziale Arbeit die Notwendigkeit der Solidarisierung beweist und die Beteiligten zu gemeinsamen sozialen Aktionen anregen kann. Obwohl zwischen räumlicher und sozialer Segregation ein direkter Zusammenhang besteht, ist das „Unter-sich"-Bleiben nur ein Schutzmechanismus und fördert die Solidarisierung nicht.

3) **Sozialisationsdefizite**. Bei vielen Randgruppenangehörigen war das Elternhaus keine richtige Sozialisationsinstanz. Ihre sekundäre Sozialisation verlief in einem subkulturellen Milieu, wo sie nur die elementaren Überlebenstechniken in ihrem Subsystem gelernt haben. Werden sie per Zufall Lottomillionär, verpulvern sie schnell das gewonnene Geld. Sie gehen aber mit ihren sozialen und intimen Beziehungen auch nicht sparsam und ökonomisch um.

4) **Bildungsdefizite**. Diese sind logische Folgen der Sozialisationsdefizite. Der Teufelskreis ist vorprogrammiert: Schwierigkeiten schon bei der Einschulung (oft nur Sonderschule), schlechte Schulleistung, abgebrochene Lehre, geringe berufliche Qualifikation, Arbeitslosigkeit.

5) **Subkulturelle Merkmale**. Unter diesem Punkt werden einige (6) Begriffspaare zusammengefaßt - ohne den Anspruch auf Vollständigkeit zu erheben. Die ersten drei Merkmalspaare sind aus der Sicht der Betroffenen zu verstehen, die letzten drei sind die typischen Reaktionen der Gesellschaftsmehrheit.

1. Abweichungen und Devianz. Bei den Randgruppen machen es die subkulturellen Normen aus, daß **abweichendes Verhalten** Normalität wird und **Devianz** zur Alltagserfahrung gehört. Zur Erreichung allgemeiner kultureller Ziele (zentraler Werte) müssen abweichende Mittel benützt werden. Für neue Ziele werden oft neue, nichtanerkannte Mittel verwendet. Es gibt bei einigen Randgruppen total negative und selbstzerstörerische Verhaltensweisen.

2. Auffälligkeit und Sprache. Das äußere Erscheinen kann noch in gewissem Grade kaschiert werden, aber die fehlende Übereinstimmung in Fragen des Geschmacks z.B. im modischen Bereich, und der fehlende zivilisierte Umgang mit Außenstehenden werden rasch die **Auffälligkeit**

4.5 Exkurs: Randgruppensoziologie

betonen. Toleriert wird von der Mehrheit die künstlerische, kreative Originalität oder ein kindisches Verhalten. Die **Sprache** der meisten Randgruppenangehörigen ist die der Unterschicht, die eine Aussonderung im verbalen und grammatischen Bereich unterstreicht.

3. Ohnmacht und Gewaltanwendung. Dieses Begriffspaar scheint widersprüchlich zu sein. Die **Ohnmachtserfahrung** bezieht sich aber mehr auf die Behörden und Instanzen - die **Gewaltanwendung** auf den inneren Kreis, z.B. Familie und Nachbarschaft. Da die meisten Randgruppenangehörigen die verbale Außeinandersetzung zur Konfliktregelung nicht gelernt haben, sind sie von ihrer Ineffektivität auch überzeugt. Die Gewalt ist eine schnellere Sprache und der Stärkere siegt doch immer.

4. Vorurteile und Stigmatisierung. **Vorurteile** sind ein Produkt des selektiven Wahrnehmens oder in der Sprache der Systemtheorie eine nur emotional, gefühlsmäßig vollzogene Reduktion der Komplexität, die nicht auf aktueller Erfahrung (Selektion) basiert. Den Randgruppenmitgliedern werden bestimmte Eigenschaften zugeschrieben, unabhängig davon, ob sie diese Eigenschaften tatsächlich (noch) besitzen. Die **Stigmatisierung** ist ein Prozeß, in dem negativ bewertete Kennzeichen oder Symbole der Gesamtgesellschaft soziale Defekte signalisieren sollen.

5. Diskriminierung und Unterprivilegierung. Die **Diskriminierung** ist eine negative Sanktionshandlung der Stigmatisierenden gegenüber den Stigmatisierten. Der Interaktions- und Kommunikationsentzug ist von der Mehrheit gewollt und - meist durch Vorurteile - auch begründet. **Unterprivilegierung** ist die Folge der andauernden Diskriminierung (VASKOVICS, 1976).

6. Segregation und Isolation. Hier werden räumliche Faktoren einbezogen. Die residentiale **Segregation** bedeutet eine wohnungsmäßige, räumliche Aussonderung einer Bevölkerungsgruppe innerhalb einer Gemeinde. Dies betrifft besonders die Obdachlosensiedlungen, die Ausländerghettos und die sozialen Brennpunkte. Segregation bedeutet gleichzeitig **Isolation**, die von beiden Seiten praktiziert wird. Die Selbstisolierung der türkischen Familien z.B. wird von den Betroffenen als Garantie zur Wahrung der religiös-kulturellen und sprachlichen Identität selbst oft positiv bewertet.

Es gibt keine „pure" Randgruppe, meistens sind es **Kombinationen** von verschiedenen Merkmalsträgern, es gibt Varianten, die einen einzigen Klienten zu mehreren Randgruppen gleichzeitig gehören lassen (z.B. der körperlich behinderte, drogensüchtige Arbeitslose oder der vorbestrafte, homosexuelle Obdachlose). Die Kombination Alkoholiker paßt zu praktisch allen anderen Randgruppen - dagegen kann der Gefängnisinsasse unmöglich aktives Mitglied einer Jugendsekte sein.

*

Es werden zum Abschluß des Kapitels **zwanzig Randgruppen** Vorgestellt und kurz charakterisiert, damit der Leser einen ersten Eindruck von ihren Problemen, von den Möglichkeiten der Hilfe, von den eigenen Ressourcen und von ihrer gesamtgesellschaftlichen Bedeutung gewinnt.

Die ersten drei Randgruppen (Arme, Arbeitslose, Ausländer) sind eigentlich keine „echten" Randgruppen. Im Sinne der „Majorisierung" sind sie gesellschaftliche Großgruppen, bei denen eine akute Gefahr besteht, daß sie, wenn keine Hilfe ansetzt, in eine stigmatisierte, diskriminierte und schließlich kriminalisierte Randgruppe abrutschen. Sozialhilfe, Arbeitslosenhilfe als **institutionelle** Hilfe, Gemeinwesenarbeit, Integrationshilfe (bei Ausländern) als **gesellschaftliche** Hilfe, und Ressourcen-Mobilisierung (Familienressourcen, Selbsthilfeinitiativen bei Arbeitslosen) als **Selbsthilfe** sind wirksame Hilfemöglichkeiten.

Die Randgruppen vier und fünf (Asylbewerber, Sinti/Roma) sind gesellschaftliche Problemgruppen und gehören zur Kategorie „ethnische Minderheiten" mit sehr starken Vorurteilen und Stigmatisierungen. Die Hilfsmöglichkeiten sind begrenzt - es geht meistens um **Krisenintervention und Einzelhilfe** -, bei der Sozialarbeit mit Sinti und Roma gibt es schon Ansätze der Gemeinwesenarbeit.

Nichtseßhafte und Obdachlose bilden die Gruppe der sozial Benachteiligten, sie sind klassische Randgruppen mit einer sehr deutlichen gesellschaftlichen Stigmatisierung und Segregation. Die Möglichkeiten der Hilfe sind im allgemeinen die Krisenintervention und die **Langzeitintervention**, bei den Obdachlosen gibt es zusätzlich Familienhilfe.

Drogensüchtige und Süchtige gehören zur Mischform der gesundheitlich und rechtlich devianten Randgruppen. **Langzeittherapie**, Gruppenhilfe (evtl. Selbsthilfegruppen) und Einzelhilfe sind hier die wirksamsten Hilfsformen.

Die Randgruppen 9, 10, und 11 (Gefängnisinsassen, Strafentlassene und Vorbestrafte) gehören eindeutig zur delinquenten Subkultur, sie sind also rechtlich Deviante, und sind entsprechend von der Gesamtgesellschaft stigmatisiert und unterliegen unterschiedlichen Maßnahmen der Deprivation und Kontrolle. Im Prinzip sind sie bereits in der Strafanstalt „Objekte der **Resozialisierung**". Strafentlassene „genießen" eine **Bewährungs-**

4.5 Exkurs: Randgruppensoziologie

hilfe, Einzelbetreuung und Einzelhilfe - seltener jedoch Gruppenarbeit bei Jugendstrafe - sind die üblichen Hilfsmethoden.

Die Behinderten - ob körperlich, geistig oder psychisch, - kann man nur bedingt als Randgruppe bezeichnen. Einige Gruppen von ihnen haben eine Lobby, sind in Selbsthilfegruppen organisiert. Sie werden aber meist medizinisch-psychiatrisch betreut, erfreuen sich der **Rehabilitationsmaßnahmen** und oft der familiären Betreuung.

Die Randgruppe der Prostituierten erfährt eine traditionelle Stigmatisierung. Mit **Einzelhilfemaßnahmen**, in seltenen Fällen durch Selbsthilfe, kann versucht werden, ihre Situation zu verbessern.

Die Alkoholiker bilden eine Gruppe von kranken Menschen, bei denen noch eine persönliche und familiäre **Ressourcenmobilisierung** Heilung versprechen kann.

Die Homosexuellen bilden nur in Verbindung mit der Prostitution eine deviante Randgruppe. Die **sexuelle Deviation** ist heute bei der Pädophilie und bei den Sadomaso-Techniken anzusetzen. Die Hilfsmaßnahmen sind ähnlich wie bei den Prostituierten.

Die Jugendsektenmitglieder, als vorletzte Randgruppe in unserer Liste, werden durch ihren totalen Ausstieg aus der Gesellschaft charakterisiert. Helfen können nur die spezialisierten **Beratungsstellen** in Zusammenarbeit mit den Familienmitgliedern.

Als letzte Randgruppe erwähnen wir die Verschuldeten - sie sind abweichungstheoretisch gesehen eher Opfer als Täter. Bei der Beibehaltung der gesellschaftlichen Spielregeln rutschen sie automatisch, zumindest zeitweise, in die Randgruppe der Armen (evtl. Obdachlosen oder Nichtseßhaften) ab. Greifen sie zu illegalen Mitteln, um ihre Schulden zu bezahlen, kommen sie in die Randgruppe der rechtlich Devianten. Die moderne **Schuldnerberatung** beschränkt sich nicht nur auf die finanziellen Aspekte des Problems, sondern versucht auch eine psycho-soziale Hilfe zu leisten.

1. Die Armen

Die Armenforschung in der Soziologie kann nur sogenannte „Theorien mittlerer Reichweite" ausarbeiten, da die Definition der Armut von dem jeweiligen Gesellschaftssystem und seiner Wirtschaftslage abhängig ist. Zuerst unterscheidet man zwischen der **subjektiven** und objektiven Armut. Die erste wird individuell empfunden und ist das Ergebnis eines Vergleiches oder einer oft unrealistischen Referenz. In diesem Sinne ist außer dem reichsten Mann der Erde jeder arm. Die selbstgewählte Armut - aus religiösen oder ethischen Gründen - will einen transzendentalen Wert realisieren. Die **objektive Armut** ist soziologisch, rechtlich und ökonomisch definiert, und in den Wohlstandsgesellschaften bedeutet sie eine soziale Situation der gesellschaftlichen Randgruppen in materieller und existentieller Not. Anders formuliert ist Armut die wirtschaftliche Lage einer Person oder Gruppe, die den Lebensunterhalt, gemessen an einem gesellschaftlichen Mindestbedarf oder am Existenzminimum, nicht aus eigenen Kräften bestreiten kann.

Die **Deprivation** bedeutet eine derartige Knappheit der Ressourcen, die dem Individuum zur Verfügung stehen, daß diese es ihm nicht ermöglicht, voll an der gewöhnlich-mehrheitlichen Lebenslage seiner Gesellschaft teilzunehmen. Die Soziologie unterscheidet zwischen absoluter und relativer Armut. Die **absolute Armut** wäre demnach eine primäre Armut, die **relative Armut** in unserer Wohlstandsgesellschaft ist die sekundäre. Diese Art Armut ist nicht nur das Fehlen von finanziellen Mitteln, sondern ein Defizit am Teilhaben und Teilnehmen an allem, was den Menschen zur Verfügung steht, die in der jeweiligen Gesellschaft leben.

In der Fachliteratur wird von Armutslage und Armutsgrenze gesprochen. Die **Armutslage** ist eine Situation zu einem bestimmten Zeitpunkt, wo bestimmte Gruppen objektiv und relativ arm sind. Arbeitslosigkeit und Obdachlosigkeit sind typische Armutslagen - aber eine lebenslange Armutslage scheint eher die Ausnahme zu sein. Die über Generationen hinweg andauernde vererbliche Armut (Armutszyklus) ist Gegenstand soziologischer Längsschnittuntersuchungen.

Die **Armutsgrenze** wird in einem Staat vom Gesetzgeber festgesetzt. Die **absolute** Armutsgrenze ist das Existenzminimum, wo sofortige und unmittelbare Hilfe notwendig ist. Bei der **relativen** Armutsgrenze handelt es sich um eine wirtschaftliche Lage, die unter der des Bevölkerungsdurchschnitts liegt. Die Sozialhilfe tritt in dem ersten Fall ein, die Hilfen in besonderen Lebenslagen im zweiten.

Wir können noch die **verdeckte Armut** erwähnen, bei der Hilfeberechtigte die Angebote nicht wahrnehmen: die Ursachen dafür sind Informationsmangel, Angst vor Regreßansprüchen gegenüber Kindern oder Eltern, Furcht vor eigener Rückzahlungspflicht, aber auch Angst vor Stigmatisierung und Ablehnung der Almosen (ERTL, 1989).

4.5 Exkurs: Randgruppensoziologie

Die „**klassische**" Armut umfaßt die Landstreicher, die Obdachlosen und die Sozialhilfeempfänger. Die „**neue**" **Armut** breitet sich bei Arbeitslosen, Rentnern, Alleinerziehenden, Asylanten und Verschuldeten aus. Nicht die Form der Armut ist neu, sondern die Dimension. Es sind andere und viel größere Bevölkerungsgruppen, die jetzt von Armut betroffen sind. Dies bedeutet einmal die Vermehrung der sozialen Brennpunkte in Großstädten und regionale Armut in strukturschwachen Gebieten, wo ganze Dörfer und Siedlungen von der Massenarbeitslosigkeit bedroht sind.

2. Die Arbeitslosen

Die Arbeitslosen sind zweifelsohne die Bevölkerungsgruppe, die nur bedingt als Randgruppe genannt werden kann. Es wäre besser, nur von Langzeitarbeitslosen oder von Arbeitslosen vor dem Rentenalter oder von Jugendlichen ohne Ausbildung zu sprechen, die die denkbar schlechtesten Chancen (nichtvermittelbar) auf dem Arbeitsmarkt haben und deren **Abstieg** zu Sozialhilfeempfängern quasi vorprogrammiert ist.

In der Fachliteratur werden besonders zwei Aspekte der Arbeitslosigkeit behandelt: 1) Das **Entstehen** der Arbeitslosigkeit. Außer der bekannten konjunkturellen und strukturellen Arbeitslosigkeit differenziert man weiter in technologische, „exportierte", versteckte und verdeckte Arbeitslosigkeit. 2) Die **Folgen** der Arbeitslosigkeit. Darunter werden vor allem psychische Folgen und die negativen Verhaltensänderungen bei den Betroffenen verstanden. Die Arbeit als bewußte und zweckmäßige Tätigkeit des Menschen bringt Sinn ins Leben. Keine Arbeit mehr zu haben, ist wohl wirtschaftlich bedingt, wird aber zu oft als individuelles Versagen (selbst) diagnostiziert. **Arbeitslosigkeit** bedeutet mehr als finanziell geschädigt zu werden. Soziale Kontakte gehen verloren, familiäre Bindungen werden gestört, elterliche Autorität wird geschwächt und führt schließlich zu Haltungsformen wie Resignation und Verzweiflung. Bei jugendlichen Arbeitslosen spielt die Freizeitbeschäftigung eine kontraproduktive Rolle: zuviel Freizeit mit immer weniger Mitteln zu bestreiten wird zum Problem. Die subkulturellen Folgen der Arbeitslosigkeit sind Verarmung, Devianzgefährdung und Reduzierung der Sozialkontakte. Alkoholismus und eventuell Drogenkonsum sind die letzten Stationen des Abstiegs.

3. Die ausländischen Arbeitnehmer

Hier gelten die gleichen Bemerkungen wie bei der Arbeitslosigkeit. Ein kurzfristig arbeitsloser Akademiker gehört ebenso nicht zur Randgruppe wie der gutverdienende Ausländer in der EG-Bürokratie. Es sind diejenigen ausländischen Arbeitnehmer gemeint (die frühere Benennung „Gastarbeiter" wird immer weniger benutzt), die zur **Niedrigstlohngruppe** gehören, allgemein kinderreiche Familien haben, aus fernen Kulturen kommen, in einer Ghettosituation leben und die keine Integration wollen oder erreichen können oder religiös und kulturell noch zusätzlich diskriminiert sind. Ein Teil der türkischen Arbeitnehmer gehört mit Sicherheit zu den Randgruppen; dies berechtigt uns aber nicht, die Ausländerproblematik als Randgruppenproblematik nur auf Türken zu reduzieren.

Die Fachliteratur über das Problem der türkischen Arbeitnehmer in der Bundesrepublik ist mittlerweile fast unübersehbar. Es werden praktisch alle Aspekte des **Lebens der Türken** in Deutschland analysiert. Im Vordergrund stehen die Analysen der schulischen Probleme, der Wohnsituation, der Frauenprobleme, die Ausländerfeindlichkeit usw.

In der letzten Zeit entwickelt sich eine Tendenz, die Ausländerproblematik wissenschaftlich unter kulturtheoretischen Aspekten zu erfassen. So spricht man von einer multikulturellen Gesellschaft oder einer gemischt-kulturellen Gesellschaft in der Bundesrepublik. Die sich zuspitzende **Ausländerfeindlichkeit** hat nicht nur die Asylbewerber im Visier, sondern auch die seit zwei Generationen hier lebenden Türken. Der Begriff des „**Kulturrassismus**" scheint eine verfeinerte Form der Ausländerfeindlichkeit zu sein, indem die „bewiesene" Überlegenheit der christlich-abendländischen Kultur gegenüber der islamisch-östlichen Kultur betont wird. Es wird einerseits eine grundlegende Unvereinbarkeit festgestellt, andererseits ein Aufgehen (Assimilation) in der Kultur des Gastgeberlandes vorgeschlagen (TSCHIAKALOS, 1985).

Ein interessanter Versuch der Theoriebildung von HOFFMANN-NOVOTNY behauptet, daß Gastarbeiter, belastet durch den zugeschriebenen Status, vom gesellschaftlichen Aufstieg ausgeschlossen sind. Ihre familiäre, politische und ökonomische Statusunvollständigkeit weist Ähnlichkeiten mit der Situation der unteren Gesellschaftsschichten in einer feudalen Gesellschaft auf. Die These des „**Neofeudalismus**" wird allerdings nur von ihm alleine vertreten (HOFFMANN-NOVOTNY, 1973).

4. Die Asylbewerber

Der Artikel 16 des Grundgesetzes garantiert politisch Verfolgten das Grund- und Individualrecht, in der Bundesrepublik Deutschland Asyl zu finden. Die **politische Verfolgung** ist allerdings schwer zu definieren. Sie kann oft völlig anders von den Betroffenen als von der Definitionsinstanz in der Bundesrepublik gesehen werden. Die politische Situation kann in einem verbündeten Land (Türkei) zur Verfolgung bestimmter Bevölkerungsgruppen führen (Kurden). Die ehemaligen Ostblockländer, obwohl sie formaljuristisch rechtsstaatliche Demokratien sind, verfolgen oft ihre nationalen Minderheiten - was aber nicht leicht zu belegen ist. In den afrikanischen und fernöstlichen Diktaturen können Stammeskriege und Religionskriege Asylsuchende produzieren. Die Auslegung des neuen Ausländergesetzes macht im übrigen ein Asylgesuch sehr schwer - da die Bundesrepublik von sogenannten sicheren Drittstaaten umringt ist.

Die Diskussion über **Scheinasylanten** und Asylschwindler ist besonders im rechten Flügel der etablierten Parteien verbreitet und veranlaßt rechtsradikale Kreise zu asylantenfeindlichen Aktionen. In den Kirchen und in sozio-karitativen Institutionen wird eine Unterscheidung zwischen politisch, rassistisch oder religiös Verfolgten gemacht und für Wirtschaftsflüchtlinge, Bürgerkriegsflüchtlinge oder neuerdings für Umweltflüchtlinge eine besondere Behandlung verlangt.

Die meisten Asylbewerber waren schon in ihrem **Heimatland** verfolgte Minderheiten und unterdrückte Randgruppen. Randgruppen bleiben sie in der Bundesrepublik auch. Von einigen Nobelflüchtlingen (Spitzensportler, Wissenschaftler, Politiker) abgesehen, muß die Masse der Flüchtlinge ein langes Anerkennungsverfahren durchstehen, an dessen Ende entweder die Anerkennung, die Duldung oder die Ausweisung steht. Sie sind vermehrt mit der **Illegalität** konfrontiert. So konnten sie z.B. illegal die Grenze mit Hilfe einer Schlepperorganisation überqueren, bei Bekannten untertauchen, Papiere fälschen, Scheinehen schließen, schwarzarbeiten usw. Besondere Probleme sind die Isolierung - von daheimgebliebenen Familienmitgliedern, von Deutschen -, die psychischen Krankheiten (Depressionen), die Untätigkeit (keine Arbeitserlaubnis), die **Ghettosituation** in Sammelunterkünften. Neben diesen gravierenden Schwierigkeiten bleiben die übrigen (Hautfarbe, Sprache, Religion, Eßgewohnheiten) beinah sekundär. Die Asylbewerber sind Zielscheibe der zunehmenden Ausländerfeindlichkeit.

5. Die Sinti und die Roma

Die ethnische Minderheit der Roma (Sinti in Deutschland) als „fahrendes Volk" war jahrhundertelang in Europa verfolgt, diskriminiert und bildete die **ethnische Randgruppe**, die alle diesbezüglichen soziologischen Merkmale innehatte. Ein Versuch der physischen Vernichtung erfolgte im Hitler-Deutschland.

Mit ihrer durch fahrende Tradition geprägten Lebensweise gerieten sie wortwörtlich an den Rand der Gesellschaft und alle früheren Versuche, sie seßhaft zu machen oder an die Gastgebergesellschaft zu binden, scheiterten. Erst in den westeuropäischen Demokratien kommt es zu einer toleranteren Haltung. Ihr Anderssein wird endlich akzeptiert - dies aber bedeutet nicht automatisch den Abbau der Vorurteile bei der Bevölkerung und den humanen Umgang der Behörden mit ihnen. Das **Roma-Problem** wird allmählich von einem ethnischen zu einem ethischen Problem. Die meisten Bürger identifizieren die Roma in ihrem Land mit Landstreichern, Dieben, Betrügern und minderwertigen Personen; sie schreiben ihnen also überwiegend negative ethische Qualitäten zu und sind nicht bereit, sie als Volk, als Ethnie zu akzeptieren. Die bestehenden **Vorurteile** sind ein Hindernis für ihre Integration. Beispiele: hohe Kriminalität, Faulheit. Ihr positives Normensystem ist meist nicht bekannt: z.B. sehr liebevoller und permissiver Umgang mit Kindern, Ehrung der Alten, Hochachtung der Jungfräulichkeit und Verurteilung des Ehebruchs.

Die **soziale Struktur** der Sinti und Roma ist geprägt durch die Sippe und durch die Großfamilie, durch eine Volksreligiosität und durch eine sippeneigene Rechtsprechung. Allerdings können infolge der technischen Entwicklung traditionelle Berufe und Tätigkeiten nicht mehr ausgeübt werden. Dadurch wird die Autorität des Familienvaters geschwächt. Durch mangelhafte Schulbildung und geringe berufliche Qualifikation haben die jugendlichen Sinti und Roma schlechte Chancen auf dem Arbeitsmarkt (ZÜLCH, 1979).

Durch die Welle der Asylsuchenden sind in den letzten Jahren sehr viele Roma aus Osteuropa (Rumänien) in die Bundesrepublik gekommen. Sie sind sozusagen ethnische Flüchtlinge, die einer zunehmenden Diskriminierung und der damit verbundenen Verelendung in ihrem Heimatland entkommen wollen.

6. Die Nichtseßhaften

Die alleinstehenden, mittel- und wohnungslosen Personen bilden die Randgruppe der **Nichtseßhaften**. Sie sind aber überwiegend seßhaft: nur etwa 10% schlafen auf Parkbänken oder in Abbruchhäusern. Nichtsdestoweniger sind sie vermehrt unterprivilegiert: Armut, Wohnungslosigkeit, Arbeitslosigkeit, Alkoholmißbrauch tragen zu ihrer Ausgliederung aus normalen Beziehungen, Gruppen und Familien bei.

Das Ergebnis dieses Prozesses kann, nach Durchlaufen der Phasen extremer Isolation und psychischer Einsamkeit, die Sozialisation in die Randkultur der Stadtarmen sein. Dort werden neue Bezugspersonen mit gleichem Minderstatus gefunden, Armuts- und Elendsverhältnisse zur alltäglichen Lebenswelt mit ihren besonderen **Überlebensmöglichkeiten** (Essensstelle, Nachtasyl, Kleiderkammer, öffentlicher Park) und -techniken (Betteln und Schnorren, im Freien „Platte machen", Papierkörbe „filzen"). Äußere Verwahrlosung ist einerseits zum Betteln erforderlich, andererseits Folge des wohnungslosen Lebens. Alkohol wird zum randkulturellen Kommunikationsmittel (GROHALL, 1987).

Die karitative und verwahrungsmäßige Betreuung der Nichtseßhaften wurde in der letzten Zeit durch professionelle **Hilfsangebote** der Sozialarbeit ersetzt: Beratungsstellen und Tageseinrichtungen, Straßensozialarbeit und milieunahe Unterstützung.

7. Die Obdachlosen

Die Obdachlosen haben ein Obdach, das mit öffentlicher Hilfe finanziert wird; statt Miete wird von ihnen eine Nutzungsgebühr eingezogen. Was sie zur Randgruppe macht, ist die Tatsache, daß sie die frühere Mietwohnung oder Eigentumswohnung wegen unüberbrückbarer finanzieller Schwierigkeiten verlassen mußten. Die allgemeine Wohnungsnot, die fehlenden Sozialwohnungen, die spekulationsbedingten Mieterhöhungen drängen auch „normale" Familien mittleren Einkommens in eine Situation hinein, in denen sie keine Wahl mehr haben und in Obdachlosenunterkünfte einziehen müssen. Die soziale Arbeit unterscheidet heute nicht mehr zwischen selbstverschuldeter und nichtselbstverschuldeter **Obdachlosigkeit**.

Die Zahl der Obdachlosen steigt seit 1980 wieder, da durch Arbeitslosigkeit und andere soziale Probleme (Verschuldung, Alkoholismus) eine neue Armutslage entstanden ist. Von der Obdachlosigkeit sind kinderreiche und unvollständige Familien besonders betroffen. Die **räumliche Segregation** bedeutet Verlust der früheren Sozialkontakte, dies wiederum führt zur Isolierung, die abweichendes Verhalten begünstigen kann. Am Ende dieses Prozesses befindet sich der Obdachlose mit seiner Familie in einer diskriminierten Randgruppe. Der mit **Deprivation** (Wohnungsverlust) angefangene Prozeß weitet sich in den Etappen der Segregation (Einzug in die Obdachlosenunterkunft) und der Diskriminierung (eine Familie von der „Siedlung" zu sein) zu Stigmatisierung (Zuschreibung negativer sozialer Merkmale) aus und mündet schließlich in sozialer Deviation. Besonders problematisch ist die Sozialisation und die schulische Karriere der Obdachlosenkinder.

8. Die Drogenabhängigen

Unter **Drogenabhängigkeit** versteht man den akuten und chronischen Mißbrauch von Rauschmitteln. Die Drogenabhängigen bilden eine historisch neue Randgruppe (besonders von Jugendlichen), wenn man von den „klassischen" Abhängigkeiten wie von Alkohol und von Medikamenten absieht. Drogen und Rauschmittel waren schon in jeder Gesellschaft vorhanden, oft dienten sie kultischen Zwecken und waren teilweise auch legalisiert (FACHLEXIKON, 1986). Durch die moderne Medizin und durch die chemische Entwicklung, aber auch durch die Verstädterung in der neueren Zeit ist die **Drogenszene** sehr vielfältig und viel gefährlicher geworden. Die physische und psychische Abhängigkeit, was einem besonderen, Gesundheit gefährdenden Suchtverhalten gleichkommt, ist im soziologischen Sinne eigentlich ein **Beziehungsproblem**. Menschen nehmen Drogen, weil sie in ihren mitmenschlichen Beziehungen Defizite, Enttäuschungen oder Katastrophen erfahren haben. Die individuelle Bereitschaft, Drogen zu nehmen, wird vom sozialen Umfeld (z.B. von Gleichaltrigen) beeinflußt. Sie wollen kompensatorisch ein Glücksgefühl künstlich herbeizaubern und dafür sind sie bereit, auch den höchsten Preis zu zahlen - nämlich letztlich ihr Leben. In der Szene werden zwar Beziehungen gefunden, sie dienen aber nur der Suchtbefriedigung.

Drogenabhängige durchlaufen eine **Karriere**, angefangen bei der Beziehungsstörung bis hin zur Kriminalität in der Szene. Die Möglichkeit des Ausstiegs ist meist nur bei leichteren Drogen gegeben, wie Haschisch oder Marihuana. Heroin- und Kokainkonsum bedeutet aber den vollen Eintritt in die Szene mit allen gesundheitsschädigenden und kriminellen Folgen. Die Haschisch- und vor allem die Heroinsüchtigen betreiben **polyvalenten Mißbrauch**. Sie steigen zeitweilig auf Alkohol, Medikamente und auf andere Drogen um, wenn die Hauptmißbrauchssubstanzen nicht verfügbar sind. Drogenabhängige, einmal Fixer geworden, werden fast ausnahmslos kriminell (Beschaffungskriminalität). Die Szene ist regiert von Dealern, Drogenherstellern (z.B. synthetische Drogen) und von der internationalen Drogenmafia.

9. Die Süchtigen

Die Süchtigen können aus medizinischer und aus sozialer Sicht definiert werden. **Sucht** als anerkannte Krankheit ist wohl die Abhängigkeit von einem Mittel nach **vier Kriterien**: a) ein unüberwindbares Bedürfnis, das Mittel zu nehmen und es um jeden Preis zu bekommen, b) eine Tendenz, die Dosis zu steigern, c) psychische und auch physische Abhängigkeit von der Wirkung (Entzugserscheinungen), d) schädliche Folgen für den Abhängigen und für die Gesellschaft (FACHLEXIKON DER SOZIALEN ARBEIT, 1986).

Alkoholiker und Drogenabhängige sind Süchtige aus medizinischer und psychologischer Sicht. Die Psychologie liefert vielseitige Erklärungen vom Ersatz für unzureichende Sexualbetätigung bis hin zu Lerntheorien. Die Soziologie sieht in den Süchtigen deviante **Verhaltensträger**, die zur Kriminalität neigen. Sie gehören zur sozialen Randgruppe in dem Sinne, daß sie durch ihr deviantes Verhalten sich selbst von der normenkonformen Mehrheit der Gesellschaft ausschließen und wegen ihres kriminellen Verhaltens (Beschaffungskriminalität) strafrechtlich von der Gesellschaft zur Verantwortung gezogen werden.

Sucht ist immer ein krankhaft **abnormales Verlangen** des „Nehmens" und des „Habens". Im weitesten Sinne sind wir alle suchtgefährdet (Fernsehsucht, Autosucht, Urlaubssucht), nur sind die gesellschaftlichen Folgen entscheidend. Habsüchtige, die zu Randgruppen werden können, sind besonders die Spielsüchtigen und die Kaufsüchtigen. Bei den **Spielsüchtigen** ist es die Sucht nach Erfolg, das Besiegen der Spielautomaten führt zum finanziellen Ruin. Bei **Kaufsüchtigen** spielt die fehlende soziale Anerkennung eine wichtige Rolle.

10. Die Gefängnisinsassen

Als Randgruppe sind es die rechtskräftig **Verurteilten** oder in Untersuchungshaft Sitzenden aus der kriminellen Szene. Dies ist wohlgemerkt nur die Spitze des Eisberges, weil infolge der unentdeckten Kriminalität und der Strafaussetzungen, Beurlaubungen usw. sich nur ein geringer Teil der Kriminellen in der totalen Institution Gefängnis befindet. Es handelt sich also um eine besonders abgesonderte **Institutionssubkultur** (Gefängniskultur) mit eigenen Normen, Sprache und Verhaltensweisen, mit Hierarchien, Begünstigungen, Spitzelsysteme usw.

Die **Prisonisierung** ist ein Sammelbegriff für all die negativen Kultureffekte, die ein Gefangener erfährt. Dem modernen Strafvollzug wird immer mehr eine Resozialisierungsfunktion zugeschrieben, d.h. eine Befähigung der Gefangenen zu erreichen, künftig in sozialer Verantwortung ein Leben ohne Straftaten zu führen. Die soziale Realität der Gefängnisse ist aber weit von diesem im Strafvollzugsgesetz vorgeschriebenen Ziel entfernt.

11. Die Strafentlassenen

Die mangelhafte Vorbereitung der Gefangenen auf die **Wiedereingliederung** in die Gesellschaft sowie die Vorurteile und Ängste der Gesellschaft produzieren diese Randgruppe, deren Mitglieder entweder bald in die Randgruppe der Gefängnisinsassen zurückkehren (Rückfallkriminalität) oder in ihrer bekannten Subkultur untertauchen.

Hauptproblem der Strafentlassenen ist die Wohnungs- und Arbeitssuche. Durch ihre **Stigmatisierung** (Entlassungsurkunde, Führungszeugnis) haben sie diesbezüglich erhebliche Schwierigkeiten. Problematisch ist auch die Wiedereingliederung in die Familie, in die Nachbarschaft oder der Wohnortswechsel. Sehr schnell finden sie zurück in das Milieu oder in die Szene, in der sie sich eigentlich heimisch fühlen. Nur ein geringer Teil der Strafentlassenen kämpft sich - meist mit professioneller Hilfe - durch und gewinnt einen neuen, positiven Status in der Gesellschaft.

12. Die Vorbestraften

Nichtintegrierte Strafentlassene, auch wenn sie nicht mehr straffällig werden, gehören zur Randgruppe der **Vorbestraften**. Sie bilden an und für sich keine besondere Randgruppe - sie können in fast jeder anderen Randgruppe sein -, nur wenn das Stigma der Vorbestrafung absolut in Vordergrund steht, wird dieses Merkmal dominant. Familienangehörige, Nachbarn und Behörden, eventuell die Arbeitsstelle und Freunde erinnern sie immer wieder an die Tatsache, einmal bestraft worden zu sein. Dadurch entsteht ein Klima der **Diskriminierung** und Benachteiligung. Die Reaktion der Betroffenen ist meistens Apathie oder Rückzug, Verheimlichung oder Lüge, die sie als wirksame Schutzmechanismen betrachten.

13. Die körperlich Behinderten

Es gibt keine allgemeingültige Definition für Behinderung. Auch die übliche Dreiteilung in körperliche, geistige und seelische Behinderung ist nicht zutreffend, da es meist um eine Kombination der drei Arten von Behinderung geht oder von kumulierter Behinderung die Rede sein sollte. Die **körperliche Behinderung** ist äußerlich sichtbar und auffällig (außer Hörbehinderung), da sie die tolerierte körperliche Abweichung (groß - klein, dick - mager) deutlich überschreitet. In den Definitionen von Behinderung tauchen aber **zwei Elemente** mit Sicherheit auf: a) eine dauerhafte Beeinträchtigung der Kommunikation mit der menschlichen und natürlichen Umwelt und b) ein erhebliches Hindernis für die soziale Eingliederung.
(FACHLEXIKON DER SOZIALEN ARBEIT, 1986)

Je nach Schwere der körperlichen Behinderung und nach der sozialen Herkunft können körperlich Behinderte zu den Randgruppen gezählt werden. Thesenhaft könnte man sagen: je auffälliger die Behinderung und je ungünstiger die **soziale Stellung** des Behinderten, desto größer die Gefahr, in eine Randgruppe abzusinken, wo vermehrt Diskriminierungen und Stigmatisierungen erlebt werden. Hier gibt es nur einen geringen Unterschied zwischen Unfallbehinderten und angeborener Behinderung in bezug auf soziale Anerkennung.

Ein Teil der **chronisch Kranken** kann noch zur klassischen Gruppe der körperlich Behinderten hinzugerechnet werden. Durch langandauernde Krankheit und Hospitalisierung geht ein Stück Kontakt mit der Außenwelt verloren. Der Verlust des Arbeitsplatzes, die finanzielle Lageverschlechterung trotz Behindertenhilfe kann eine Armutslage hervorrufen, die zu einer Randgruppensituation führen kann.

14. Die geistig Behinderten

Geistig Behinderte sind Menschen, die in ihren intellektuellen Fähigkeiten weit hinter der **Durschnittsintelligenz** ihrer Altersgruppe geblieben sind. Die Stufen der geistigen Behinderung gehen von Bildungsschwachen bis zu Idioten (IQ zwischen 55 und 20).

Wenn sie in ihren Familien betreut werden können, sind sie keine Randgruppe. Auch die institutionalisierte **Betreuung** der geistig Behinderten sollte aus ihnen eigentlich keine Randgruppe machen. Entscheidend ist also die familiäre Situation und der soziale Status der Familie. Die in den Obdachlosen-, Ausländer- oder Unterschichtsfamilien geborenen geistig Behinderten erhalten das zusätzliche Stigma der Randgruppe.

Ein besonderes Problem ist der alternde geistig Behinderte. Dank medizinischer und psychosozialer Betreuung haben im allgemeinen Behinderten heute eine **höhere Lebenserwartung**. Sie werden z.B. aus der geschützten Behindertenwerkstatt in die Rente geschickt. Dies bedeutet für sie eine Aussonderung aus der gewohnten Umgebung und auch finanzielle Einbuße.

15. Die seelisch Behinderten

Seelisch Behinderte sind chronisch psychisch Kranke. Kurzum: es handelt sich hier um **Psychiatriepatienten**, die langfristig ihre seelische Stabilität verloren haben. Die Therapieerfolge und dementsprechend die Wiedereingliederung in die Gesellschaft ist unterschiedlich je nach Art der seelischen Behinderung. Hier gelten auch die Feststellungen, die für die anderen Behindertengruppen gemacht wurden: je schwerer die seelische Behinderung und je ungünstiger die soziale Lage der Kranken, desto größer die Gefahr, in die Randgruppensituation zu gelangen. Die **Familie** dient auch hier als wichtigstes Auffangbecken. Erst nach Auflösung der Familie wird die Marginalisierung wieder akut - obwohl, wie bei den anderen Behindertengruppen, der Sozialstaat hier auch erhebliche Hilfen leistet.

Randgruppen werden jene Behinderten, die meist durch eigene Schuld oder durch die der betreuenden Personen die gesetzlichen Möglichkeiten der Hilfen nicht wahrnehmen können oder wollen. Sie bilden dann „**verdeckte**" **Randgruppen**, da sie durch das soziale Netz irgendwie hindurchgefallen sind.

16. Die Prostituierten

Eine gewerbsmäßige körperliche Hingabe zum Zwecke der sexuellen Befriedigung bei beiderlei Geschlecht bildet den Kern des Phänomens der **Prostitution**. Sie hat allerdings mehrere Varianten, die an Teil- oder Subkulturen einer Gesellschaft gebunden sind. Die Hauptsorge der Gesellschaft diesbezüglich ist medizinisch-hygienischer Natur. Die Soziologie räumt der Prostitution eine **Ventilfunktion** ein. Die Prostituierten selbst geben meist eine lebensgeschichtliche Erklärung ab, wobei sowohl wirtschaftliche Not, Veranlagung, aber auch persönliche Schicksalsschläge dominieren. Die Prostitution ist gewöhnlich stark lokalisiert (Rotlichtviertel). In diesem Zusammenhang ist die Rede vom **Milieu**, wo Zuhälter, Freier, Polizei und Ganoven sowie Alkoholismus und Drogenkonsum eine wichtige Rolle spielen.

Die mit der Prostitution verbundene Abhängigkeit vom Milieu (Freiheitsberaubung und Menschenhandel), die Schwierigkeit beim Ausstieg und bei zunehmendem Alter machen eine sozialarbeiterische Intervention bei dieser Randgruppe besonders problematisch. Selbsthilfegruppen der Prostituierten (Hydra) fordern ihre gewerbliche Anerkennung - aber es bleibt fraglich, ob eine „**Legalisierung**" Erfolg bringt. Die Strenge des Gesetzes ist erforderlich ist im Bereich der Kinderprostitution (Baby-Strich).

17. Die Alkoholiker

Die Weltgesundheitsorganisation definiert die **Alkoholiker** als exzessive Trinker, deren Abhängigkeit vom Alkohol einen solchen Grad erreicht hat , daß sie deutlich Störungen und Konflikte in ihrer körperlichen und geistigen Gesundheit, ihren mitmenschlichen Beziehungen, ihren sozialen und wirtschaftlichen Funktionen aufweisen; oder sie zeigen Vorläufer einer solchen Entwicklung. Daher brauchen sie Behandlung.

Randgruppe sind sie, wenn sie von der Familie, Arbeitskollegen und von der näheren sozialen Umgebung nicht mehr akzeptiert (betreut) werden können. Sie rutschen in die soziale **Verachtung** ab, das „Nicht-mehr-aufhören-Können" schließt sie vom normalen sozialen Verkehr aus. Alkoholismus ist dann Verursacher und Begleiter des devianten Verhaltens. Bei den Scheidungsgründen steht er an erster Stelle und somit ist er Hauptstörfaktor im Familienleben. Auch Verkehrs- und Betriebsunfälle werden hauptsächlich durch Alkoholismus verursacht.

Die genaue Zahl der Alkoholiker ist sehr schwer feststellbar. Es gibt zwei indirekte Wege, um eine annähernde Genauigkeit zu erzielen. Der erste Weg, die „Jelinek-Formel", basiert auf der Zahl der an **Leberzirrhose** gestorbenen Menschen. Die zweite Möglichkeit ist die „Ledermann-Methode", die die **Menge** des konsumierten Alkohols in einem Land in Betracht zieht (RIETH, 1983).

18. Die Homosexuellen

Die sexuelle Anziehung zwischen Personen gleichen Geschlechts war in fast jeder Gesellschaft stigmatisiert. Heute ist die Homosexualität trotz **Toleranz** und Pluralismus zumindest tabuisiert. Die Schwulen- und Lesbeninitiativen versuchen, eine **Enttabuisierung** durchzuführen - ihr engagiertes und militantes Auftreten (z.b. im Studentenmilieu) stößt oft auf Unverständnis oder auf Gleichgültigkeit. Wenn sich die Homosexuellen als Randgruppe definieren, wollen sie damit provokativ auf ihre Diskriminierung besonders im öffentlichen Leben hinweisen. Das ist aber im Sinne der Definition der Randgruppe nur teilweise richtig.

Die Lebensphase, während der sich die psychische Disposition manifestiert und sozial verankert werden muß, wird als homosexuelles „coming out" bezeichnet. Begleitet ist das **coming out** häufig von heftigen Konflikten, weil sowohl die endgültige psychische Integration als auch die soziale Verankerung der Homosexualität erheblich erschwert wird (DANNECKER, 1979).

Indem einige Gruppen der Homosexuellen sich in einem bestimmten subkulturellen Milieu bewegen, dort heimisch fühlen oder sogar an illegalen oder kriminellen Handlungen teilnehmen, sind sie eine Randgruppe. Die Homosexuellen sind eine **Mischform** von Randgruppen, konstituiert durch die Prostitution oder/und durch die Drogenszene. Hier erfahren sie - teilweise vom Milieu selbst - eine zusätzliche Diskriminierung und Kriminalisierung.

19. Die Jugendsektenmitglieder

Die modernen Sekten sind nicht nur ein Problem für die etablierten Kirchen, sondern auch für die Gesellschaft. Es geht dabei um eine neue „sozio-religiöse Hörigkeit" orientierungsloser junger Menschen, die den Lebenssinn in den Kirchen, in ihrer sozialen Umgebung und in ihrer Familie verloren haben. Die meist aus Amerika stammenden **Jugendsekten** versprechen dem jungen Menschen eine ganz neue Perspektive, eine neue, von Materialismus befreite Welt - verlangen aber den totalen Verzicht auf die eigene Persönlichkeit, eine totale Ablehnung der eigenen Familie, oft sogar das Aufgeben der sexuellen Selbstbestimmung. Die kompromißlose **Unterwerfung** gegenüber dem Sektenführer, die finanzielle Abhängigkeit, die seelischen Bedrohungen im Falle des Fehlverhaltens, die totalitär disziplinierte und kollektive Lebensführung verursachen fast irreparablen Schaden an der jungen Persönlichkeit.

Als Randgruppe besonderer Art sind die Jugendsektenmitglieder von der Gesamtgesellschaft ausgesondert. Sie sind nicht in einer Subkultur, sondern in einer fanatischen **„Gegenkultur"** gelandet. Die scheinbar freie Entscheidung der Zugehörigkeit, das anfangs faszinierende Gemeinschaftserlebnis wird sehr schnell durch eine psychische Enttäuschung ersetzt. Der Wille zum Austritt ist sehr schwer zu realisieren, und wenn die Familie die Enttäuschten nicht mehr auffangen kann, werden sie Patienten der Psychiatrie (HAACK, 1980).

20. Die Verschuldeten

Es ist fraglich, ob die Verschuldeten als solche eine Randgruppe bilden. Die moderne Wirtschaft und die Konsummentalität verpflichten geradezu Menschen zur vernünftigen Verschuldung (Ratenzahlen, Vorschüsse), die in das Familienbudget mit einkalkuliert sind. Die **Verschuldeten** werden erst eine Randgruppe, wenn sie derart zahlungsunfähig geworden sind, daß sie, um die Schulden zu bezahlen, ihren Lebensstandard bis unter das Niveau des Sozialhilfeempfängers reduzieren müssen. Sie werden sozusagen „finanziell Behinderte", ihr Lebensrhythmus und ihr Alltagsleben wird durch das Schuldenzahlen bestimmt und determiniert. Die Schuldnerberatung soll hier Hilfe leisten.

4.5 Exkurs: Randgruppensoziologie

Die Schuldner sind ein **Produkt** der modernen Konsumgesellschaft, die meist - angeheuert durch die Werbung und durch die Manipulation von Banken und Versandhäusern - dem Konsumzwang hilflos ausgeliefert sind. Eine neue Form der Wohlstandsarmut entsteht, die besonders psycho-soziale Konsequenzen hat und versteckt bleibt. Aufgrund der Statistiken der hilfesuchenden Schuldner können wir feststellen, daß das „Phantombild" der Verschuldeten eine junge Familie mit einem Kind und mit niedrigem Einkommen darstellt ((SUTER/WAGNER, 1986).

Literatur

ADORNO, Theodor: Aufsätze zur Gesellschaftstheorie und Methodologie, Frankfurt, 1970

AMERY, Jean: Über das Altern. Revolte und Resignation, Stuttgart, 1987

BAACKE, Dieter: Jugend und Jugendkulturen, Köln, 1987

BAACKE, Dieter: Soziologie der jugendlichen Subkulturen, Frankfurt/M., 1981

BAECKER, Dirk: Sozialarbeit im System der sozialen Hilfe, Bielefeld, 1994 (Manuskript)

BAHRDT, Hans Paul: Wandlungen der Familie, in: CLAESSENS, Dieter - MILHOFFER, Peter (Hrsg.): Familiensoziologie, Frankfurt/M., 1973

BALLA, Bálint: Soziologie der Knappheit, Stuttgart, 1978

BANG, Ruth: Die helfende Beziehung als Grundlage der persönlichen Hilfe, München, 1964

BANGO, Jenö: Anzeichen des Nonkonformismus in Ungarn, Köln, 1984

BANGO, Jenö: Lebensraumorientierte Sozialarbeit in Theorie und Praxis, in JERS, Norbert (Hrsg.): Soziale Arbeit gestern und morgen, Aachen, 1991

BEAUVOIR, Simone, de: Das Alter, Reinbek, 1972

BECKER, Howard S: Außenseiter. Zur Soziologie abweichenden Verhaltens, Frankfurt/M., 1973

BELLEBAUM, Alfred - BRAUN, Horst: Soziale Probleme. Ansätze einer sozialwissenschaftlichen Perspektive, Frankfurt/M., 1974

BERGER, Brigitte - BERGER, Peter: In Verteidigung der bürgerlichen Familie, Frankfurt/M., 1984

BERGER, Peter: Einladung zur Soziologie, Olten, 1969

BERGER, Peter - LUCKMANN, Thomas: Die gesellschaftliche Konstruktion der Wirklichkeit, Frankfurt/M., 1970

BERGMANN, J. E.: Die Theorie des sozialen Systems von T. Parsons, Frankfurt/M., 1974

BEUGEN, Marius van: Agogische Intervention, Freiburg, 1972

BIERMANN, Benno u.a.: Soziologie. Gesellschaftliches Problem und sozialberufliches Handeln, Neuwied, 1992

BOLTE, K. M.: Deutsche Gesellschaft im Wandel , Opladen, 1967

BOSKAMP, Peter: Einführung in die Soziologie (Vorlesungsskriptum) Köln, 1980

BOURDIEU, Pierre: Ökonomisches Kapital, kulturelles Kapital, soziales Kapital, in: KRECKEL, R. (Hrsg.): Soziale Ungleichheiten, Göttingen, 1983

BRONFENBRENNER, Urie: Die Ökologie der menschlichen Entwicklung, Frankfurt/M., 1981

BUCHKA, Maximilian: Der geistig behinderter Mensch im Alter, in TRAPMANN, Helga - HOFMANN, Winfried u.a.: Das Alter, Dortmund, 1991

BURGESS, Ernest W. - LOCKE, Henry: The Family, Chicago, 1950

CAESAR, Beatrice: Autorität in der Familie, Reinbek, 1972

CLAESSENS, Dieter: Familie und Wertsystem, Berlin, 1972

CLAESSENS, Dieter - MILHOFFER, Robert (Hrsg.): Familiensoziologie. Ein Reader als Einführung, Frankfurt/M., 1973

CLOWARD, R. A. - OHLIN, L. E.: Delinquency and Opportunity. A Theory of Delinquent Gangs, New York, 1960

COHEN, Albert: Kriminelle Jugend. Zur Soziologie jugendlichen Bandenwesens, Hamburg, 1961

COOPER, David: Der Tod der Familie, Hamburg, 1979

CUMMING, E. - HENRY, W. E.: Growing Old - The Process of Disengagement, New York, 1961

DAHRENDORF, Ralf: Soziale Klassen und Klassenkonflikt in der industriellen Gesellschaft, Stuttgart, 1957

DANNECKER, Martin: Die Homosexualität und der Homosexuelle, Frankfurt/M., 1979

DORN, Viktor: Soziologie von August Comte, Jena, 1923

DREITZEL, Hans Peter: Die gesellschaftlichen Leiden und das Leiden an der Gesellschaft. Vorstudien zu einer Pathologie des Rollenverhaltens, Stuttgart, 1973

DURKHEIM, Emile: Regeln der soziologischen Methode, Neuwied, 1960

DURKHEIM, Emile: Der Selbstmord, Frankfurt/M., 1967

ENGELS, Friedrich: Der Ursprung der Familie, des Privateigentums und des Staates, Berlin, 1884

ENGELKE, Ernst: Soziale Arbeit als Wissenschaft. Eine Orientierung, Freiburg, 1992

ERTL, Franz Xaver: Die Armut hat viele Gesichter, in: Caritas, 1, 1989

FACHLEXIKON DER SOZIALEN ARBEIT (Hrsg. Deutscher Verein für öffentliche und private Fürsorge) Frankfurt/M., 1986

FEIL, Johannes: Wohngruppe, Kommune, Großfamilie, Reinbek, 1972

FUCHS, Werner u.a.(Hrsg): Lexikon der Soziologie, Opladen, 1978

FÜRSTENBERG, Friedrich: Randgruppen in der modernen Gesellschaft, in: Soziale Welt, 3, 1965

FULLER, Robert - MYERS, Roger: Some Aspects of a Theory of Social Problems, in: American Sociological Review, 1941/6

GEHLEN, Arnold: Urmensch und Spätkultur, Frankfurt/M., 1964

GERMAIN, Carol B. - GITTERMAN, Alex: Praktische Sozialarbeit: das „life model" der sozialen Arbeit, Stuttgart, 1983

GLUECK, Sheldon u. Elonora: Jugendliche Rechtsbrecher, Stuttgart, 1963

GOFFMANN, Erwing: Wir alle spielen Theater, Frankfurt/M., 1969

GOODE, William Josiah: Soziologie der Familie, München, 1967

GROHALL, K. H.: Arme Alleinstehende ohne Wohnung und Arbeit, Bielefeld, 1987

HAACK, Friedrich-Wilhelm: Jugendreligionen, München, 1980

HABERMAS, Jürgen: Theorie kommunikativen Handels, Bd. 2, Frankfurt/M., 1981

HABERMAS, Jürgen - LUHMANN, Niklas: Theorie der Gesellschaft oder Sozialtechnologie, Frankfurt/M.,1971

HARTFIEL, Günter: Wörterbuch der Soziologie, Stuttgart, 1976

HAWIGHURST, Robert: Developmental Task and Education, New York, 1948

HEITMEYER, Wilhelm: Rechtsextremismus, Frankfurt/M., 1991

HOFFMANN-NOWOTNY, H. J. Soziologie des Fremdarbeiterproblems, Stuttgart, 1973

HOLLIS, F.: Soziale Einzelhilfe als psychosoziale Behandlung, Freiburg, 1970

HOLLSTEIN-BRINKMANN, Heino: Soziale Arbeit und Systemtheorien, Freiburg, 1993

HOMANS, Gaspar C: Theorie der sozialen Gruppe, Köln, 1960

HORKHEIMER, Max (Hrsg): Autorität und Familie, Paris, 1936

HORKHEIMER, Max: Traditionelle und kritische Theorie, München, 1970

HRADIL, Stefan: Sozialstrukturanalyse in einer fortgeschrittenen Gesellschaft, Opladen, 1987

HURRELMANN, Klaus (Hrsg): Sozialisation und Lebenslauf, Hamburg, 1976

IBEN, Gerd: Randgruppe, in Fachlexikon der sozialen Arbeit, Frankfurt/M., 1986

JENSEN, Stefan: Systemtheorie, Stuttgart, 1983

JESSOP, R. D.: Exchange and Power in Structural Analysis, in: Sociological Review, 17, 1965, S.415 - 437.

JONAS, Friedrich: Die Institutionslehre Arnold Gehlens, Köln, 1966

KISS, Gábor: Grundzüge und Entwicklung der Luhmannschen Systemtheorie, Stuttgart, 1990

KLUCKHOHN, Clyde: Culture and Behavior, New York, 1963

KNEER, Georg - NASSEHI, Armin: Niklas Luhmanns Theorie sozialer Systeme: eine Einführung, München, 1993

KOCH-STRAUBE, Ursula, u.a.: Alternsforschung, Stuttgart, 1973

KÖNIG, René: Die Familie in Gegenwart, Köln, 1974

KÖNIG, René: Materialien zur Soziologie der Familie, Köln, 1974

KÖNIG, René: Soziologie, Frankfurt/M., 1964

KORTE, Hermann - SCHÄFERS, Bernhard (Hrsg.): Einführung in spezielle Soziologien, Opladen, 1992

KURZEJA, Dietmar: Jugendkriminalität und Verwahrlosung, Giessen, 1973

KÜRTHY, Tamás: Geschlechtsspezifische Sozialisation, Frankfurt/M., 1981

LAMNEK, Siegfried: Soziologische Theorien, Alltagsweisheiten und Aphorismen, Regensburg, 1991

LAMNEK, Siegfried: Theorie abweichenden Verhaltens, München, 1979

LALOUX, Joseph: Seelsorge und Soziologie, München, 1969

LEHR, Ursula: Altern bis zum Jahre 2000 und danach - die Herausforderung der Zukunft, in LEHR, Ursula (Hrsg.): Altern - Tatsachen und Perspektiven, Bonn, 1983

LEHR, Ursula: Zur Situation der älterwerdenden Frau, Köln, 1987

LEHR, Ursula - THOMAE, H.: Altern - Probleme und Tatsachen, Frankfurt/M., 1972

LEMERT, E. M.: Der Begriff der sekundären Devianz, in LÜDERSSEN, K. - SACK, Fritz (Hrsg.): Seminar: Abweichendes Verhalten I. Die selektiven Normen der Gesellschaft, Frankfurt/M., 1975

LE PLAY, Fréderic: Instruction sur la méthode d'observation dite des monographies de famille, Paris, 1862

LOWY, Louis u.a.: Der ältere Mensch in der Gruppe, Freiburg, 1971

LÜSSI, Peter: Systemische Sozialarbeit, Bern, 1991

LUHMANN, Niklas: Macht, Stuttgart, 1988

LUHMANN, Niklas; Ökologische Kommunikation, Opladen, 1986

LUHMANN, Niklas: Soziologische Aufklärung - Aufsätze zur Theorie sozialer Systeme, Köln, 1990

LUHMANN, Niklas: Soziale Systeme - Grundriss einer allgemeinen Theorie, Frankfurt/M., 1984

LUKACS, Georg: Geschichte und Klassenbewußtsein, Neuwied, 1968

MALINOWSKI, Bronislaw: Freedom and Civilisation, New York, 1944

MARX, Karl: Das Kapital, Bd.I - III, Berlin-Ost, 1961

MARX, Karl - ENGELS, Friedrich: Die deutsche Ideologie, in LANDSHUT, S. (Hrsg.): Der historische Materialismus, Stuttgart, 1953

MATURANA, Humberto: Erkennen. Die Organisation und Verkörperung von Wirklichkeit, Wiesbaden, 1982

MATURANA, Humberto - VARELA, Francisco: Der Baum der Erkenntnis, Bern, 1987

MAUKE, M.: Die Klassentheorie von Marx und Engels, Frankfurt/M., 1977

MAYNTZ, Renate: Soziale Schichtung und sozialer Wandel in einer Industriegemeinde, Stuttgart, 1958

MEAD, Georg, H.: Geist, Identität und Gesellschaft, Frankfurt/M., 1973

MEAD, Margaret: Culture and Commitment, New York, 1970

MENDIETA y Nunez: Theorie du groupe social, Paris, 1959

MERTON, Robert: Der Rollen-Set. Probleme der soziologischen Theorie, in HARTMANN, Heinrich (Hrsg.): Moderne amerikanische Soziologie, Stuttgart, 1973

MERTON, Robert: Social Theory and Social Structure, Glencoe, 1960

MERTON, Robert: Sozialstruktur und Anomie, in SACK, Fritz - KÖNIG, René (Hrsg.): Kriminalsoziologie, Frankfurt/M., 1968

MESSNER, Johannes: Die soziale Frage, Freiburg, 1960

MILLER, W. B.: Die Kultur der Unterschicht als Entstehungsmilieu für Bandendelinquenz, in: SACK, Fritz - KÖNIG, René (Hrsg.): Kriminalsoziologie, Frankfurt/M., 1968

MILLS, Theodor + M.: Soziologie der Gruppe, München, 1971

MITTERAUER, Michael - SIEDER, Reinhard: Vom Patriarchat zur Partnerschaft, München, 1977

MOORE, Herriet - KLEINING, Gerhard: Das soziale Selbstbild der Gesellschaftsschichten in Deutschland, in: Kzfss 12 (1960), S91-111

MÜHLFELD, Claus: Ehe und Familie, Opladen, 1982

MURDOCK, : Social Structure, New York, 1948

NEIDHARDT, Friedhelm: Die Familie in Deutschland, Opladen, 1975

NEIDHARDT, Friedhelm (Hrsg.): Frühkindliche Sozialisation, Frankfurt/M., 1975

NEIDHARDT, Friedhelm: Frühkindliche Sozialisation. Theorien und Analysen, Stuttgart, 1979

NEIDHARDT, Friedhelm: Die junge Generation, Köln, 1970

NEIDHARDT, Friedhelm: Soziale Schichtung, Köln, 1966

OBRECHT, Werner: Eine systemische Theorie der Wirklichkeit, (Vorlesungsskriptum) Zürich, 1980

OGBURN, William: Kultur und sozialer Wandel, Neuwied, 1970

OPP, Karl-Dieter: Abweichendes Verhalten und Gesellschaftsstruktur, Darmstadt, 1974

OSSOWSKI, Sygmunt: Die Klassenstruktur im sozialen Bewußtsein, Berlin, 1962

PARETO, Vilfredo: Trattato di sociologia generale, Florenz, 1923

PARSONS, Talcott: Beiträge zur soziologischen Theorie, Neuwied, 1964

PARSONS, Talcott: The Social System, New York, 1963

PARSONS, Talcott: Sozialstruktur und Persönlichkeit, Frankfurt/M., 1968

PARSONS, Talcott: Das System moderner Gesellschaften, München, 1985

PARSONS, Talcott - BALES, Robert F: Family: Socialisation and Interaction Process, Glencoe, 1956

PINCUS, Allen - MINAHAN, Anne: Ein Praxismodell der Sozialarbeit, Köln, 1980

POPITZ, Heinrich: Der Begriff der sozialen Rolle als Element der soziologischen Theorie, Tübingen, 1968

PROBST, Gilbert: Selbstorganisation, Berlin, 1987

QUENSEL, Stephan: Wie wird man kriminell? Verlaufsmodell einer fehlgeschlagenen Interaktion zwischen Delinquenten und Sanktionsinstanz, in: Kritische Justiz, 1970

REICH, Wilhelm: Die sexuelle Revolution, Frankfurt/M., 1966

REIMANN, Horst u.a.: Basale Soziologie: Hauptprobleme, Opladen, 1979

REIMANN, Horst u.a.: Basale Soziologie: Theoretische Modelle, Opladen, 1979

RIEGAS, Volker - VETTER, Christian: Zur Biologie der Kognition, Frankfurt/M, 1990

RIEHL, Wilhelm Heinrich: Die Familie, München, 1855

RIETH, E.: Alkoholkrank, Wuppertal, 1983

ROSENMAYR, Leopold - ROSENMAYR, R.: Der alte Mensch in der Gesellschaft, Hamburg, 1978

ROSENSTRÄTER, Heinrich: Einführung in die Soziologie, (Vorlesungsskriptum) Aachen, 1978

SACK, Fritz: Definition von Kriminalität als politisches Handeln: der labeling approach, in Kriminologisches Journal, 1, 1972

SALOMON, G.: Die Lehre Saint-Simons, Neuwied, 1962

SCHÄFERS, Bernhard (Hrsg.): Grundbegriffe der Soziologie, Opladen, 1986

SCHÄFFLE, Alfred: Von Bau, den Organen und dem Lehre des sozialen Körpers, Wien, 1896

SCHELSKY, Helmut: Die skeptische Generation, Köln, 1958

SCHELSKY, Helmut: Wandlungen der deutschen Familie in der Gegenwart, Köln, 1960

SCHENDA, Rudolf: Das Elend der alten Leute, Düsseldorf, 1972

SCHMIDT-RELLENBERG, Norbert u.a.: Familiensoziologie, Stuttgart, 1976

SCHWENDTER, R.: Theorie der Subkultur, Frankfurt/M., 1981

SHILS, Edward: Centre and Periphery, in POLANYI, Michael: The Logic of Personal Knowledge, London, 1961

SHORT, J. F. - STRODTBECK, F. L.: Group Process and Gang Delinquency, Chicago, 1965

SLIM/FREUND, W. (Hrsg.): Gastarbeiter. Integration oder Rückkehr? Neustadt, 1980

SPENCER, Herbert: Principles of Sociology, New York, 1896

STAUB-BERNASCONI, Sylvia: Soziale Arbeit und Handlungstheorie, in: Sozialarbeit, 10/1986, SW.4 - 71

SUTER, Jürgen - WAGNER, Herbert: Schuldnerberatung und Schuldenregulierung in der sozialen Arbeit, Heidelberg, 1986

SUTHERLAND, E. H. - CRESSEY, D. R.: Principles of Criminology, Chicago, 1955

SYKES, G. M. - MATZA, D.: Techniken der Neutralisierung. Eine Theorie der Delinquenz, in: SACK, Fritz - KÖNIG, René (Hrsg.): Kriminalsoziologie, Frankfurt/M., 1968

TARTLER, Rudolf: Das Alter in der modernen Gesellschaft, Stuttgart, 1961

THRASHER, F. M.: The Gang, Chicago, 1936

TREIBEL, Annette: Einführung in soziologische Theorien der Gegenwart, Opladen, 1993

TSCHIAKALOS, Georgios: Ausländerfeindlichkeit. Tatsachen und Erklärungsversuche, München, 1985

TUMIN, M. M.: Schichtung und Mobilität, München, 1970

VASKOVICS, Laszlo: Segregierte Armut, Frankfurt/M., 1976

VESTER, Frederic: Neue soziale Bewegungen und Schichten, in: WASMUT, u.a.: Alternativen zur alten Politik? Darmstadt, 1989

WEBER, Alfred: Prinzipien der Geschichts- und Kultursoziologie, Frankfurt/M., 1951

WEBER, Max: Die protestantische Ethik und der Geist der Kapitalismus, München, 1965

WEBER, Max: Soziologische Grundbegriffe, Tübingen, 1976

WEBER, Max: Wirtschaft und Gesellschaft, Tübingen, 1956

WENDT, Wolf R.: Ökosozial denken und handeln, Freiburg, 1990

WIENER, Norbert: Kybernetik, Frankfurt/M., 1963

WILLKE, Helmut: Systemtheorie - Eine Einführung in die Grundprobleme der Theorie sozialer Systeme, Stuttgart, 1991

WILLKE, Helmut: Systemtheorie entwickelter Gesellschaften, Frankfurt/M., 1987

WINCKELMANN, J: Gesellschaft und Staat in der verstehender Soziologie Max Webers, Köln, 1957

WISWEDE, Günther: Rollentheorie, Stuttgart, 1977

WÖSSNER, Jacobus: Soziologie. Einführung und Grundlegung, Wien, 1974

WURZBACHER, Gerhard: Die Familie als Sozialisationsfaktor, Stuttgart, 1977

WURZBACHER, Gerhard: Sozialisation und Personalisation, Köln, 1974

YABLONSKY, L.: The Delinquent Gang as a Near Group, in: RUBINGTON, E. - WEINBERG, M. S. (Hrsg.): Deviance. The Interactionist Perspective, New York, 1973

YABLONSKY, L: Synanon, Stuttgart, 1975

ZIMMERMANN, Robert: Alter und Hilfsbedürftigkeit, Stuttgart, 1977

ZIMMERMANN, Robert: Grundlagen der Soziologie (Vorlesungsskriptum) Düsseldorf, 1978

ZÜLCH, Thomas (Hrsg.): In Auschwitz vergast, bis heute verfolgt, Hamburg, 1979

Sachregister

Abweichung	120f., 140
-, soziale	120, 123
Abweichungsforschung	130
Abweichungstheorien	135
Äquivalenz, funktionale	71
Aggregat	60
AGIL-Schema	10, 11, 21, 24, 37, 101
Aktivitätstheorie	111
Alkoholiker	154
Alten, die neuen	115
-, die pflegebedürftigen	116
Altenfrage	116f.
Altenheim	118f.
Altenhilfe	117
Altenhilfeleistungen	117
Altenpolitik	116
Altentagesstätten	119
Alter	108f.
-, Vorbereitung auf	113
Altersdefinition	109f.
Altersrollen	113
Alterssoziologie	108, 110, 112
Alterstheorien, austauschtheoretische	113
-, lebenszyklische	113
-, randgruppentheoretische	113
Altersvarianten	109f.
Anomie	9, 18, 87
Anomietheorien	125, 134
Ansatz, multifaktorielle	127
Arbeiterklasse	55
Arbeitslosigkeit	145
Armut	143f.
Arten, soziale Gruppe	62
Asylbewerber	146

Ausländer	145f.
Ausländerfeindlichkeit	146
Ausstattung, soziale	3
Autopoiesis	27ff.
Autorität, elterliche	104
Bandensubkultur	128
Basis-Subkulturen	128
Beatniks	92
Befreiungscharakter	49
Behinderte, geistig	153
-, körperlich	152
-, seelisch	153
Beobachtung	26
Bindestrich-Soziologien	12
coming out	155
cultural lag	40
Deprivation	144, 149
Desorganisation, familiäre	102
Devianztheorien	135
Dichotomie	30
Differenzierung	53
-, funktionale	57f.
-, soziale	53, 57
Disengagementtheorie	111
(s. auch Rückzugstheorie)	111
Disfunktionen	70f.
Diskriminierung	141
Doppelkontingenz	26
Drei-Generationen-Familien	114
Drogenabhängigkeit	150
Ebenen	23
Ehe	100
Einfluß	78
Elite	9
Enkulturation	73

Erfahrungswissenschaft, Soziologie 4
Enzyklopädisten 6
Erleben 24
Erziehung 72
Etikettierung 131
Evolutionismus 7

Familie 29, 66, 100f.,114
-, bürgerliche 100
Familienphasen 105f.
Familiensoziologie 97
Familiensphären 106f.
Familienstatistik 97
Familientherapie 82
-, systemische 101
Familienzyklen 107f.
Familismus 97
Fehlfunktion 71
Freizeitfunktion 103
Feldorientierung 81
Frühsoziologen 6
Funktion 15, 69f.
-, familiäre 103f.
Funktionsausfall 71
Funktionskonflikt 71

Gang, kriminelle 129
Gefängnisinsassen 151
Gelegenheiten, differentielle 129
Gesellschaft 28,36, 38
-, moderne 38f.
Gesellschaftssystem 23
Gesellschaftsvertrag 37
Gewalt 77
-, physische 78
Gewaltanwendung 141
Großfamilie 102, 114
Gruppe 61, 66, 118
-, der Alten 118

Gruppenarten	62f.
Gruppendynamik	64
Gruppenmerkmale	61
Gruppenmodelle	64
Grundbedürfnisse	38
Gründungswissenschaften der Soziologie	5
Handeln	14, 15
-, soziales	9, 10, 15, 27, 38
Handlung	27
-, soziale	11
Handlungsschemata	76
Handlungstheorie	83
Handlungstypen	17
Herrschaft	77
-, charismatische	78
-, legale	77
-, traditionale	77
Hierarchie	52
Hilfe	142
Hilfesystem	34
Hippies	93
Hochkultur	43
Homosexuelle	155
Indoktrinierung	89
Initiationsriten	89
Institution	47f.
-, totale	50
Institutionalisierung	49f.
Interaktionen	15
Interaktionssysteme	23
Intimität auf Distanz	114
Isolation	141
Jugendalter	86ff.
Jugendbewegung	91f.
Jugendforschung	90
Jugendgeneration	90ff.

Sachregister **175**

Jugendkultur	96
Jugendsektenmitglieder	156
Jugendsoziologie	88ff.
Jugendstudien	87
Kategorie	60
Kernfamilie	102, 114f.
Kinder	102
Klasse	54
Klassenbewußtsein	56
Kleinfamilie	102
Knappheitsbegriff	12
Kolonialisierung der Lebenswelt	17f.
Kommunikation	17, 26
-, ökologische	80
Komplexität	21, 26
Konstruktivismus	19
Kontakte, differentielle	130
Kontingenz	26
Kontrolle, äußere	76
-, innere	76
-, soziale	75f.
Koppelung, strukturelle	28
Kristallisationspunkte	127
Kritische Wissenschaft, Soziologie	2
Kultur	40f., 43, 89
Kulturbegegnung	45
Kulturimperialismus	43, 45
Kulturkapital	44
Kulturkonflikt	46
Kulturkontakt	46
Kulturrassismus	146
Kulturrevolution	41
Kulturschock	46
Kultursoziologie	40, 42, 44
Kybernetik	20
labeling approach	130ff.
Lebenskultur	43

Lebenswelt	17
Lerntheorie	111f.
life model	83f.
Macht	77f.
Makrosoziologie	36
Marxismus	55ff.
Masse	60
Menge	60
Mertonsche Tabelle	135
Mikrosoziologie	36
Milieu	58f.
Minderheiten	138
Mobilität, soziale	54
Nation	37
Natur	79
near group	129
Neutralisierungstechniken	129
Nichtseßhafte	148
Nonkonformismus	122f.
Normen	121ff., 135
Obdachlosigkeit	149f.
Ökologie	79f.
Ordnungswissenschaft, Soziologie	3
Organisation	47
Organisationssysteme	23
Organizismus	8
Peripherie	137
Personalisation	73
Plazierungsfunktion	104
Planungswissenschaft, Soziologie	3
Polarisierung	14
Position	67
Positivismus	7
Prisonisierung	151
Problem, soziales	123

Sachregister

Profession	32
Prostituierte	154
Punks	93
Randgruppen	133f., 139
Resonanz	28
Resozialisierung	73
Rock and Roll	92
Rolle	67f., 123
Rollenhandeln	67
Rollenkonflikten	69
Rollentheorien	68
Roma (s. auch Sinti)	147, 149
Rückzugstheorie	111
(s. auch Disengagementtheorie)	111
Schichtenzahltheorie	53
Schichtung	50
Schichtzugehörigkeit	51, 53
Schulen, familiensoziologische	98f
Segregation	141
Selbstsozialisation	74f.
Sinn	14, 24, 25
Sinnzusammenhänge	48, 137
Sinti (s. auch Roma)	149
Skinheads	93
Soziabilisierung	73
Sozialarbeit	31ff., 83ff., 135
-, als Funktionssystem	34
Sozialarbeitswissenschaft	33
Sozialdarwinismus	7
Sozialgerontologie	108
Sozialisation	72
-, Arten	74
-, geschlechtsspezifische	73
-, ökologische	74
-, primäre	72
-, schichtenspezifische	74
-, sekundäre	72

-, tertiäre	72
Sozialisationsarten	74
Sozialstruktur	58
Soziologie	1, 30
-, als Erfahrungswissenschaft	4
-, als kritische Wissenschaft	2
-, als Ordnungswissenschaft	3
-, als Planungswissenschaft	3
Soziologismus	7
Spannungsausgleich, emotionaler	103
Spontaneität	49
Sprechhandlungen	17
Staat	37
Status	66
Stigmatisierung	141
Stigmatisierungstheorie	135
Strafentlassene	152
Stratifikation	52
Strukturfunktionalismus	37
Subkultur	128
Subkulturtheorien	126f., 136
Subsysteme	136f.
Süchtige	150f.
Sündenbocktheorie	136
Systeme	10, 17f., 83
Systemebenen	19, 23
Systemgrenze	28
Systemtheorie	11, 32, 79, 81f.
-, allgemeine	20
-, funktional-strukturelle	22
-, strukturell-funktionale	22, 37
Szene	94f.
Szene-Leben	94
Tatsachen, soziale	4
Theorie	13, 14
-, kommunikativen Handelns	16f.
-, mittlerer Reichweite	12, 31
-, sozialer Systeme	21

Trivialkultur	43
Typologie nach MERTON	126, 135
Überbau	41
Umwelt	23, 26, 79
Ungleichheit	51f.
Unterprivilegierung	141
Verschuldete	156
Vier-Generationen-Familie	115
Volk	37
Vorbestrafte	152
Vorurteile	141
Vorurteilstheorie	135
Weltgesellschaft, moderne	58
Werte	96, 121
Wirklichkeit, soziale	4
Wirtschaft	57
Wissenschaft, Kritische, Soziologie	2
Zentrum	137f.
Zivilisation	42
Zwang, sozialer	76
Zwangscharakter	49

Bei Fragen zur Produktsicherheit wenden Sie sich bitte an:
If you have any questions regarding product safety,
please contact:

Walter de Gruyter GmbH
Genthiner Straße 13
10785 Berlin
productsafety@degruyterbrill.com